江苏省社科基金项目(14zxd002)“麦金太尔辩证叙事道德探究观研究”;
江苏省高校哲学社会科学研究基金(2014SJD203)“麦金太尔伦理探究方法研究”

麦金太尔“辩证叙事探究”的道德哲学方法

胡 娟 著

东南大学出版社
SOUTHEAST UNIVERSITY PRESS
·南京·

图书在版编目(CIP)数据

麦金太尔"辩证叙事探究"的道德哲学方法 / 胡娟著. —南京:东南大学出版社,2016.12

ISBN 978-7-5641-6938-1

Ⅰ. ①麦… Ⅱ. ①胡… Ⅲ. ①麦金太尔,A.C.-伦理学-研究 Ⅳ. ①B561.299

中国版本图书馆CIP数据核字(2016)第322121号

麦金太尔"辩证叙事探究"的道德哲学方法

著　　者	胡　娟
责任编辑	陈　淑
编辑邮箱	535407650@qq.com
出版发行	东南大学出版社
出 版 人	江建中
社　　址	南京市四牌楼2号(邮编:210096)
网　　址	http://www.seupress.com
电子邮箱	press@seupress.com
印　　刷	江苏凤凰数码印务有限公司
开　　本	700mm×1 000mm　1/16
印　　张	12.5
字　　数	240千字
版　　次	2016年12月第1版　2016年12月第1次印刷
书　　号	ISBN 978-7-5641-6938-1
定　　价	45.00元
经　　销	全国各地新华书店
发行热线	025-83790519　83791830

(本社图书若有印装质量问题,请直接与营销部联系,电话:025-83791830)

自　序

阿拉斯戴尔·麦金太尔是当今世界著名的道德哲学家，著述颇丰。20世纪80年代初，他的代表性著作《追寻美德》的问世被许多哲学家称为“伦理学研究的新的转折点”。作为美德伦理学在当代的重要倡导者，麦金太尔在严肃而深刻地批判西方规范伦理学普遍理性主义研究倾向的过程中，确立了美德伦理学研究立场。在几十年的学术探究过程中，其美德伦理立场越来越坚定，这种立场中蕴藏着一种重要的道德哲学探究方法，本书将之概括为“辩证叙事探究”。提出这种方法的意义在于，通过确认“辩证叙事探究”是一种符合理性思维的哲学方法，进而确认以“辩证叙事探究”展开的美德伦理学在道德哲学理论中的合法性。

本书从分析当代道德哲学研究的最大困境——道德理论脱离道德生活——切入，指出其根源就在于当代主流道德哲学在研究方法上的三大弊端，即抽象人生观、拒斥目的论和普遍合理性。通过回顾麦金太尔四十余年的研究历程，指出其强调叙事探究、实践探究、辩证探究的思路中蕴藏着一种重要的方法，即“辩证叙事探究”。“辩证叙事探究”以“叙事”反对抽象人性观、以“探究”反对拒斥目的论、以“辩证”反对普遍合理性。“辩证”“叙事”“探究”三方面在内容上互相包含、内在关联、本质一体，是对当代道德哲学研究方法在根本上的批判和创新。“辩证叙事探究”主张道德探究不仅是理论探究而且是实践探究，不仅是哲学探究而且是生活探究，确认了理性与德性两者在道德哲学探究和道德生活探究中的同等重要性，从而将美德伦理学重新确认为道德哲学的本质内容。

在理论资源上，本书较全面利用了麦金太尔的著作和论文集等思想资源，集中梳理了麦金太尔从《伦理学简史》到《追寻美德》向美德立场转向，到《谁之正义？何种合理性？》和《三种对立的道德探究观》向寻找合理性基础转向，再到《依赖性的理性动物——人类为什么需要德性》完成对美德伦理学的道德哲学辩护的思想发展脉络。这几本著作中的每一本都反映了麦金太尔在某个阶段思想上的新变化和新发展，通过逐一分析其每个阶段的不足和成功之处，展现了麦金太尔思想逐步发展进步的具体过程。最后将麦金太尔思想发展的最新成果归结为“辩证叙事探究”方法的自觉运用。

“辩证叙事探究”为美德在道德哲学方法层面进行了合法性辩护，将善看作是一种与“辩证叙事探究”相契合的属性，将共同体看作是一种良好容纳“辩证叙事探究”的体系，将美德看作是善于运用“辩证叙事探究”的品质，从而在道德哲学层面为美德伦理学提供了合法性辩护。

“辩证叙事探究”作为一种方法提出，还处在探索阶段，针对很多具体实践问题，需要更多的、复杂的操作方法。在这里，我们没有能力也不试图提供一套规范化的程序或公式，以告诉大家如何具体去进行“辩证叙事探究”。我们只是发出了一个诚挚的邀请，一种热切的态度，期望有更多的探究者和普通人认识到这一问题，关注这一问题，从这个角度去思考，甚至去践行，以期对道德哲学的发展和道德生活的运行有所建树。由于本人学术知识欠缺，学术功力不足，对整个西方道德哲学史、近现代自然科学研究方法及其对道德哲学的影响方面没有深入探讨，如果能把这部分内容深入到研究中，呈现给我们的研究成果可能视野会更全面一些，这也是我今后努力的方向之一。

目　录

第一章 问题的提出

万俊人教授曾精辟地指出，麦金太尔“在学理风格上属于典型的以史拓论型学者”①，意指麦金太尔总是在历史的叙述和批判过程中表达自己的观点。这符合麦金太尔把哲学门槛降低的一贯愿望，即不要让艰涩的概念成为普通读者的拦路虎。他希望能给普通读者和哲学家带来的是立场的转变、观念的转变，他并不需要每一个读者都记住那些严密的论证过程，因此他更愿意采用轻松的叙述方式。

麦金太尔没有提到过自己的哲学探究方法的转变，尽管他有两本著作都是与方法密切相关的，一本是《谁之正义？何种合理性？》，一本是《三种对立的道德探究观》，“合理性”(rationality)、“探究观”(versions of enquiry)与方法已是一步之遥了。尤其是“探究观”一词具有非常明显的方法意蕴，“versions”有“变体、版本、说法”的含义，在“versions of enquiry”中，“versions”更贴近的含义显然应该是“一种描述、一种说法”。麦金太尔使用了较含混的“versions”一词，而不是更为明确的“method”或“methodology”(方法、方法论)一词。我们猜想，也许是因为他怕方法一词限制了人们的思考。通常方法是哲学的精炼版本，方法也是连接哲学与生活的方便之门，不过结果往往却是，方法成为了割裂哲学与生活的罪

① [美]麦金太尔. 谁之正义？何种合理性？[M]. 万俊人，等，译. 北京：当代中国出版社，1996. 译者前言 3.

魁祸首。人们把方法当成了点金棒，安于方法的使用而懒于追问方法的由来。当方法成为哲学的全部，哲学与生活也就割裂开来，哲学的丰富性、反思性等随之丧失了，哲学的生命也就随之完结了。

因此，对于道德哲学理论来说，对方法的探讨最易于切入哲学思想的内核，最能够深化对于哲学思想的理解。只要不把方法庸俗化为“工具”，深入方法就仍然是一个必不可少的探索环节。

第一节　从方法角度阐释麦金太尔道德哲学思想的重要性

一、作为研究立场与研究逻辑的方法

当听到我要从方法的角度研究麦金太尔的思想时，很多同学、朋友往往会说“那是一个很抽象的问题”，或者是“一个很形而上的问题”，给我印象最深刻的一个说法是：“你是要为中国道德哲学研究立法吧！”听到这些反应，我从一开始的信心十足变得忐忑不安，因为他们所说的那些方面恰恰都是我试图要在研究中予以抵制和批判的，而现在仅一个题目就给人留下了这么多恰好相反的印象。我开始意识到研究这一课题首先必须打破我们头脑中关于“方法”的固有程式。在学界，一旦谈到“方法”，大多数人的第一反应必然是“方法论”。方法论似乎就意味着普遍、推理、逻辑、模式、符号等抽象的东西。按照邓晓芒教授的观点，“方法是形而下的东西，方法论就可以称为形而上的东西”①，方法论是对方法的反思，目的是使某种方法变成“原则”，“变成一种自然法则”，掌握方法的“规律性”，使之成为一种具有“普遍性的思维模式”。这是学界关于方法论的典型观点。而反观人们的实践生活，尤其是人们道德的生活实践，事实上并不存在一种具有普遍性的方法。这样，现代理性主义道德哲学研究中对普遍方法的追求和普通百姓道德生活实践问题多样性的存在事实之间就陷入了矛盾之中。换句话说，现代理性主义道德哲学研究是脱离道德生活实践的。

面对学界关于“方法”的认识现状，在开头交代清楚“辩证叙事探究”作为一种方法的独特性是非常必要的。“辩证叙事探究”与其说是一种方法，不如说是一种立场和态度。之所以把其归之于“方法”范畴，是出于这样两个理由：一是它是针对“道德哲学研究方法”提出的，致力于反思批判现代理性主义道德哲学研究方法所坚持的道德理论立场和逻辑框架；二是这一名称非常简洁地体现了它所包含的研究立场和逻辑模式。

① 邓晓芒.哲学史方法论十四讲[M].重庆：重庆大学出版社，2008：14.

与现代理性主义道德哲学的研究方法相比,首先,"辩证叙事探究"坚持道德传统文化具有多样性和特殊性的基本立场,承认和尊重每一种不同的道德传统文化,否认存在一种具有普遍性的中立的道德立场,更否认存在一种具有普遍性的概念框架。而现代主流道德哲学则站在现代普遍理性主义的立场上,坚持诉求一种具有普遍性的道德价值规范,认为存在一种放之四海皆准的,具有普遍性的,独立于所有特殊道德传统文化之外的中立的道德哲学概念框架。其次,"辩证叙事探究"坚持道德承诺先于道德探究,即对每一种道德传统文化的研究之前必须对其有基本的道德承诺,而现代主流道德哲学则坚持认为可以脱离特殊道德传统文化对其展开道德哲学研究。再次,"辩证叙事探究"坚持在承认和承诺的前提下,通过对某一种或某几种具体的道德传统文化的历史叙事和道德个体的自我叙事,进行目的性的辩证反思,道德历史文化有当事人生动鲜活的目的,是一个充满了人性抗争与坚守的历史。而在现代道德哲学研究过程中,对历史文化的认识仅是对材料的搜集和整理,批判则是用研究者自己已预设好的概念框架去解释被当作历史事实的材料,同时又把这些材料作为例证以证明其概念框架的合理性,在此过程中,道德历史文化就是一堆死的、无时间性的故纸和文字,只反映研究者的目的而不反映历史人物的目的,丰富的人性内容在其中没有位置,也无法呈现。

综合这三个不同,本书认为,"辩证叙事探究"作为探究方法,对解决现代道德哲学研究脱离道德生活的研究困境具有自身的独特优势。

首先,"叙事"体现了道德哲学探究的历史维度。一方面,对道德文化传统的"叙事"不仅包括对道德"理智传统"的"叙事",而且包括对"理智传统"背后的道德"实践传统"的"叙事"。这样,在"叙事"中的道德文化传统就不仅呈现了道德理智传统的历史发展过程和它的连续性,而且也呈现了与这种道德理智传统对应的道德生活传统在历史变革中的各种可能性、复杂性、偶然性,实现了对理智探究和实践探究的辩证统一。同样,对个体道德的探究也是如此,即应该对道德个体的理性推理能力进行"叙事",也应该对个体的实践活动过程和整体人生进行"叙事"。另一方面,"辩证叙事探究"要求道德哲学家的探究过程本身必须是一种道德生活过程。因为,要对一特定道德文化历史传统进行准确"叙事",就必须站在该道德文化历史传统的立场上,具有最基本的道德逻辑和道德认同,否则,我们就不可能真正进入那一传统,更不可能正确把握其道德文化的特殊性。要对个体的道德探究过程进行"叙事",也必须在对该个体道德探究背景和状态的全面把握的基础上,以其现实存在的德性能力和道德承诺为出发点。

其次,“辩证”体现了道德哲学探究的理性维度,即对特定道德传统文化进行“叙事”的目的,不是单纯地呈现历史或承认历史,而是要通过“叙事”,对道德生活实践进行理性的批判反思。这种反思是伴随着道德实践生活的变化、道德历史的发展不断反复进行的。这种反思不是逻辑推理,不是第一原理的展开,而是指向第一原理、理论原点的批判,通过这种批判产生新的道德承诺,也把“探究”提升到一个新的高度,把对德性的理解与践行提升到一个新的高度。

最后,“探究”体现了道德哲学探究的德性维度或目的维度。这里的目的是基于道德传统和道德个体的实践生活而不断被强化、修正和改变的。也就是说无论是对道德历史传统的辩证叙事还是对道德个体的实践和人生的辩证叙事,目的都是道德生活。而生活实践的开放性决定“探究”中的目的不是既定的,而是在探索的过程中不断被确认,同时也是不断被修正的。目的既是一次道德探究的起点,又是一次道德探究的终点。

“辩证叙事探究”作为一种道德哲学方法,“辩证”“叙事”“探究”三方面不是组合叠加的关系,而是内在包含、本质关联的关系,“叙事”是对辩证探究过程的历史叙事或过程回顾,“辩证”是叙事探究过程中的理性特征,“探究”是辩证叙事的主线。“辩证叙事探究”比较简洁地反映了麦金太尔的道德哲学立场和研究逻辑,能够较好地容纳和解释麦金太尔的主要观点,在道德哲学方法的层面上,为美德伦理学的回归与发展提供了一种可能路径。

二、“辩证叙事探究”的理论资源

麦金太尔的道德哲学思想是本书构建“辩证叙事探究”,将之作为一种道德哲学探究方法的主要理论资源。本书认为,麦金太尔向我们展示的不是一种一般性的与现代规范伦理学并列的美德伦理理论,而是一种特定的以亚里士多德伦理思想为源头的西方社会的道德传统文化思想和一种与道德的历史存在事实相符合的道德哲学探究方式。但这一点却并没有引起国内外研究者的关注。相反,对其思想的探讨却充满误解。最具代表性的有这样几种:

(1)《追寻美德》中的观点被认为是想用一种美德伦理代替规则伦理,而这种做法是与以规则伦理为主流的西方道德哲学理论相悖的。

(2) 由于麦金太尔强调共同体或社群在其道德哲学理论中的重要性,导致他本人被认为是一个共同体主义者或社群主义者，而这种价值取向是和西方崇尚个人自由的社会大背景不一致的。

（3）在研究方法上，麦金太尔采用一种“叙事”的方法，在《追寻美德》系列著作中主要是采用对历史传统的叙事，这种方法不仅不符合西方道德哲学的主流研究方法——科学的、抽象的、逻辑上自洽的理论合理性证明的方法①，而且在我们国内也遭到很多学者的批判②；并且，正是因为麦金太尔把德性、正义、道德合理性等问题放在历史传统中去理解，结果导致他的理论被认为是相对主义的、保守主义的，等等。

针对上述误读，麦金太尔本人曾明确做过回应。在《谁之正义？何种合理性？》中，他明确提出，“任何一种美德伦理都需要一种规则伦理作为其副本”；对于相对主义他更是具有详细的反驳和论断，他指出相对主义只是那些持相对主义论点的人的一种幻想，在实践生活中，每一个特定历史传统中的人们实际上已经排除了相对主义。而且他曾专门写过一篇文章《我不是一个共同体主义者》，明确提出自己对共同体主义者的观点，“我认为那种试图以一种系统的共同体主义的方法重建现代性社会的观点将总是无效的或危险的”③。

本文认为，这些误解的产生与当代国内外道德哲学的固有研究方法和研究立场有关，许多主流道德哲学家往往总是用现代性道德哲学特有的概念系统或理论框架来诠释麦金太尔的理论，而完全没有注意到麦金太尔在立场和方法上与他们是根本不同的。

三、麦金太尔思想历程的简述

麦金太尔立场和方法的产生经历了一个过程，总的来说可以分为三个阶段，分别以他的四本代表著作为标志。

---

① 这种方法的特点一般是从一个抽象的假设开始，比如罗尔斯在《正义论》中对“无知之幕”的假设。

② 比如，赵敦华教授在其《道德哲学的应用伦理学转向》中曾这样评价：“麦金太尔的《德性之后》和《谁之正义？何种合理性？》实际上是用历史叙事法来削弱规范伦理，这是他的德性论的特点，因此被看作是后现代的，但德性论也没有解释人为什么要追随德性，他只是用历史的角度考察德性是什么概念，是怎么发展的，有什么作用等，只是一种历史描述，缺乏反思意识，没有对人的道德做理论上的反思，不能称之为道德哲学。”

③ Alasdair Macintye. I'm Not a Communitarian, But … [J]. The Responsive Community, 1991 (summer): 91 - 92.

麦金太尔在其2006年出版的《哲学的任务》中提到，他的哲学研究在20世纪70年代中发生过一次重要的转向。在这次转向中，最重要的是研究立场的转变。70年代之前，麦金太尔的大多数著作和文章是围绕问题进行的，并且他“把这些问题看作是分离的和有区别的，而没有充分反思一种较大的概念框架”，认为逐个问题的解决就意味着哲学研究的进步；70年代之后，他逐渐认识到正是在现代西方道德哲学的自由主义的概念框架中并且由于这种框架，哲学研究才会出现那些问题。因此，如果不打破那种框架，或从那种框架中脱离出来，那些问题注定不可解决，道德哲学研究也根本不能取得任何进展。但是，如果跳出现代自由主义的概念框架，使用什么样的概念框架对道德哲学进行重构呢？重建一套自己的概念术语根本不可能完成这一任务，因为重建概念就意味着还是在自由主义的框架内部进行探讨。面对这一问题，麦金太尔转向了历史传统，他把诸种问题理解为古老的亚里士多德主义关于实践生活概念的碎片化结果，这种碎片化是由于现代性对体现那些概念的传统的冲击而造成的。他发现，当把诸种问题放到历史传统中去考察时，它们得到了充分的解释。在这次转向中，麦金太尔实际上转变的是一种研究立场，即从一种现代西方自由主义立场向一种西方社会古老的亚里士多德主义立场的转变。这一转变集中体现在《德性之后》中。

亚里士多德主义传统主张把诸如善、德性、正义和合理性等道德哲学的核心问题放在特定传统道德文化中去理解。这样，对亚里士多德主义传统的历史追述和亚里士多德主义本身的特点就要求研究者必须采用一种历史的辩证叙事的方法。但是，在《德性之后》中麦金太尔对这种方法还不自觉，他只是实现了立场的转变，正是由于方法上的不自觉，致使这一立场贯彻得并不彻底，书中的很多内容仍然是围绕着问题展开的。直到1988年发表了《谁之正义？何种合理性？》，他才意识到研究立场和研究方法之间的必然联系。

在《谁之正义？何种合理性？》中，他明确地提出，真正合理的道德探究传统，都不会采用自由主义的研究方法，既不会预设某种普遍的合理性标准，也不会否认其他的合理性争论。任何合理性都是一种历史的合理性。在这本书的最后一章中，他写道：“在任何一种合理探究传统的立场和那些占支配地位的当代教学、讨论和争论样式（自由主义的论证样式）之间，有一种深刻的不相容性。……当一种传统的立场承认相互竞争和冲突的合理性理解之间的基本争论时，现代自由主义文化论坛的立场却预设了那种共享的普遍合理性标准。而当一种传统的立场只能以历史和历史的境况性之解释方式可能得到表述时，现代自由主义文化论坛的立场却预设，一个人的历史与他作为一论战参与者的身份毫不相关。我们在这种抽象于且被剥离了我们历史之各种特殊性的论坛上相互遭遇。"①因此，他提出，"只有通过遏制或颠覆自由主义的论战样式，特属于各探究传统的合理性本身才能充分地重建，从而有效地向自由主义的文化霸权和政治霸权挑战。"②也就是说，研究立场的转变必然要求研究方法的转变，只有转变研究方法才能实现研究立场的彻底转变。

此外，在写作《谁之正义？何种合理性？》的过程中他还"意外"地发现了这一方法的"正反"两个范本，即阿奎那和苏格兰 17 世纪的亚里士多德派。阿奎那对亚里士多德主义的发展，使得亚里士多德主义能够应对奥古斯丁的挑战，并"见纳奥古斯丁的主张和洞见"③。但是，苏格兰 17 世纪的亚里士多德派则未能应对"有关第一原理的新的认识论怀疑"④，"使得整个苏格兰传统在休谟的批评面前脆弱不堪"⑤。这种强烈的对比，让麦金太尔感到"刻画和解释托马斯主义传统的成就和成功、挫折和失败"⑥是一项非常重要而艰巨的任务，他已感到这其中蕴含着重要的道德探究方法。此后，麦金太尔将研究的重点转向研究道德哲学为什么失败以及如何继续进行的问题，即如何进行道德探究的问题，这一问题就是道德探究观的问题。

在 1990 年发表的《三种对立的道德探究观》中，麦金太尔将自由主义传统的两种探究观与托马斯主义的探究观进行了比较，正式提出了道德哲学探究方法问题。麦金太尔将自由主义传统的探究样式归结为两种，即以"百科全书派"为代表的启蒙思想家的道德探究观，和以"尼采谱系学"为代表的道德探究观。麦金太尔认为这两种探究观都已失败而且会继续失败，因为它们或者无法解决自身存在的根本问题，或者无法意识到这些问题。与之相对的是，托马斯主义的道德探究观不仅能够认真对待各种来自外部和内部的争论，而且有能力通过解决这些问题来发展自

① [美]麦金太尔. 谁之正义？何种合理性？[M]. 万俊人，等，译. 北京：当代中国出版社，1996：522.
② [美]麦金太尔. 谁之正义？何种合理性？[M]. 万俊人，等，译. 北京：当代中国出版社，1996：522.
③ [美]麦金太尔. 谁之正义？何种合理性？[M]. 万俊人，等，译. 北京：当代中国出版社，1996：525.
④ [美]麦金太尔. 谁之正义？何种合理性？[M]. 万俊人，等，译. 北京：当代中国出版社，1996：525.
⑤ [美]麦金太尔. 谁之正义？何种合理性？[M]. 万俊人，等，译. 北京：当代中国出版社，1996：525.
⑥ [美]麦金太尔. 谁之正义？何种合理性？[M]. 万俊人，等，译. 北京：当代中国出版社，1996：525.

己。以阿奎那为例,阿奎那能够认真考虑奥古斯丁道德探究传统对亚里士多德道德传统的发难,以一种比亚里士多德更加亚里士多德的方式来发展亚里士多德的道德探究传统;他也能够认真考虑亚里士多德道德传统对奥古斯丁道德探究传统的发难,以一种比奥古斯丁更加奥古斯丁的方式来发展奥古斯丁道德探究传统。

我们可以看到,麦金太尔提出的道德探究方法,并不是提出一个"方法的"概念,而是展示一种蕴含优越探究方法的传统资源,即从 13 世纪开始一直到 19 世纪的托马斯主义的历史。因此,麦金太尔的这种思考方式和写作方式,使得我们的研究面对很大的困难和风险。不过,我们可以在麦金太尔 1999 年出版的《依赖性的理性动物:人类为什么需要德性》中找到很重要的理论资源来化解这一风险和困难。

在《依赖性的理性动物:人类为什么需要德性》一书中,麦金太尔一改对西方道德探究传统文化的历史演变进行梳理的写作方式,而从一种个体成长发展历史的角度对道德探究方式做了分析。

在重读阿奎那的著作和资料时,麦金太尔被阿奎那对人的身体、动物性的重视深深触动,由此开始认真关注作为一种动物的人。麦金太尔发现,高智能动物与人一样有关于脆弱性、利益、兴盛,甚至是"善"的体验和理解,而且这种理解能够形成信念和行动理由。再通过对比婴儿与高智能动物,进一步发现婴儿是在与动物一样的充满"依赖性"的实践生活中学会了实践推理,这些实践推理又反过来影响婴儿的实践生活,在这个过程中所包含的实践理性其实就是道德思维方式。而人的身体的存在事实决定人的一生都不可能摆脱人作为动物的脆弱性等,因此,即使是成年人,他的实践思维和实践生活其实仍然在一种"依赖性"的关系中才能完成。基于这些研究,麦金太尔得出结论:我们只有处于某种信仰、关系和承诺的实践模式中,才有可能"批判、修正或者甚至拒绝我们的判断、我们的判断标准、我们的关系和我们的制度"①。

到此,麦金太尔不仅通过历史叙事向我们展示了一种蕴含了他所主张的那种道德探究观的传统文化资源,而且又通过个体叙事为这种道德探究观提供了具有充分合理性的哲学论证。

通过梳理麦金太尔思想的发展过程,我们可以看出,麦金太尔的道德哲学探究

① Alasdair MacIntyre. Dependent Rational Animals: Why Human Beings Need the Virtues[M]. Illinois: Open Court, 1999:157.

方法在他的理论体系中具有核心地位。如果我们不能认识了解他的方法，就必然不能准确深刻理解他的理论体系，必然会对他的理论体系产生误读。更重要的是，他的整个思想对当代道德哲学的重大意义将不能得到彰显。由此，本书尝试把麦金太尔的方法和理论作为一个整体，在试图理清他的思想脉络的基础上，努力提供一种符合道德存在事实的道德探究观抑或道德哲学探究方法。

通过综合、比较麦金太尔在《三种对立的道德探究观》中的"历史叙事"和《依赖性的理性动物：人类为什么需要德性》中的"个体叙事"，本书归纳出麦金太尔道德哲学探究方法的四个特点，这四个特点未必能够全面反映麦金太尔的道德哲学方法（按照麦金太尔的理解，任何真正的道德探究必须以道德理论传统和个体实践生活为基础，因此方法无论如何都只是抽象的东西），但没有这四个特点则一定不能进行麦金太尔所主张的道德哲学探究。正是结合这些特点，我们提出了"辩证叙事探究"。这四个特点是：第一，过程性：一方面，麦金太尔道德哲学探究方法的产生本身就是在一个辩证发展的过程中逐渐明晰并自觉的；另一方面，任何一种特定的道德历史传统文化的形成和发展，任何一个人的道德智慧的形成和发展都是在一个辩证发展的历史过程中进行的。第二，实践性：麦金太尔道德哲学探究方法坚持道德理论探究与道德实践生活探究的辩证统一，注重把道德传统文化放在道德传统实践生活中去理解，反过来，对道德传统实践生活的探究又联系同时代的道德文化理念展开，同样，对个人道德智慧和道德实践生活的探究遵循同样的方法。第三，开放性：麦金太尔道德哲学探究方法要求基于某种特定道德传统文化的理智研究和实践探究需要参照其他道德探究传统而不断地修正或者超越、发展，同样，一个特定个体的道德智慧和道德生活也需要依赖他人、社会的道德智慧和道德生活而不断地修正或者超越、发展。第四，目的性：这也是最重要的一个特点，"辩证叙事探究"从某种道德承诺开始，随着思考与实践的变化，其目的也随之发生变化，围绕这种新的目的需要对原初的道德承诺做出新的反思，这时目的本身也许并不明确，真正出现在人的脑海中的可能是一个目的群或方向，可能是一个问题或问题域，尽管并不明确，它却是"辩证叙事探究"展开的轴心和统领。

虽然麦金太尔在其著作中并没有明确提出"辩证叙事探究"的道德哲学方法，但在系列著作中，他已经自觉或不自觉地在使用这种方法。本书主要目的就是要明确这一方法，并尝试探讨这一方法对解决当代道德哲学研究困境的重要意义。

第二节　当代道德哲学主流研究范式及其困境

现代道德哲学研究困境的产生和当代道德哲学所坚持的研究立场和研究方法有着内在关系。“建构主义”研究和“解构主义”研究是两种典型地反映当代主流道德哲学研究方法的研究范式。这两种研究范式直接导致了当代道德哲学研究的诸多困境。

一、当代道德哲学的主流研究范式

“所谓范式通常是指那些公认的科学成就，它们在一段时间里为实践共同体提供典型的问题和解答。”①“范式”是科学哲学家库恩在其著作《科学革命的结构》中提出的概念，也是其论著的核心概念。库恩提出这个术语“意欲提示某些实际科学实践的公认范例——包括定律、理论、应用和仪器在一起——为特定的连贯的科学研究的传统提供了模型”②。根据库恩的观点，一种研究范例要变成一个范式必须具备两个基本特点：第一，一个范式是有其特定的定律、理论、应用和仪器等共同构成的研究模式的；第二，一个范式必须在特定的研究共同体内得到研究者的基本认可，它是这个特定研究共同体的研究传统得以产生和继续的先决条件。尽管库恩本人认为“在社会科学各部分中要完全取得这些范式，至今还是一个悬而未决的问题”③，但范式这一概念今天已经在社会科学领域得到广泛应用，道德哲学领域自然也不例外。

我们先把“社会科学领域是否具有范式”这一大问题搁置起来，从当前的研究现状谈起，可以肯定地说，无论大多数研究者是否承认，他们的研究已然进入了某种范式，当研究者谈论某种道德哲学问题或阐述某种研究课题时，往往会对各方的观点“贴标签”，比如从事理论伦理学研究还是应用伦理学研究，是规范伦理学范畴

① [美]托马斯·库恩.科学革命的结构[M].金吾伦，胡新和，译.北京：北京大学出版社，2003:4.
② [美]托马斯·库恩.科学革命的结构[M].金吾伦，胡新和，译.北京：北京大学出版社，2003:9.
③ [美]托马斯·库恩.科学革命的结构[M].金吾伦，胡新和，译.北京：北京大学出版社，2003:14.

还是美德伦理学范畴，是情感主义伦理学还是理性主义伦理学，是道家伦理学还是儒家伦理学，是宗教伦理学还是世俗伦理学，等等。在很大程度上，这些学术派别的划分是根据各派所使用的概念、逻辑、研究方法、适用范围及所坚持的研究立场等所组成的概念框架或理论体系进行的。特定概念框架或理论体系是特定理论派别得以形成和延续的先决条件，认可某一理论派别并且从事这一理论研究的那些研究者必定首先认可某种概念框架或理论体系。其实，这些概念框架或理论体系就是范式在道德哲学研究领域的体现，它们具备“范式”应该具有的那些特点。因此，虽然本文的核心是针对当代道德哲学探究方法提出的，但这些方法是内在于某种特定研究范式的，批判这些方法离不开对那些特定研究范式的批判。本书以研究方法为线索探讨现代道德哲学中两种相对应的研究范式——建构主义研究和解构主义研究。这两种看似截然不同的研究范式所蕴含的道德哲学探究方法和当前道德哲学所面临的诸多困境有着直接关系。

(1) 罗尔斯的“建构主义”

建构主义研究是启蒙道德哲学家所开创的研究范式，也是这种范式本身所使用的研究方法。在现代道德哲学领域，美国著名哲学家罗尔斯则是坚持建构主义范式的重要代表之一，其标志性著作《正义论》正是通过建构式的方法构建了一种正义理论，并且在其随后出版的《政治自由主义》中明确地提出了一种与康德的道德建构主义相对应的政治建构主义。尽管罗尔斯明确提出，他的正义理论只限于政治领域，但其实他的这种建构方法在道德哲学领域有很多的拥护者和跟随者。结合学界当前关于罗尔斯建构主义模式的研究，本书认为罗尔斯的建构主义体现在两个层面。

其一为正义理论作为一种整体理论是通过一套建构程序建构出来的，作为理论基础的被罗尔斯称为“传统的和众所周知”那些理论，比如“洛克、卢梭和康德所代表的传统的社会契约理论”就像盖一座房子的过程中每道工序所需要的那些材料，它们本身在这里只是充当某块“奠基石”，某根“钢筋”，是“死的”，是无时间性的。

其二为正义理论的各个部分是凭空构造出来的。罗尔斯指出：“我的目的是要提出一种正义观，这种正义观进一步概括人们所熟悉的社会契约理论，使之上升到一个更高的抽象水平。为做到这一点，我们并不把原初契约设想为一种要进入一种特殊社会或建立一种特殊政体的契约。毋宁说我们要把握这样一条指导线索：适用于社会基本结构的正义原则正是原初契约的目标。这些原则是那些想促进他们自己的利益的自由和有理性的人们将在一种平等的最初状态中接受的，以此来确定他们联合的基本条件。”①因此，罗尔斯的正义理论主要有两个要素构成：理论目标、实现目标的理论条件。这两个基本要素不是基于现实生活探究出来的，而是凭空建构出来的。而且，在罗尔斯正义理论中，它们二者的产生是有前后顺序的：先确定理论目标，随后寻找实现这一目标所需要的条件。

如罗尔斯所说，在《正义论》中，他的目标就是提出一种正义观，这种正义观的基本观念有两个基本原则：“第一个原则是每个人对于他人所拥有的最广泛的基本自由体系相容的类似体系都应有一种平等的权利；第二个原则是社会的和经济的不平等应这样安排，使它们被合理地期望适合于每一个人的利益；并且依系于地位和职务向所有人开放。”②为了在理论上论证这一正义观的合理性，罗尔斯又提出了两个相应的条件，一个是“原初状态”③，这是罗尔斯正义观产生的条件，通过它，罗尔斯试图证明正义观在理论上具有合理性；另一个是“反思的平衡”④，通过它，罗尔斯试图证明正义观在实践上也是可取的。

“原初状态当然不可以看作是一种实际的历史状态，也并非文明之初的那种真实的原始状况，它应被理解为一种用来达到某种确定的正义观的纯粹假设的状态。”⑤“这一状态的一些基本特征是：没有一个人知道他在社会中的地位——无论是阶级地位还是社会出身，也没有人知道他在先天的资质、能力、体力等方面的运气。假定各方并不知道他们特定的善的观念或他们的特殊的心理倾向。正义的原则是在一种无知之幕后被选择的。这可以保证任何人在选择原则的过程中都不会因自然的机遇或社会环境中的偶然因素得益或受害。由于所有人的处境都是相似的，无人能够设计有利于他的特殊情况的原则。正义的原则是一种公平的协议或契约的结果。”⑥原初状态的假设性及由此推出的对所有人的普遍性在理论上保证了正义原则对所有人的客观性，也即现代道德哲学所追求的普遍合理性。

根据罗尔斯的观点，反思的平衡是指研究者及理性的自由的个人在由简单的

---

①　[美]约翰·罗尔斯. 正义论[M]. 何怀宏，等，译. 北京：中国社会科学出版社，1988：3.

②　[美]约翰·罗尔斯. 正义论[M]. 何怀宏，等，译. 北京：中国社会科学出版社，1988：3.

③　[美]约翰·罗尔斯. 正义论[M]. 何怀宏，等，译. 北京：中国社会科学出版社，1988：3.

④　[美]约翰·罗尔斯. 正义论[M]. 何怀宏，等，译. 北京：中国社会科学出版社，1988：3.

⑤　[美]约翰·罗尔斯. 正义论[M]. 何怀宏，等，译. 北京：中国社会科学出版社，1988：12.

⑥　[美]约翰·罗尔斯. 正义论[M]. 何怀宏，等，译. 北京：中国社会科学出版社，1988：12.

原初状态推出的正义原则与在复杂的现实环境中形成的道德判断之间进行相互检验的一种道德能力。罗尔斯认为，在现实的道德实践环境中，理性的个人会根据“自我考察形成的行为指导原则”做出相应的道德判断，但这些道德判断必然会受到“某些偶然因素的影响和曲解”，因此，实践生活中的道德判断是极其复杂的。相反，在原初状态中被选择的正义原则是一个“简化”的正义原则，是理想状态的正义原则，是客观的、普遍的，是不可改变的。这样，在现实道德判断和正义原则的理想状态之间总是有差别存在。为了使现实的道德判断更接近理想状态的正义原则，并且由于理想状态正义原则的客观性，道德哲学家以及普通的理性个人必须对“自我考察形成的行为指导原则”和由此形成的道德判断进行反思，做出相应的改变。在理论上，反思改变有三个阶段：

一是尽可能地考察生活中可能会存在的所有道德判断，并且由此把握一个人通过自我考察形成的正义原则；二是把个人通过自我考察形成的正义原则与原初状态下被选择的正义原则进行比较，并通过反思对自我考察形成的正义原则做出相应的改变，使之更接近于理想状态的正义原则；三是把修改后的正义原则放到现实的道德判断中进行检验，以使二者达到平衡。由于道德判断是根据自我考察形成的正义原则做出的，那么在后者发生改变后，理性的个人通过反思可能就想对相应的道德判断做出改变，反过来，由于自我考察形成的正义原则是通过对可能存在的所有道德判断的描述归纳出来的，那么在道德判断发生变化的情况下，理性个人通过反思可能会修改已有的那种正义原则。反思、改变、寻求平衡的整个过程以及在这一过程中体现的那种能力就是罗尔斯提出的反思的平衡。

通过反思的平衡，罗尔斯在现有的各种正义原则和理想状态的正义原则之间，建立了紧密联系，不断地通过理想状态的正义原则调节理性个人自我考察形成的各种正义原则，进而“指定各种可行的社会合作和政府形式”①，证明原初状态中被选择的正义原则的实践合理性。罗尔斯把这种看待正义原则的方式称之为“作为公平的正义”②。

“作为公平的正义”既是罗尔斯通过原初状态和反思的平衡建构出来的一种具有客观性和普遍性的正义观，又是其建构现实生活中特殊正义原则的具有客观性

---

① [美]约翰·罗尔斯. 正义论[M]. 何怀宏，等，译. 北京：中国社会科学出版社，1988：11.

② [美]约翰·罗尔斯. 正义论[M]. 何怀宏，等，译. 北京：中国社会科学出版社，1988：11.

和普遍性的建构程序。这是现代道德哲学建构主义研究范式的典型体现：先建构某种条件和方法，再通过条件和方法建构道德理论，进而把建构出来的理论作为一种建构模式去建构现实社会道德制度和规范。

（2）罗蒂的“解构主义”

解构主义作为一种道德哲学研究范式，是在对整个西方哲学包括道德哲学在内的以形而上学为中心的整个哲学传统的批判基础上产生的。解构主义研究是解构主义研究范式所使用的研究方法。当代美国著名哲学家理查德·罗蒂在其著作《偶然、反讽与团结》中所提出的理论观点——“重新描述”①就是在道德领域对解构主义研究方法的最好注脚。

罗蒂提出“重新描述”的观点是为了解决现代社会中私人与公共之间的种种矛盾，包括自我创新与人类团结、自我与他人之间的种种矛盾。罗蒂指出，在西方传统道德哲学中，为了将公共与私人统合起来，将自我创造的诉求与人类团结的诉求融为一体，很多道德哲学家包括基督教神学家都“要求我们承认人类有一个共通的人性”②，并且把“共通人性”作为自我创新和人类团结融合的基础。同时有另外一些道德哲学家，他们虽然不承认有共通的人性，认为人是历史的产物，但在对历史的认识上则截然相反，并由此产生了两种截然不同的解决自我创新和人类团结之间矛盾的观点。如海德格尔和福柯，“以自我创造或私人自律的欲望为历史的主要出发点”，他们认为“社会化与我们自我的最深处是格格不入的”③，因此，他们其实是只承认自我创造，不承认社会化；而杜威和哈贝马斯则以“追求正义自由的人类社会为历史的主要出发点”④，认为“企求私人完美的欲望感染了‘非理性主义’与‘感受主义’的病毒”⑤。这三种理论风格都没有最终解决自我和公共之间的矛盾。在罗蒂看来，“要在理论的层次上将自我创造和正义统一起来，是不可能的。自我创造的语汇必然是私人的，他人无法共享，而且也不适合于论证；正义的语汇必然是公共的，大家共享的，而且是论证交往的一种媒介”⑥。也就是说，在理论层面

① [美]理查德·罗蒂.偶然、反讽与团结[M].北京：商务印书馆，2003：7.

② [美]理查德·罗蒂.偶然、反讽与团结[M].北京：商务印书馆，2003：5.

③ [美]理查德·罗蒂.偶然、反讽与团结[M].北京：商务印书馆，2003：3.

④ [美]理查德·罗蒂.偶然、反讽与团结[M].北京：商务印书馆，2003：4.

⑤ [美]理查德·罗蒂.偶然、反讽与团结[M].北京：商务印书馆，2003：4.

⑥ [美]理查德·罗蒂.偶然、反讽与团结[M].北京：商务印书馆，2003：5.

上，自我创造和人类团结是根本矛盾的。而且，在他看来，人类团结根本不是一个已经存在的、期待我们去发现的东西，而是需要我们去创造的。因此，罗蒂认为，要想解决二者之间的矛盾，必须实现研究风格的转向，即“背弃理论，转向叙述”①，亦即跳出固有的试图构建一套能统合二者的具有普遍性的理论研究风格，转而对自我、他人、历史和未来等一切似乎已经具有确定风格的东西进行不断地重新描述。在不断重新描述的过程中，“透过想象力，把陌生人想象为和我们处境类似、休戚与共的人”，即把陌生人想象为“我们之一”，在这个过程中创造“人类团结”的观念，而不是发现“人类团结”的事实。“创造”的对象和“发现”的对象有着根本区别。创造出来的对象意味着在创造之前是不存在的，而发现的东西在被发现之前是存在的。这样，创造的“人类团结”并不是一个现实的存在，而只是人们向往团结的一种观念。发现的团结则应该是一种事实性的存在，在被发现之前就应该已经存在了，被发现与否都不会影响它的存在。

为了实现上述目标，罗蒂勾勒了一位“自由主义的反讽主义者”②的人物，“作为‘自由主义者’，乃是相信‘残酷是我们所作所为最糟糕的事’③的那些人。‘反讽主义者’认真严肃地面对他或她自己核心信念与欲望的偶然性，他们秉承历史主义与唯名论的信仰，不再相信那些核心信念与欲望的背后还有一个超越时间与机缘的基础。在‘自由主义的反讽主义者’的这些无基础的欲望当中，包含了一个愿望，亦即希望苦难会减少，人对人的侮辱会停止”④。

可见，在罗蒂的“自由主义的反讽主义者”的世界中，有两个基本点：一是坚持一切的偶然性，包括语言的偶然性、自我的偶然性、自由主义社会的偶然性等等，反对传统道德哲学和政治哲学为连接自我和公共而设想的那种形而上的、抽象的道德信念或人性理念；二是相信“残酷是我们所作所为最糟糕的事”。承认偶然性既是对自由主义理念的彻底贯彻，同时又为“重新描述”提供了理论基础和丰富多彩的内容。相信“残酷是我们所作所为最糟糕的事”则为生活在自由主义社会中的“偶然自我”创造“人类团结”提供了可能性。这两方面是相互支撑的，承认偶然性即承认每个人都有自己的“终极语汇”，都可以对一切进行“再描述”。这意味着自

---

① [美]理查德·罗蒂. 偶然、反讽与团结[M]. 北京：商务印书馆，2003：8.

② [美]理查德·罗蒂. 偶然、反讽与团结[M]. 北京：商务印书馆，2003：6.

③ [美]理查德·罗蒂. 偶然、反讽与团结[M]. 北京：商务印书馆，2003：6.

④ [美]理查德·罗蒂. 偶然、反讽与团结[M]. 北京：商务印书馆，2003：6.

由不是所有人共同具有的一种信念，而是每个人本身就已经具备的一种性质。“再描述”意味着自由的彻底实现。但“再描述”并不是任意进行的，而是受到人们对“残酷”认识的制约。罗蒂指出：“大多数人都不愿被再描述，他们希望别人按照他们的意思来了解他们：对他们本来的面貌和他们所说的东西，都认真地当作一回事。反讽主义者则告诉他们，他或任何反讽主义者都可以任意操纵他们所使用的语言。在某种意义上，这种主张潜藏着强烈的残酷性。因为要使一个人痛不欲生，最好的方法是侮辱他，把他认为最重要的东西变得一文不值、落伍过时，或毫无意义。”[①]也就是说，对任何一个人来说，“再描述”意味着“残酷”，意味着侮辱，“再描述”是人类共同的危险。但自我的偶然性决定了每个人都可能遭受“再描述”。这样，每个自由主义的反讽主义者在进行“再描述”时都会非常谨慎，减少被别人侮辱的机会，同时也减少侮辱别人的机会，从而扩大“慈悲的机会”。由此，罗蒂指出，“人的道德性、人类的团结建立在对人类共有危险的感受上”，而不是像形而上学家认为的那样，“人的道德性就在于大家都与一个伟大的力量——例如理性、上帝、真理或历史——关联在一起”[②]。

通过自由主义的反讽主义者，罗蒂对以往道德哲学领域所有试图通过建构一种共同人性或共有程序的一切理论研究和构想实现了彻底解构。在自由主义的反讽主义者的世界中，一切都是可以“重新描述”的，都是可以解构的。当然，那些通过各种方法建构起来的道德理论也不例外。

二、道德哲学脱离道德生活

当代道德哲学的主流研究方法造成了道德哲学研究的一系列困境，道德哲学脱离道德生活是其中最大的困境。

在道德哲学研究领域，建构主义方法往往以其所提供的某种据称具有普遍性的美好道德理想而吸引人，但这些道德理想通常是脱离人们的道德生活实践的。解构主义方法则以其对现有道德理论的痛快批判而吸引人，但这些批判通常仅限于批判，而并没有为人们的道德生活实践提供建设性的指导意见。因此，建构主义和解构主义作为两种不同的研究方法，虽然各自都具有独特的理论观点，但却引起

① [美]理查德·罗蒂.偶然、反讽与团结[M].北京：商务印书馆，2003：127.

② [美]理查德·罗蒂.偶然、反讽与团结[M].北京：商务印书馆，2003：130.

了一个相同的理论后果，即道德哲学研究脱离道德生活。

(1) 建构主义对道德生活的背离

在建构主义研究中，道德理想的提出、论证，到一套道德理论体系建构的整个过程中，人们的道德生活实践在任何特定历史时期和特定地域中所呈现出的特殊内容都被作为偶然因素忽略了。这样的道德哲学研究一开始就脱离了道德生活实践，被隔离在一种理想状态的“实验室”中。在《正义论》中，罗尔斯明确提到“为一个被理解为暂时同其他社会隔绝的封闭社会的基本结构，概括出一种合理的正义观来”①，他就满足了。他认为这一正义理论的意义就在于为别的正义问题提供钥匙。这种研究初衷和目的是近现代自然科学研究泛型在道德哲学研究领域的体现。伽利略是近现代自然科学的创始人之一，他第一次把数学的研究方法引入了物理学研究，这样做的结果是“自然本身在新的数学的指导下被理念化了；自然本身成为一种数学的流型”②。在《正义论》中，罗尔斯的论证过程是充分演绎的，而且就像他本人指出的，“我们应当向一种有几何学全部严密性的道德几何学努力”③。其实，罗尔斯也像近现代道德哲学界的很多前辈一样，把数学的方法引入了道德哲学研究，力图用数学的方法建构一套严密的道德合理性理论。这样，人类道德生活实际上也被理念化了，道德生活本身也成了一种“数学的流型”。通过数学方法建构起来的、排除一切特殊性的正义观被称为合理的正义观，或者正义的理想状态。进而，期望人们在现实生活中，把合理的正义观与各种特殊正义观念进行比较，在反思平衡中，使特殊的正义观念向理想状态的正义观靠拢。这就是合理正义观的钥匙作用。

我们可以看到，在建构主义道德哲学研究中，建构的初始条件和建构的过程都是在一种类似自然科学研究所需要的“实验室”中产生和进行的。道德哲学研究成了“一种半技术性、准科学性、自律性的，只能为职业专家行事的探究活动”④，有自己专门的概念、推理和逻辑体系。就像麦金太尔指出的，职业化的道德哲学研究提

---

① [美]约翰·罗尔斯. 正义论[M]. 何怀宏，等，译. 北京：中国社会科学出版社，1988：8.

② 吴国盛. 科学二十讲[M]. 天津：天津人民出版社，2008：106.

③ [美]约翰·罗尔斯. 正义论[M]. 何怀宏，等，译. 北京：中国社会科学出版社，1988：121.

④ [美]阿拉斯戴尔·麦金太尔. 谁之正义？何种合理性？[M]. 万俊人，等，译. 北京：当代中国出版社，1996：2.

供的道德理论不能为普通人实践生活中的道德问题提供正确答案①，而且在道德生活中，由于普通人没有与职业化的道德哲学家共享某种理想化的道德预设，也不可能自己得出那些道德实践问题的“正确答案”②，即道德哲学家所预想的那种答案，这样，道德哲学研究不仅在研究过程中脱离了人们的道德生活实践，研究结果也不能为普通人所理解。

（2）解构主义对道德生活的消解

与建构主义研究相反，解构主义则把偶然性作为道德的全部。道德生活实践被看作是偶然的，同样，道德哲学理论的构建也被看作是偶然的。偶然性从根本上消解了道德生活。在《偶然、反讽与团结》中，通过提出自由主义的反讽主义者，罗蒂对道德哲学研究和道德生活中的偶然性进行了形象的描述。

根据罗蒂的理论，其实每个道德哲学家事实上都应该是一个自由主义的反讽主义者。每个道德哲学家的研究其实都是使用自己私人语言对自己思想的一种构建表达。因此每一种关于人性、人类团结、正义等的道德哲学思想其实都是偶然的，并没有一个先在的真理标准等待我们去发现。这样，西方道德哲学史上那些企图从人性、上帝、客观实在等中寻找道德本源的本质论、反映论、知识论的方法根本就不可能完成任务。而且，他们在道德本源上脱离历史环境和普通人的具体生活经验，执着于普遍性的理论诉求也是根本不可能实现的。据此，罗蒂事实上消解了近现代的道德哲学研究所努力追求的目标。相反，如果我们抛弃这些哲学家们的论证方法和理论诉求，仅把他们当作哲学史中的一个偶然性的具体个人，作为一个自由主义的反讽主义者，把他们的理论研究作为他们具体的、历史的、偶然的人生的一部分，并在这个层面上承认他们和他们的理论，我们可能会有不一样的收获。因为，虽然每个道德哲学家的人生以及他们的理论有很大不同，但他们在人生中却都要面临各种痛苦，他们的理论都面临着被“重新描述”的可能。在这一点上，我们每一个道德哲学研究者可能更“能够把与我们迥然不同的人包含在我们的范围之中”，即各个不同的道德哲学研究者在这一点上的相似性使得我们关于“团结”的观念有了更进一步的、更具体的想象。

---

①　这里的正确答案指的是能够解决普通人特殊道德问题的答案，是从普通人的角度，从特殊道德问题的角度来界定它的正确性的。

②　这里的“正确答案”指的是解决职业化道德哲学家所预设的普遍道德问题的答案，是从职业化道德哲学家的角度来界定它的正确性的。

同样，在道德生活实践中，罗蒂主张每一个具体的个人也都应该成为一个自由主义的反讽主义者。“每一个人都随身携带着一组语词，来为他们的行动、他们的信念和他们的生命提供理据。”①罗蒂把这些语词称为“终极语汇”。罗蒂指出“这语汇之所以是终极的，乃是因为对这些语词的价值产生了疑惑，其使用者都不得不求助于循环的论证，以求解答”②。这是因为，“那些语词乃是他在语言范围内所能做到的一切；超出了那些语词，便只有无助的被动，或诉诸武力”③。也就是说，无论在表达力度上，还是在词语数量上，一个人的终极语汇在他现有历史时刻都已经达到了最大。在自由主义的反讽主义者的生活中，每一个人的“终极语汇”始终都是可以改变的，都是可以被“重新叙述”的。这不是因为随着人们对正义、善等的本性有了正确的认识，并以此为标准修正了或改变了自己关于正义、善等的认识，而仅仅是因为出现了新的终极语汇，原来的那些语汇过时了。新的终极语汇不断出现的过程就是个人不断自我创造的过程。也就是说，在道德生活实践中，人们在道德上自我的超越并不是因为超越了之前对道德的认识，而只是超越之前的自我所使用的终极语汇。这里的“超越”涉及的是新旧两种终极语汇之间的关系，而不是终极语汇与道德实在之间的关系。终极语汇的可变性看似提出了一种共识，即“相信社会组织的目的，在于让每一个人都有机会尽情发挥他或她的能力来从事自我创造，而且这个目的所要求的，除了和平与财富之外，还有标准的‘布尔乔亚自由’”④。可见，实际上，在自由主义的反讽主义者的生活中，“自由”和“不遭受侮辱”是仅有的道德追求，其他的一切道德概念都被偶然性消解了。

针对当代道德哲学困境，国内外很多道德哲学家都进行了各种努力，并取得了一定的成果，其中有极少数试图在方法上努力破除困境，但很多方法的尝试却依然困于上述两种范式的概念框架和理论目的中。因此，跳出这些框架，寻求一种方法的突破就显得特别重要。

---

① [美]理查德·罗蒂.偶然、反讽与团结[M].北京：商务印书馆，2003：105.
② [美]理查德·罗蒂.偶然、反讽与团结[M].北京：商务印书馆，2003：105.
③ [美]理查德·罗蒂.偶然、反讽与团结[M].北京：商务印书馆，2003：105.
④ [美]理查德·罗蒂.偶然、反讽与团结[M].北京：商务印书馆，2003：120.

第三节　研究综述

一、当前国内外有关麦金太尔思想的研究现状

(1) 国内对麦金太尔思想的研究现状

随着《追寻美德》《谁之正义？何种合理性?》《三种对立的道德探究观》等系列著作在国内的出版，麦金太尔逐渐为国内伦理学界所熟知，对其思想的研究也成为伦理学研究的一个重要课题。就目前来看，这些研究主要集中在以下四个方面。

第一，把麦金太尔的思想作为某一理论观点的代表，集中探讨麦金太尔在这一理论观点上的成就。这类研究最多，大概可以分为两类，一类是首先把麦金太尔看作德性论者或美德论者，看作社群主义者或共同体主义者，然后把麦金太尔著作中有关德性或美德以及有关社群或共同体的思想抽离出来，单独进行分析。这方面的代表论文有万俊人教授的《关于美德伦理学研究的几个理论问题》(《道德与文明》2008 年第 3 期)，这篇文章是对其在《社会科学战线》2008 年第 5 期发表的文章《美德伦理的现代意义——以麦金太尔的美德理论为中心》的补充。在这两篇文章中，万俊人教授认为麦金太尔在《追寻美德》的系列著作中向我们揭示了美德伦理的本性(主体人性的目的实现)、美德伦理的生成根源和依存基础(各种社会文化的或道德伦理的共同体)、美德伦理的传承方式(传统或历史叙事学或道德谱系学)、美德伦理的构成特征(基于多种文化传统和道德谱系的特殊主义多元化)以及美德伦理实践的社会文化语境[道德主体的独特“实践”(praxis)和社会伦理关系互动]等等①，并以麦金太尔提供的美德伦理学为基础，进一步探讨了美德伦理的现代身份问题、基本方法论问题以及美德伦理所面临的几种指控。此外，在万俊人教授的其他文章中，美德虽然不是主题，但麦金太尔的美德思想通常也会作为一个论据或与其他伦理形态相比较的参照出现。与万俊人教授不同的是，龚群教授通常用德性一词翻译麦金太尔著作中的 virtue。为此，他关于麦金太尔思想的文章都以德

① 万俊人.美德伦理的现代意义——以麦金太尔的美德理论为中心[J].社会科学战线，2008(5).

性为主要概念。在 2003 年第 7 期《哲学动态》发表的论文《德性思想的新维度——评麦金太尔的〈依赖性的理性动物:人类为什么需要德性〉》中,龚群教授认为麦金太尔自《德性之后》开始就是一个共同体主义者的旗手,而在《依赖性的理性动物:人类为什么需要德性》中,麦金太尔从人类的生物学存在意义提出的共同体理论和德性论,把当代的共同体主义理论探讨推进到了一个新境地。在 2009 年第 4 期《伦理学研究》上发表的论文《麦金太尔的德性伦理观》中,龚群指出麦金太尔是重要的"反理论"的德性伦理学家,重点介绍了麦金太尔思想中德性和实践的关系,以及德性与个人的可叙述性的自我统一性关系。秦越存博士在 2007 年第 2 期《道德与文明》中发表的论文《麦金太尔美德概念的建构及其启示》,以及 2008 年第 6 期《哲学动态》上发表的《麦金太尔美德思想的新进展》也侧重以美德为核心介绍了麦金太尔的思想。类似的文章还有:肖士英的《现代德性准则立足点与结构的反思——麦金太尔现代德性准则观批判与重构》(《陕西师范大学学报》,2001 年第 1 期)、党永强的《德性的困境及其超越——对麦金太尔德性观的思考》(《南京大学学报》,2000 年第 1 期)。另一类是把麦金太尔的思想放到整个西方美德伦理学或社群主义的历史中去研究,把麦金太尔思想看作这两种思想发展的一个阶段。张惠娜和卢风在《社会科学》2010 年第 1 期发表的论文《共同体与道德——试析麦金太尔对共同体伦理传统的追求》中指出,麦金太尔认为,若想摆脱现代西方道德领域存在的混乱与无序状态,只能放弃自由个人主义,回归亚里士多德的共同体传统。麦金太尔深知其理论实现之艰难,但从社群主义角度出发其对自由主义的修正和批判有着重要的理论和现实意义。这方面的论文还有俞可平的《当代西方社群主义及其公益政治学评析》(《中国社会科学》,1998 年第 3 期)、顾肃的《评社群主义的理论诉求》(《江海学刊》,2003 年第 3 期)、高国希的《当代西方的德性伦理学运动》(《哲学动态》2004 年第 5 期)、寇东亮的《德性优先于权利——对社群主义伦理的一种解读》(《河南社会科学》,2005 年第 1 期)、杨豹的《当代西方美德伦理的思想特色》(《道德与文明》,2009 年第 3 期)等。

第二,试图从总体上介绍麦金太尔的道德哲学思想。这类研究较少。复旦大学的高国希教授公开出版的论著《走出伦理困境——麦金太尔道德哲学与马克思主义伦理学研究》就是这一方面的代表作,并且也是迄今为止国内唯一一部系统研究麦金太尔思想的理论著作。这部著作是高国希教授在其博士论文的基础上修改而成的。他主要依据《德性之后》《谁之正义?何种合理性?》《三种对立的道德探究观》三本著作出版的先后顺序，论述麦金太尔的德性思想、正义与合理性思想、道德探索方法。在此基础上，力图通过把研究麦金太尔的道德哲学与我国的伦理学建设结合起来，逐点探讨了麦金太尔思想对我国伦理学建设的启示。谢礼圣博士的博士论文《麦金太尔的道德合理性思想研究》也是这方面的一个成果，他以道德合理性思想为主线，试图把麦金太尔的道德合理性思想放在整个西方道德合理性研究的大背景中进行考察。他认为麦金太尔所试图给出的是一种无相对主义的历史主义和非基础主义，美德伦理学就是其对道德合理性原则的重构，这样建构的道德合理性从一开始就面临着相对主义的危险。他认为麦金太尔最终以人类的依赖性作为其德性论的基础也表明了传统的合理性未能有效地拒斥相对主义。最后得出结论：麦金太尔的道德合理性思想暗示，历史与道德真理始终处在一种紧张关系之中。历史叙事并不能向我们揭示道德真理，而仅仅会向我们表明道德与人类生活的密切关联。从某种意义上说，道德历史向我们展示的只是道德的相对性。但这并不意味着道德真理不存在，也不意味着我们无法获得道德真理。

第三，把麦金太尔的道德哲学思想和其他道德哲学思想进行比较，在比较中探讨麦金太尔思想的优缺点。这类研究中最早也是最有代表性的是万俊人教授的《道德类型学及其文化比较视境——兼及现代伦理问题与罗尔斯和麦金太尔对话》（《北京大学学报》，1995 年第 6 期）。他系统梳理了中西伦理学中有关道德类型学概念的基本思路，分析了罗尔斯与麦金太尔在这一课题上的理论得失，进而从文化和哲学层面阐释了自己的道德类型学概念，并力图以此对现代社会和现代伦理问题做出原则性解释，提出“多元互补、分层贯通、共同分享”的综合性道德类型学主张。

第四，主要探讨麦金太尔对现代性道德以及现代性道德中某一类问题的批判。这类研究中有秦越存博士的著作《追寻美德之路——麦金太尔对现代西方伦理危机的反思》（2008 年出版）。在该书中，秦越存认为麦金太尔以其宽广的道德视野和深沉的历史眼光为当代西方伦理危机的探讨提供了一个丰富的思想资源。在书中，她主要以《追寻美德》这本著作为理论资源，详细梳理了麦金太尔对现代西方道德困境的批判，最后指出，麦金太尔的全部思想努力都旨在解决现代人的生存困境，麦金太尔的任务不仅是对伦理学固执于建立普遍规范的单边性的矫正，而且是试图通过对传统伦理学的历史重述，揭示伦理的本真含义①。相关研究论文还有杨泽波的《麦金太尔解决休谟伦理难题的贡献与困惑》(《现代哲学》，2002 年第 2 期)、张俊峰的《道德衰败的反思与德性的重构——麦金太尔反自由主义思想剖析》(《学术论坛》，2004 年第 4 期)、佟轶材的《道德的个体性与道德的社会性——麦金太尔对情感主义的批判》(《道德与文明》，2010 年第 6 期)、姚大志的《亚里士多德还是尼采？——麦金太尔对现代道德哲学的批判》(《学习与探索》，2003 年第 3 期)、应奇的《启蒙筹划的失败与市民社会的超越——麦金太尔道德社群主义述要》(《浙江大学学报》，1999 年第 1 期)等。

(2) 国外有关麦金太尔思想研究的现状

根据目前可以搜集到的资料，国外对麦金太尔思想的研究在总体方向上基本与国内研究类似，主要内容也集中在上述几个方面，但也有一些不同。他们注意到了传统在麦金太尔思想中的作用，以及麦金太尔思想在西方哲学研究中的地位。比如，Christopher Stephen Lutz 在 2004 年发表的 Tradition in the Ethics of Alasdair Macintyre 一书中，通过陈述麦金太尔的思想发展轨迹，阐述了传统在麦金太尔思想中的地位。他认为麦金太尔的思想既是被传统构成的，又对传统具有构成性作用，并据此对那些误认为麦金太尔的理论会导致相对主义的理论进行了批判。此外还有 Mark C. Murphy 在 2003 年编辑出版的 Alasdair Macintyre 一书。书中收集了当代英语世界具有代表性的 8 篇有关麦金太尔思想研究的论文。这些论文涵盖面较广，基本上涉及对麦金太尔在历史、哲学、社会学、道德哲学、政治哲学等领域思想的研究。

总的来说，随着麦金太尔著作在国内的译介，他的思想在道德哲学界引起了广泛关注，已有数位学者开展了对麦金太尔道德哲学思想的系统研究，对麦金太尔的观点、立场与其他西方学者进行了比较研究，并涉及麦金太尔所言的"合理性、叙事、依赖性"与其他伦理思想家观点上的异同。这些研究与对麦金太尔道德哲学方法的研究有很大的相关性。不过，一方面这些研究并没有专注于方法这一角度，另一方面这些研究中关于"合理性、叙事"的理解仍值得商榷，而且非常重要的是所有的研究几乎没有指出"探究"这一概念在麦金太尔研究方法中的重要性。"探究"不同于"研究"，这是麦金太尔在道德哲学研究方法上的一大贡献。

---

① 秦越存. 追寻美德之路——麦金太尔对现代西方伦理危机的反思[M]. 北京：中央编译出版社，2008：9.

二、目前国内有关道德哲学方法的研究现状

目前，在国内道德哲学界，就道德哲学研究方法而言，没有专门的论著，大部分关于方法的研究都是在传统伦理学的理论框架内展开的，只有极少数的学者在道德哲学层面上关注了方法。樊浩教授的论著《道德形而上学体系的精神哲学基础》就是这方面的一个重大突破。在该著作中，他主要“从形而上学的层面研究道德体系的精神哲学基础，或者说，是从精神哲学的纬度探讨道德形而上学体系，为道德形而上学体系提供一个精神哲学的构架”①。他以康德、黑格尔以及中国传统伦理的道德文化为理论资源，对伦理道德的形上本性进行辩证分析，进而指出，伦理道德的本性是“精神”而不是“实践理性”，道德形而上学研究的对象是“伦理精神”，而不是“道德精神”。而自由的“意识”—自由的“意志”—二者形成的“民族精神”则是“伦理精神”由潜在到自在再到实现的三个不同阶段的表现，它们是道德形而上学体系的三个基本要素和结构。道德形而上学体系就是“自由”意识、“自由”意志、民族伦理精神的辩证发展形成的概念体系。而黑格尔的《精神现象学》研究自由意识，《法哲学原理》研究的是自由意志，《历史哲学》则研究的是民族精神，因此，黑格尔的研究方法为道德形而上学体系的建构提供了重要的方法论资源。就像樊浩教授所说的，“现象学、法哲学、历史哲学辩证整合就是道德形而上学的方法论体系”②，也是道德形而上学体系的精神哲学结构。

此外，在传统伦理学研究中，对伦理学研究方法的关注有为数不多的一些成果。樊浩教授的《伦理精神的价值生态》和王海明教授的《伦理学方法》是主要的代表性著作，不过二者有很大不同。

樊浩教授非常明确地指出，《伦理精神的价值生态》不是要回答现代伦理精神“是什么”的问题，也不是要试图建构现代伦理的理论体系，而是致力于探讨“怎么样”，即如何建构现代伦理精神的价值合理性的课题，其目的是为现代伦理精神的合理建构提供一种方法论和价值观，即“伦理精神的价值生态”和“生态价值观”。樊浩教授以西季维克对“伦理学方法”的理解为基础，认为“伦理学方法”就是要确证和建构伦理精神的价值合理性。他指出，近现代西方历史上先后产生了两种关

① 樊浩. 道德形而上学体系的精神哲学基础[M]. 北京：中国社会科学出版社，2006：1.
② 樊浩. 道德形而上学体系的精神哲学基础[M]. 北京：中国社会科学出版社，2006：2.

于合理性的确证和建构的方法，一种是西季维克以自我本位的价值合理性为基础的"自我本位"的伦理学方法，另一种是马克斯·韦伯和罗尔斯建构的以"关系本位"的合理性为基础的"关系本位"的伦理学方法。关系本位的伦理学方法虽然是对"自我本位"的伦理学方法的超越，但自身却陷入了"关系本位的抽象"。麦金太尔的《谁之正义？何种合理性？》就是对这一问题的诘难，但麦金太尔并没有彻底解决这一问题，他从现实的"关系抽象"走向了历史的"关系抽象"。因此，要回答何种合理性，必须实现方法论的超越。而人类自 20 世纪开始的生态觉悟为现代伦理提供了"确证和建构伦理精神的价值合理性的新的世界观和价值观"，即"生态世界观和生态价值观"。体现"生态世界观和生态价值观"的"生态合理性"就是樊浩教授在该书中提供的"伦理学方法"。

而王海明教授认为西季维克的《伦理学方法》并不是研究伦理学方法的。他认为只有元伦理学是研究伦理学方法的。在他看来，伦理学方法就是对"优良道德的发现和推导方法"①，而元伦理学正是以此为目的的。但是，他认为元伦理学并没有"发现和建构能够推导出伦理学全部内容的伦理学公理和公设"②，因此，元伦理学在研究伦理学方法上是失败的。而他的《伦理学方法》则是在继承元伦理学全部成果的基础上，努力建构一种伦理学方法的科学体系，即"构建一种如同几何学和物理学一样客观必然、严密精确、可以操作并且能够包容人类全部伦理学知识——以往的和现在的以及将来的——的科学的伦理学"③。

基于赵敦华教授《道德哲学的应用伦理学转向》(《江海学刊》2002 年第 4 期)笔者对道德哲学研究方法和伦理学研究方法进行了区分。在这篇文章中，赵敦华教授提出，"应用伦理学不是伦理学原则的应用，而是伦理学的一个独立学科体系和完整的理论形态；应用伦理学的意义不是应用的伦理学，而是被应用于现实的伦理学的总和；它的意义不是相对于伦理学一般或道德哲学而言的，而是相对于现在已经不能被应用于现实的传统伦理学而言的；就是说，应用伦理学是伦理学的当代形态"④。在此，赵敦华教授实际是为传统伦理学如何突破自身困境寻找出路。在他看来，道德哲学是伦理学的"体"，它涉及道德的基本原则、中间原理和应用规则。

---

① 王海明. 伦理学方法[M]. 北京：商务印书馆，2003：自序 4.

② 王海明. 伦理学方法[M]. 北京：商务印书馆，2003：自序 4.

③ 王海明. 伦理学方法[M]. 北京：商务印书馆，2003：自序 6.

④ 赵敦华. 道德哲学的应用伦理学转向[J]. 江海学刊，2002(4).

传统伦理学的各种理论派别都有与其相对应的“体”，比如，亚里士多德的伦理学的基本原则是幸福主义的目的论，其中间原理是实践智慧的“中道”，而它的应用规则是个人德性论和城邦政治学；再如，儒家伦理学的基本原则是心性学说，其中间原理是义务论的“纲常”，而它的应用规则是对士农工商阶层的道德训诫，如“官德”“家训”“儒商”等。① 赵敦华教授认为，无论是传统伦理学的经典理论还是当代一些试图走出传统伦理学理论困境的新的道德哲学学说，在方法上都有一种倾向，即“吊车型”，就是“把人从下往上拔高，即先建立一个道德形而上学，从最高原则出发，把人的境界往上提升”②。通过这种方法建立起来的道德哲学理论和道德实践的真实状况有出入。这正是传统伦理学的根本问题。当代伦理学界已经有很多人认识到这一问题，并为之做了很多研究。但这些研究并没有在这个方面进行突破，而是试图直面现实伦理问题。但在现实伦理问题面前，应用伦理学却没有相应的基本原则、中间原理和实践规范对其进行哲学解释，于是很多研究者就直接把传统伦理学的道德哲学理论拿来用，即很多人所理解的应用伦理学，结果就出现所谓的“牛体马用”和“体用不和”。可见，传统伦理学要回归生活，要做的不仅仅是语言上的回归——提出应用伦理学，而且还要在道德哲学层面上转型。就像赵敦华教授所说的，“应用伦理学需要在道德哲学层面，在出发点、理论前提、价值律、方法论和利用传统资源的解释模式方面实现转变”③。

依据这种理论观点，我们把那些依然在传统伦理的理论框架内寻找方法突破的研究称为关于伦理学方法的研究，而那些试图在道德哲学层面突破传统伦理学研究困境，并且和传统伦理学的方法确有重大不同的方法尝试称为道德哲学方法研究。樊浩教授的《道德形而上学体系的精神哲学基础》即是这方面的一个重大突破，虽然该著作的主要目标并不是方法。

基于以上综述，笔者认为，国内外对麦金太尔的这些研究对于我们的道德哲学探究具有很好的借鉴作用。但不可否认，在这些研究中存在着一系列问题。首要的问题是意向先行，即有些学者脱离文本对麦金太尔思想断章取义，比如认为麦金太尔是一个德性论者，是一个社群主义者，是一个相对主义者，而麦金太尔对这些

① 赵敦华.道德哲学的应用伦理学转向[J].江海学刊，2002(4).

② 赵敦华.道德哲学的应用伦理学转向[J].江海学刊，2002(4).

③ 赵敦华.道德哲学的应用伦理学转向[J].江海学刊，2002(4).

误读都曾明确解释过，他根本不是一个德性论者，更不是一个社群主义者，也不是一个相对主义者。

其次，没有把麦金太尔思想作为一个过程进行探究。虽然麦金太尔的每一本著作都自成体系，比如，就像他自己所说的那样，《谁之正义？何种合理性？》虽然是《追寻美德》的续作，但他希望这本书能够成为一本即使没有读过《追寻美德》的读者也能读懂的一本书。但是，在他的著作中，后出版的著作通常都会对以前的观点进行进一步解释、反思和批判。这些解释、反思和批判通常都是围绕核心问题展开的，是对核心问题的推进。也就是说，这些看似独立的著作之间是有一条主线的。但是有学者仅仅关注麦金太尔的一本著作甚至是著作中的某个片段就下结论，是一种误读。

再次，麦金太尔的研究立场和研究方法要求我们必须跳出现代西方道德哲学的研究框架和概念图式，站在整个西方道德哲学史的立场上，认识和了解他的学术思想。但很多人并没有注意到这一点。有很多学者把麦金太尔的道德哲学思想和同时代的其他道德哲学家进行了比较，而且也关注了麦金太尔对现代性道德状况的批判，但是却依然用现代性道德哲学的立场和框架评价麦金太尔的批判。比如，谢礼圣博士依然认为麦金太尔的整个道德哲学思想就是为了寻找一种新的道德合理性。其实，在《依赖性的理性动物：人类为什么需要德性》中，麦金太尔已经对他之前的合理性探究提出了修正：道德探究或道德哲学探究首先是一种合乎德性的"探究"，对某种特定的道德信念和善的道德承诺是合理性批判得以进行的条件，同时也是目的。同时，通过德性形成的道德承诺并不是非理性的，而是符合辩证理性的。在这种承诺下进行的道德探究不是为了实践推理中的合理性，而是为了实现善，德性是合理性探究的条件，更是追求善、实现善的必要条件。

最后，就目前的研究来说，没有以麦金太尔的道德哲学探究方法为核心内容的文章和专著。

第四节　研究思路、创新点及难点

一、现实关怀与核心问题

虽然本书的写作结果是以理论的形式呈现，但文章的写作过程将围绕现实问题展开，一是当前道德哲学研究中的实际问题，二是当前生活实践中的道德问题。二者虽然表现不一样，但却有着内在联系，道德生活实践中的问题是道德哲学研究困境的真实反映，道德哲学研究困境是道德哲学脱离道德生活的理论表现。归根结底，二者是同一个问题——道德哲学脱离道德生活在两个领域的现实表现。道德哲学方法是造成二者脱节的重要原因。

就当前道德哲学研究中的实际问题来说，主要从两个方面入手，一从现象层面阐释当前道德哲学研究面临的困境；二以当前道德哲学研究方法为突破口，分析当前道德哲学研究困境的根源和可能的解决途径。

就当前生活实践中的道德问题来说，主要从两个角度切入，一是从宏观上分析传统向现代转型过程中，在现象层面上，整个社会所呈现的道德问题，二是从微观上分析社会转型期，个人在道德生活中所面对的道德问题。

本书认为，现代道德哲学的研究方法是造成上述问题的重要原因，在方法上的转向是解决上述问题的一个重要突破口。这是本书的努力所在。本书力图以麦金太尔的道德哲学探究为理论资源，提出一种新的道德哲学探究方法，即“辩证叙事探究”，并以这种方法对道德哲学的基本概念和逻辑框架进行辩证，以期实现道德哲学和道德生活的统一。

二、“发出一个邀请”

“辩证叙事探究”作为一种方法提出，还处在探索阶段，针对很多具体的实践问题，需要更多的、复杂的操作方法，在这里，我们没有能力也不试图提供一套规范化的程序或公式，以告诉大家如何具体去进行“辩证叙事探究”。在本书中，我们只是发出了一个诚挚的邀请，表达了一种热切的态度，期望有更多的探究者和普通人认识到这一问题，关注这一问题，从这个角度去思考，甚至去践行，以期对道德哲学的发展和道德生活的运行有所建树。

三、写作思路

围绕核心问题，本书以麦金太尔的系列著作为理论资源，以麦金太尔对核心问题认识的逐步推进为线索，逐步梳理"辩证叙事探究"作为一种道德哲学探究方法的产生过程，并在此基础上，探讨"辩证叙事探究"的理论意义和现实意义。本书的主体结构(除结语之外)共分四个章节。第一章提出问题，亮出观点：现代道德哲学的最大问题是道德哲学研究脱离道德生活实践，而现代道德哲学的研究方法是导致其困境的重要原因。第二章概述麦金太尔对问题的反思。主要揭示麦金太尔为什么要跳出现代道德哲学的概念框架，转变立场，提出美德伦理立场。第三章在对麦金太尔本人的学术品格和转变立场前后的学术推进过程进行辩证叙事探究的基础上，提出"辩证叙事探究"方法。第四章笔者通过与现代道德哲学研究的比较，对辩证叙事探究的三个基本概念进行哲学分析，并借助麦金太尔对个体生命的"叙事"，"探究"现代道德哲学基本概念，在此基础上探讨辩证叙事探究作为一种道德哲学方法的意义。

第一章提出问题。本章共分四部分。首先开门见山简单陈述"辩证叙事探究"作为一种方法的独特性。第二部分介绍现代道德哲学研究范式及其困境。这部分内容有两个目的：一是阐明现代道德哲学困境的产生和其使用的研究范式是分不开的；二是表明本书中的探究是一个有现实关怀的真问题，方法上的突破性研究是道德哲学中迫切需要解决的问题。第三部分研究综述，主要涉及两个方面：一是国内外有关麦金太尔道德哲学思想的研究情况；二是国内有关道德哲学方法的研究情况。第四部分主要介绍本文的核心问题、基本立场、写作思路与创新点。

第二章概述麦金太尔对现代西方道德哲学研究的反思。本章以麦金太尔的著作《追寻美德》为主要理论资源，梳理麦金太尔批判现代西方道德哲学的出发点、进路、理论归宿。《追寻美德》代表麦金太尔思想的一个极其重要的转折。这本书中的观点既是对他以前观点的纠正，也是他以后系列著作的基础。本章第一部分主要梳理麦金太尔对现代社会生活中道德危机的反思，这是麦金太尔批判现代西方道德哲学的现实出发点。第二部分主要梳理麦金太尔对启蒙道德哲学的批判，着重概括启蒙道德哲学与现代道德哲学研究困境及现代生活道德危机的关系。第三部分梳理麦金太尔在探究立场上的转向——跳出现代道德概念框架，提出美德伦理立场。而学术立场的转向要求方法的转变。

第三章概述“辩证叙事探究”方法的产生过程。本章共分七个部分。第一部分对辩证叙事探究作为一种方法进行哲学分析。虽然辩证叙事探究方法是在麦金太尔道德哲学思想逐步推进过程中产生的，但因为它是一种新的方法，在一开始阐明这种方法到底是一种什么方法，有没有哲学依据就非常重要。之后，以对麦金太尔本人的学术品格介绍为切入点，以出版时间先后为序，依次对麦金太尔在《伦理学简史》《追寻美德》《谁之正义？何种合理性？》《三种对立的道德探究观》《依赖性的理性动物：人类为什么需要德性》五部著作中的思想观点进行了分析。通过分析意在表明两点：一是麦金太尔本人作为一个道德哲学家，具有一种“探究”的学术品格，他围绕一个问题，不断地对自己的认识进行反思批判和修正，这个过程本身就是一个“辩证叙事探究”的过程；二是麦金太尔本人在“探究”中从不自觉地使用“辩证叙事探究”的方法到最终自觉探索方法问题的整个过程本身就孕育了一种非常重要的道德哲学探究方法——“辩证叙事探究”。这两点就是我们提出“辩证叙事探究”的理论依据。

第四章探讨“辩证叙事探究”与道德哲学的关系及其意义，共分三个部分。第一部分探讨“辩证叙事探究”作为一种方法对摆脱启蒙道德哲学概念框架，使道德哲学探究回归道德生活的重要意义。第二部分探讨“辩证叙事探究”对美德伦理学作为一种伦理学形态的道德哲学意义。第三部分探讨“辩证叙事探究”对当代美德伦理学摆脱边缘化处境的现实意义。

四、本书创新点和不足

本书在总结吸收当前学术界有关麦金太尔道德哲学思想研究成果的基础上，提出了一些不同的观点，即本书的创新点，主要有三点：

第一，提出“辩证叙事探究”这一道德哲学方法，以此回应现代西方普遍理性主义研究方法所引起的道德哲学与道德生活相分离的困境。

第二，全面梳理麦金太尔著作及论文中道德哲学思想的演进历程，并将其主要学术贡献概括为对“辩证叙事探究”道德哲学方法的创造性探索。

第三，在方法层面上为美德伦理学的系列概念做出理论阐释，为美德伦理学的复兴奠定道德哲学基础，以及为伦理学研究摆脱现代理性主义的抽象性提出新思路。

由于笔者学术知识欠缺、学术功力不足，对整个西方道德哲学史、近现代自然科学研究方法及其对道德哲学的影响方面没有深入探讨，如果能把这部分内容深入到著作中，呈现给读者的著作可能视野会更全面一些，这也是笔者今后努力的方向之一。

第二章

麦金太尔对西方道德哲学困境的反思

本章主要以《追寻美德》为理论资源，从三个方面梳理麦金太尔对西方现代道德哲学困境的反思。麦金太尔在其 2006 年出版的《哲学的任务》中提到，他的哲学研究在 20 世纪 70 年代中发生过一次重要的转向。在这次转向中，最重要的是研究立场的转变。70 年代之前，麦金太尔的大多数著作和文章都是围绕问题进行的，并且他“把这些问题看作是分离的和有区别的，而没有充分反思一种较大的概念框架”，认为逐个问题的解决就意味哲学研究的进步；70 年代之后，他逐渐认识到正是在现代西方道德哲学的自由主义的概念框架中并且由于这种框架，哲学研究才会出现那些问题。因此，如果不打破那种框架，或从那种框架中脱离出来，那些问题注定不可解决，道德哲学研究也根本不能取得任何进展。但是，如果跳出现代自由主义的概念框架，使用什么样的概念框架对道德哲学进行重构呢？重建一套自己的概念术语根本不可能完成这一任务，因为重建概念就意味着还是在自由主义的框架内部进行探讨。面对这一问题，麦金太尔转向了历史传统，他把诸种问题理解为古老的亚里士多德主义关于实践生活概念的碎片化结果，这种碎片化是由于现代性对体现那些概念的传统的冲击而造成的。结果他发现，当把诸种问题放到历史传统中去考察时，它们得到了充分的解释。在这次转向中，麦金太尔实际上转变的是一种研究立场，即从一种现代西方自由主义立场向一种西方社会古老的亚里士多德主义立场的转变，也即向一种“美德伦理”立场的转变。这一转变集中体现在《追寻美德》中。本章共分三部分。

一是麦金太尔在文化层面和社会层面对现代西方社会生活中道德危机的剖析。现代社会生活中的道德危机表现为毫无建设性的、没完没了的道德争论。这种道德现象的产生有其对应的文化背景和社会背景。这一现象正是现代道德哲学研究困境的现实写照，现代道德哲学研究对于道德生活危机的改善是无效的。如果说我们在第一章从理论层面上分析了现代道德哲学研究的失败，现代社会生活中的道德危机则从现实层面上宣告了现代道德哲学研究的失败。

二是麦金太尔对现代性社会生活中道德危机的哲学批判。他认为，现代性社会生活中的道德危机是现代性道德哲学困境的现实体现。现代道德哲学研究困境是由现代“启蒙道德筹划”引起的。“启蒙道德筹划”以自由为理想，即每个人都要成为一个在道德上“自由”的人。为实现这一目标，启蒙道德哲学家们以“原子”式的个人为出发点，首先把人们生活于其中的道德历史文化传统作为对人的一种外在束缚彻底否弃掉，提出构建放之四海而皆准的、具有普遍合理性的道德。其次，把传统道德合理性中理性的目的论维度作为对人性的一种外在束缚也彻底否弃掉，建立抽象人性观，提出构建基于抽象人性的内在化道德。麦金太尔指出，启蒙道德筹划的这一诉求是好的，但其试图实现诉求的理论却是失败的，否定道德历史传统和人性目的的抽象人性只是一种理论上的假设，那些为了保证人的完全自由而设想的具有普遍性、内在化的道德注定也是不现实的。事实证明，他们所诉求的普遍性道德实质上只是各自所生活于其中的某种特殊道德历史文化立场的一种表达。而且因为在他们论证道德合理性的概念框架中，缺少了目的论维度，使得直接从人性发端出来的道德失去支撑点，要么成为外在的“绝对命令”，要么成为人的主观意志、情感的表达。而现代道德哲学研究困境和现代社会生活中的道德危机正是这一失败的真实写照。

三是麦金太尔研究立场的转变——跳出现代性道德哲学概念框架，转向以“美德”为核心概念的传统道德立场。通过对现代社会生活中的道德危机的哲学批判，麦金太尔认识到，现代性道德哲学困境的产生和现代性道德哲学的概念框架是分不开的。如果执着于现代道德哲学的概念框架，根本不可能解决道德哲学自身的困境，进而就不能对现代道德生活危机提出任何建设性的对策。他提出必须跳出这一概念框架。但他不可能再去凭空重建一套概念框架，因为建构框架本是现代性道德哲学概念框架的重要特点之一。因此，他把目光转向了和现代道德哲学概念框架紧密相关的两种道德哲学理论：一种是现代道德哲学所着重批判的亚里士多德主义的道德哲学传统；另一种是对现代性道德哲学乃至对整个西方道德哲学史进行深刻批判的尼采的道德哲学思想。这两种道德哲学理论有一个共同点，即都承认美德优先于规则。但他认为尼采的批判虽富有洞见，但在根本上却是失败的。“超人”在道德上的自足以及尼采自身英雄般生活的悲剧决定他的道德哲学思想在根本上与前现代社会的美德理论是相背离的，而且事实证明尼采的道德哲学思想只是启蒙道德筹划中原子式自由个人主义的另一个翻版。而启蒙道德筹划是以反对亚里士多德主义而产生的。因此，在麦金太尔看来，其实现代社会中的各种道德问题是基于自由个人主义和亚里士多德道德传统之间的对立而产生的。而通过回溯传统道德框架，他发现亚里士多德的美德理论符合西方前现代社会诸美德的核心要求，而这些要求又是符合道德存在事实的，是在人们的社会生活中发现的。因此，他提出，要解决现代道德哲学困境，必须跳出以自由个人主义为原点、把规则作为核心概念的现代性道德哲学概念框架，转向以美德为核心概念的道德哲学立场。而学界对美德伦理立场的合理性的诘难，则要求麦金太尔必须对探究道德合理性的方法做出回应。

第一节　现代社会生活中的道德危机

麦金太尔指出，现代社会生活中的道德危机主要表现为，在某种道德问题上毫无建设性的、没完没了的争论。“这类争论不仅没完没了，而且显然不可能得出任何结论。”[①]这意味着在道德问题上更多的是分歧，而鲜有一致。无休止的道德争论产生于否认任何客观的、非个人的道德评价标准的情感主义文化以及对应的社会背景。无论现代道德文化还是现代社会人们的生活结构，都从根本上否定人的道德思考。道德被看作是人的情感、偏好或态度的表达。这样的道德被严格限制在个人生活领域，而在社会组织领域则完全排斥道德思考和道德判断。在此道德现实面前，无论是以罗尔斯为代表的建构主义研究还是以罗蒂为代表的解构主义研究都不能提供切实有效的解决办法。这进一步在现实层面上证明了现代道德哲学研究与道德生活的分离和失败。

一、例证：“三个无休止的争论”

第一个争论是关于现代战争是否必要的争论。围绕这一问题，麦金太尔列举了三种争论不休的观点。(1) 认为现代战争不是正义的，我们都应该成为和平主义者。因为正义的战争应当是这样的：人们从中获得的善会超过开战所造成的恶，并且能够在其中清楚地区分生死悬于一线的战斗人员与无辜的平民。而在现代战争中，对于战争所造成的结果不可能有可靠的估算，并且也不能精确地区分战斗人员和非战斗人员。(2) 认为想要和平就得备战。否则你不仅无法避免战争，而且将被打败。(3) 超级大国之间的战争是破坏性的；但解放被压迫群体的战争却是必要的。[②]

第二个争论是关于是否应该禁止人工流产的争论。围绕这一问题，麦金太尔同样列举了三种争论不休的观点。(1) 每个人都拥有某些人身权利，其中包括对

---

① [美]阿拉斯戴尔·麦金太尔. 追寻美德[M]. 南京：译林出版社，2003：7.

② [美]阿拉斯戴尔·麦金太尔. 追寻美德[M]. 南京：译林出版社，2003：8.

自己身体的权利。因此当胎儿还是母亲身体一部分时，母亲就有权利自主决定是否流产。这不仅在道德上是许可的，而且应当为法律所允许。(2) 己所不欲勿施于人。当"我"还在母亲腹中时，除了确"定"我已经死亡或受到致命伤害，否则"我"不可能愿意母亲做人工流产。但是，"我"在争取自己的生命权利时，怎么能否认母亲的权利呢？否则，就违反了"金律"。但是，"我"并不认定应当在法律上禁止人工流产。(3) 应当禁止人工流产。因为，谋杀是有罪的、错误的，而杀婴也是谋杀，而胎儿和婴儿一样都是处在一个人成为成年人的较早的一个阶段，只是不同阶段而已，那么人工流产也是谋杀。所以，人工流产就不仅在道德上是错误的，而且在法律上也应当予以禁止。①

第三个争论是关于是否每个人都应该自由地享有平等的受教育和接受医疗的权利的争论。围绕这一问题，麦金太尔列举了两种争论不休的观点。(1) 社会正义要求每一个公民在可能的范围内都应该享有发展其天赋和其他潜能的平等机会，包括医疗保健和受教育的权利。这就要求政府提供以税收为保证的医疗和教育服务，而且还要求，没有一个公民能够用金钱买到此类服务中的不公平的份额。这就要求废除私立学校与私人医疗行业。(2) 每一个人都有权担负他愿意担负的责任，都有权自由地订立他想要订立的契约，都有权决定他自己的自由选择。因此，医生有自愿开业的自由，而病人有选择医生的自由；教师有选择进行教育的自由，而学生和家长也有选择接受教育地点的自由。所以，自由不仅要求私人医疗机构和私立学校的存在，而且要求废除对私人行业的种种限制。②

麦金太尔认为类似这些争论不断地出现在社会各个领域，包括各种媒体、国会议员的信函、酒吧、兵营和公寓中，在社会上具有广泛的影响，体现了现代道德争论的三个突出特征。

第一个特征：三个争论中的各个观点在论证过程中使用的概念都具有不可公度性(不可通约性)。表现在：每一个观点的论证过程都是通过逻辑推演的，在逻辑上是正确的，因此，它们各自的结论从逻辑上来说都源自各自的前提，是合乎逻辑的，但是，在前提上，每一种观点所使用的都是和其他观点截然不同的评价性概念，这些评价性概念是不可公度的。比如在第一个争论中，第一种观点认为应该以正

---

① [美]阿拉斯戴尔·麦金太尔.追寻美德[M].南京：译林出版社，2003：8.

② [美]阿拉斯戴尔·麦金太尔.追寻美德[M].南京：译林出版社，2003：9.

义与否和是否危害到平民的标准来评判现代战争是否应该，而第二种观点则认为应该以是否能够取得胜利和生存的标准来评判，第三种观点则以战争是哪些国家发动的、为了什么目的发动的为标准来进行评判。麦金太尔指出，正是因为在现代社会道德生活中，没有任何既定的方式可以在这些评判标准之间做出抉择，因此这些争论才会没完没了。第二个争论和第三个争论中的各个不同观点之间同样如此。当持有不同观点的人进入公共领域后，他们都没有任何充足的理由反对对方。麦金太尔认为，当你没有充足理由反对对方时，其实意味着你对自己所坚持的评价标准也缺乏任何充足的理由。这样，当你认为自己从自己所坚持的评价标准出发理性地得出了某种结论时，其实，你的结论却是以某种非理性的坚持为基础的。因此，当持各种不同观点的人进行争论时其实是一种独断反对另一种独断，这种非理性的争论注定是无休止的。

第二个特征：三个争论中的每一种观点都号称自己站在一种客观的、中立的立场上，进行的是一种非个人的合理争论。比如争论中对“正义”“平等”“自由”等概念的使用明显都具有上述意图。麦金太尔指出，如果我们把这一特征和争论的第一个特征联系在一起的话，就会发现，如果他们所用的概念真的是客观的、中立的，就应该是被所有人所接受的，但是，事实恰恰相反。这说明，他们意图中立的、客观的概念实质上只不过是各自特殊意志的表达罢了。但麦金太尔认为，在这里有一点是值得我们注意的，即他们意图中立、客观的道德争论至少表达了现代人对道德生活领域普遍合理性的一种渴望。

第三个特征：争论中的不同观点所使用的不可公度的前提概念都具有它们各自的历史起源。比如，“在第一组论辩中，第一种观点中的正义概念在亚里士多德的美德理论中有其根源；第二种观点中的输赢概念可从俾斯麦和克劳塞维茨一直追溯到马吉雅维利；第三个观点中的解放概念则可以一直从马克思追溯到费希特”[①]。麦金太尔指出，仅从这几个伟人的名字，我们已经可以从表面上看到我们所继承的道德资源的多样性和复杂性，更重要的是，我们别忘记这些伟人来自不同时代背景——不同文化背景、不同的生活实践。他们使用的道德概念，比如“正义”“美德”等植根于他所生活的特定时代，这些伟人只是“以一种零碎的、有选择的方

① [美]阿拉斯戴尔·麦金太尔.追寻美德[M].南京：译林出版社，2003：12.

式阐明了这些文化中的诸多信念而已”①，这些被选择的概念背后的时代背景有着更庞杂的多样性。经历过几百年、上千年之后，很多道德概念早已经脱离了当初产生的语境，变得面目全非。特别是，在我们的争论中，竟然意图把这些产生于特定语境中的概念当作客观的、中立的、普遍的来使用，这无疑是一种独断。

因此，我们可以看到，这些意在表达一种非个人的、中立、客观道德立场的争论，各自却使用着不可公度的前提概念，以这些不可公度的概念为前提进行的争论必定是无休无止的。由此，麦金太尔指出，这种没完没了其实告诉我们，现代社会的道德语言处在一种严重的无序状态，我们所使用的道德语言只是某特定概念框架的某些片段，它们已经失去了它们可以从中获取其意义的语境②。“我们诚然还拥有道德的幻想，我们也继续运用许多关键性的语汇，但是无论理论上还是实践上我们都已极大地丧失了我们对道德的把握力。”③虽然我们认为自己拥有道德，但事实上，无论是在概念上还是在实践中，道德已经面目全非。这就是现代道德生活危机的真实写照。

二、道德文化背景：情感主义

麦金太尔指出，虽然现代道德争论中所使用的道德语言脱离了这些语言产生的历史背景，但脱离历史背景使用道德语言的做法却恰好是现代道德文化的一个显著特征。情感主义道德理论则是这一道德文化的集中体现。

“情感主义是这样一种学说：所有的评价性判断，尤其是所有的道德判断，就其具有道德的或评价性的特征而言，都无非是偏好、态度或情感的表达。”④情感主义的观点有一个前提，即把事实判断和评价性判断割裂开。比如，在情感主义者看来，“损毁财产的纵火是不道德的”这句话是由事实判断和评价性判断两个部分组成的，“纵火损毁财产”是事实判断，“纵火是不道德的”是价值性判断。事实判断或真或假有事实依据，纵火造成财产损失是可以看见的。而价值性判断在他们看来则是无真无假的，纵火是不是道德的，则完全在于做出该评价的人的情感和态

① [美]阿拉斯戴尔·麦金太尔.追寻美德[M].南京：译林出版社，2003：12.
② [美]阿拉斯戴尔·麦金太尔.追寻美德[M].南京：译林出版社，2003：2.
③ [美]阿拉斯戴尔·麦金太尔.追寻美德[M].南京：译林出版社，2003：3.
④ [美]阿拉斯戴尔·麦金太尔.追寻美德[M].南京：译林出版社，2003：14.

度。[①] 假如情感主义的观点是正确的，道德分歧则必然是没完没了的，因为每个人的情感和态度是不一样的，也是经常发生变化的。而且，假如一切道德分歧真的都是合理的无休无止的，那么现代道德生活中争论不休的无序状态就不仅仅是现代道德生活所特有的了，而是任何时代道德生活的共有特征了。麦金太尔否认这一点。他认为情感主义的这一观点并不符合道德的历史和道德的本质，但却是在现代社会有广泛影响的道德文化。这与整个西方社会道德当时的发展状况是分不开的。

麦金太尔指出，情感主义者把道德判断等同于人们的情感、态度的表达，这说明他们并没有正确认识“个人偏好的表达和评价性(包括道德的)表达”[②]之间的差别。当某人表达一种评价性判断“这是好的”时，其实隐含了一种对客观的、非个人的标准的诉求。而“我赞成这，你也赞成吧”则没有这样的诉求。“好”是一个有着深厚历史渊源的传统道德词汇，在传统道德历史文化发展的不同阶段，“好”有特定的内涵，每一种内涵在那个特定的历史时代都是客观的、非个人的，这种客观性和非个人性根源于那个时代的道德生活实践，都是从一定的事实性判断推出来的，都是一个事实判断。比如，在传统农业社会，评价一个人是好农民，那么这个人一定具有类似这样一些特征：他种的庄稼每亩产量在当地是最高的；他种地的效率是最快的等等。即使你不喜欢这个农民，也不能得出这是一个差农民的评价性判断。因为那些特征是一个好农民应该具有的自然属性，无论你喜欢与否，它们都存在。再比如，说一块表是好表，则这块表一定具有几个关键特征：走得准、带着舒服等[③]。即使你不喜欢这块表，你也不能得出这块表是一块坏表的评价性判断。因为，那些特征是一块好表应该具有的自然属性，无论你喜欢与否，它们都存在。而“我赞成这，你也赞成吧”或者“我喜欢这块表，你也喜欢吧”则只是表达了“我”自己的一种情感、态度或偏好。

但情感主义者并不这样认为，他们指出，“要证明一个特殊的判断，只能通过参考能够逻辑地衍生出这一特殊判断的某个普遍规则，而要证明这一规则，也只能通过将它从某个更一般的规则或原理中推演出来；但是根据这种观点，既然每一个推

---

① 参见[美]阿拉斯戴尔·麦金太尔. 追寻美德[M]. 南京：译林出版社，2003：14.

② [美]阿拉斯戴尔·麦金太尔. 追寻美德[M]. 南京：译林出版社，2003：15.

③ 参考[美]阿拉斯戴尔·麦金太尔. 追寻美德[M]. 南京：译林出版社，2003：73.

理的链条都必然是有限的，因此，这样一个论证推理的过程也必然始终以断言某个不能给出进一步理由的规则或原理而告终”①。也就是说，情感主义认为，当我们从“走得准、带着舒服等”这些公认的、被看作好表的特征推出“这是块好表”这个结论时，我们还必须追问：“为什么一块好表应该具有哪些特征？”当你回答“表的功能就是报时”时，接下来还会面临这样的问题：“为什么表的功能就是报时？”情感主义认为，一直追问下去，最终总有一个问题的答案是独断的，我们没有办法给出关于这个断言的任何可解释的理由。因此，情感主义认为，即使你的评价性判断在一定程度上是符合逻辑的，是符合理性的，但最终的那个前提一定是无法用逻辑证明的。因此，“任何争论终点总是一种无法辩护的选择、一种不由标准引导的选择。每一个体都必须或隐或显地以这样一种选择为基础去采纳他自己的第一原理。任何普遍原理的言说最终都是个人意志的各种偏好的表达”②。

我们可以看到，情感主义不仅在道德判断语句的表述上抛弃了蕴含在道德实践中的道德文化背景，而且在评价性推理包括道德推理的过程中也抛弃了道德历史文化背景。它认为人们做出一种评价性判断包括道德判断完全是一种情感意义的表达，而不具有任何用处。同样，道德推理最终也是一种意义的表达，而不具有任何用处。但麦金太尔指出，当人们做出一个道德判断时，比如说“这是好的”，“这”和“好”都是有所指的，它们都是一种客观的、非个人的存在，是和特定道德文化历史中的道德生活实践相关的。根据这种道德判断，在推理过程中，我们会努力站在那个特定的道德历史文化的立场上，推断生活在那个实践背景下的人或者我们自己会如何行动。说者和听者之间并不是通过一种情感的感染和影响连接在一起的，而是通过对一种特定的、发生过的生活实践的共有理解，对一种特定的、客观的、非个人性道德评判标准的共识连接在一起的，大家是为了一个共同的价值标准站在一起的。而当我们在一种情感主义的层面上做出评价性判断时，“这是好的”意味着“我赞成这，你也赞成吧”。我们认为是“好的”，也希望别人赞成，其实表明我们确信自己的认识是客观的、非个人的，具有普遍性的，别人接受的。据此，在道德推理中，我们自然会通过这种情感、偏好或态度推出自己应该如何行动。但当别人听了我们的表述之后，并不一定能够推出我们会如何行动，以及他们自己应该如

① [美]阿拉斯戴尔·麦金太尔.追寻美德[M].南京:译林出版社,2003:25.
② [美]阿拉斯戴尔·麦金太尔.追寻美德[M].南京:译林出版社,2003:25.

何行动，因为，我们正在做的是以一种操控的方式向他人表达自己的情感。说者和听者之间是通过一种情感的感染和操纵连接在一起的。那么对一件事或一事物持有不同情感、偏好的人可能就会在如何判断、如何行动上产生分歧。基于个人情感、偏好或态度的各种道德争论缺乏一个客观的、非个人的共同的价值标准，自然是没完没了的。因此，在情感主义者看来，"当代道德分歧不可能得到解决，因为这类道德分歧在任何时代，无论过去、现在还是未来，都不能得到解决"①。

因此，麦金太尔指出，要剖析现代道德生活的危机，要解决那些没完没了的道德争论，情感主义道德文化是我们必须面对的一种挑战。

三、社会背景：操纵性和非操纵性社会关系之间区别的消失

"任何一种道德哲学都特别地以某种社会学为前提，情感主义也不例外。因为每一种道德哲学都或隐或显地对行为者与其理由、动机、意向和行为的关系做出至少是部分的概念分析，而这种做法一般又预设这样一种要求：这些概念被具体化或至少被具体化在现实的社会世界中。"②"因此，一般来说，要决定性地驳斥一种道德哲学也就是要表明它所解释的那种道德作用本身永不能体现在社会中；从而，对于任何道德哲学的主张，如果不搞清楚其体现于社会时的可能形态，我们就不能充分地理解它。"③麦金太尔指出，从柏拉图到亚里士多德，从休谟到亚当·斯密，他们都认为这是道德哲学的使命。但是，情感主义道德文化却无视这一点，他们完全忽略了社会历史背景。因此，要在生活中深刻认识情感主义所造成的道德危机，必须替情感主义完成这一任务，即探究情感主义忽略的社会背景。他认为，最重要的社会背景就是：操纵的和非操纵的社会关系之间区别的消失。代表现代社会道德理想和文化理想的三种"特性角色"非常鲜明地体现了这一点。

(1) 操纵的和非操纵的社会关系

通过对比康德的道德理论和情感主义的道德理论，麦金太尔解释了操纵的和非操纵的社会关系之间的区别。

"对于康德以及许多早先的道德哲学家来说，不以道德为根据的人际关系与以

---

① [美]阿拉斯戴尔·麦金太尔. 追寻美德[M]. 南京：译林出版社，2003：14.

② [美]阿拉斯戴尔·麦金太尔. 追寻美德[M]. 南京：译林出版社，2003：29.

③ [美]阿拉斯戴尔·麦金太尔. 追寻美德[M]. 南京：译林出版社，2003：29.

道德为根据的人际关系之间的差异，就在于把他人首先作为达到自己目的的手段还是作为目的本身。”①“把他人作为目的，也就是把自己视为以这种方式而非以别的方式行动的好理由提供给他们，而同时却让他们自己去评价这些理由。”②在这种关系中，个人对他人的影响是通过他人也断定为好的理由实现的，这个好的理由是任何有理性的行为者都会认可的，对任何有理性的行为者都是有效的，是非个人的。这种以非个人的、合理性的好理由相互影响的人际关系就是以道德为根据的人际关系。在这种关系中，每个人都是目的，没有人会成为他人的工具。这种关系被麦金太尔称为非操纵的社会关系。

相反，“把他人作为手段，也就是通过在不同场合中施加有效的影响或考虑，力图使他人成为达到自身目标的工具”③。“这里用来引导自己的不是合乎规范的合理性的各种标准，而是有关‘劝说’的社会学和心理学的概括。”④也就是说，个人的行动不是听从于通过自己的理性判断得出的好理由，而是受到一些社会学和心理学的知识的影响。同样，个人对他人的影响也不是通过提供给他人自己认为好的理由，再由他人自己进行判断为好理由的非个人的标准，而是通过一些社会学和心理学知识的感染。在这种关系中，每个人都不是被当作有理性的人来对待的，每个人都不是目的，而是他人实现自身目标的工具。这种相互以社会学和心理学知识施加影响并且互相利用对方的社会关系不是以道德为根据的社会关系。在这种关系中，如果有道德的话，充其量也只是一种利用他人的工具。麦金太尔将这种社会关系称为操纵性社会关系。

他认为，正是因为在现代社会中，上述两种社会关系之间的差别被抹杀了，情感主义才会得到认可。根据情感主义的观点，“我不可能真的诉诸非个人的标准，因为并不存在任何非个人的标准”⑤。被个人以及任何其他有理性的他人称之为“好理由”的标准从根本来说都是个体自己的情感、态度和偏好的表达。当一个人说“这是一个好理由”时，其意义是在表达“我赞成这，你也赞成吧”。因此，情感主义认为“不同的道德话语的唯一实在性就在于一方试图使另一方的态度、情感、偏

---

① [美]阿拉斯戴尔·麦金太尔.追寻美德[M].南京：译林出版社，2003：29.

② [美]阿拉斯戴尔·麦金太尔.追寻美德[M].南京：译林出版社，2003：31.

③ [美]阿拉斯戴尔·麦金太尔.追寻美德[M].南京：译林出版社，2003：30.

④ [美]阿拉斯戴尔·麦金太尔.追寻美德[M].南京：译林出版社，2003：30.

⑤ [美]阿拉斯戴尔·麦金太尔.追寻美德[M].南京：译林出版社，2003：30.

好和选择与自己的相一致”。“他人始终是手段，永远不能是目的。”[①]可见，情感主义道德理论所主张的人际关系正是操纵性社会关系。无论在康德看来，还是麦金太尔看来，这样的社会关系在根本上都是否定道德的。这不符合人类社会的道德历史发展状况。但情感主义得出这样的结论有一个非常现实的社会背景，即现代社会的三种特性角色抹杀了操纵性社会关系和非操纵性社会关系之间的区别。

（2）三种特性角色："富有的审美者""科层组织的管理者""心理医生"

任何社会都有特性角色，特性角色是“一类非常特殊的社会角色，他们以一种其他许多社会角色所不具有的方式，把某种道德束缚于那些角色承担者的人格之中”[②]。不同的社会文化有不同的特性角色。特性角色是其所生长于其中的社会文化的“道德表征”。“通过这类特性角色，道德和形而上学的观念与理论在社会世界中呈现为一种具体化了的存在。”[③]“特性角色就道德哲学所戴的面具。”[④]这并不意味着一般社会角色和个人不体现道德文化，“无论个人还是一般社会角色都像特性角色那样，能够并且实际体现各种道德的信念、学说与理论，但其方式各不相同”[⑤]。通过比较特性角色与一般社会角色和个人体现道德信念的方式，麦金太尔阐明了特性角色的独特性和重要性。

一般情况下，“个人是通过其意向表达行为中所包含的多种道德信念的”[⑥]。一个人承担某种社会角色，遵守这种社会角色所要求的道德规范，执行这种社会角色所对应的实践活动，“所体现的意图很可能来自个人某个较大规模的筹划，而这种筹划本身，又只有依据同等或更大的信念体系的背景才可以理解”[⑦]。比如某人是某餐厅的勤杂工，每天辛苦工作，但这个人可能是一个餐饮业的爱好者，正在行业基层学习餐饮业的运营，以便将来自己创办餐饮公司，而这个信念又要求他相信餐饮业在社会中的重要性。或者这个人也可能是一个大学生，通过打工赚取学费和生活费，以便完成学业，为将来的事业打好基础，而关于事业的信念又要求他相信这种事业在社会中的可行性和合法性等。可见，个人承担的某种社会角色、履行

① [美]阿拉斯戴尔·麦金太尔.追寻美德[M].南京：译林出版社，2003：30.
② [美]阿拉斯戴尔·麦金太尔.追寻美德[M].南京：译林出版社，2003：35.
③ [美]阿拉斯戴尔·麦金太尔.追寻美德[M].南京：译林出版社，2003：35.
④ [美]阿拉斯戴尔·麦金太尔.追寻美德[M].南京：译林出版社，2003：35.
⑤ [美]阿拉斯戴尔·麦金太尔.追寻美德[M].南京：译林出版社，2003：36.
⑥ [美]阿拉斯戴尔·麦金太尔.追寻美德[M].南京：译林出版社，2003：36.
⑦ [美]阿拉斯戴尔·麦金太尔.追寻美德[M].南京：译林出版社，2003：36.

的某种道德信念只是其个人关于整体生活的信念乃至整个社会生活信念的一个部分。只有把个人承担某种社会角色、践行某种道德信念的行为放在一个人的整体生活乃至一个社会的时代背景中，才是可以理解的。个人对自我的界定和个人在整个人生中所承担的社会角色以及整个社会的道德信念是分不开的。

"某类社会角色可以一种截然不同的方式体现各种信念，由此，这个角色所表达、预设的观念、理论与学说至少可以在某些情况下与扮演此角色的个体所信奉的观念、理论与学说大相径庭。"①也就是说，某种社会角色所体现的道德信念与承担该角色的人心目中的道德可能是大不相同的。麦金太尔以贸易工会官员为例说明这个问题。他指出，"一个贸易工会官员借助其角色与雇主代表谈判并参加旨在达到工会目标的运动，如提高工资、改善工作条件、在现有经济体制下保持就业状况等等，也就是说，他从事这些活动的方式一般以工会的目标为前提条件。但是，某一特定的工会官员却可能相信，贸易工会只是腐蚀工人阶级的工具，因为它转移了工人们对革命的兴趣。因此，他自己心目中的信念是一回事，其角色所表达并预设的信念又是完全不同的另一回事"②。可见，当人承担某种社会角色时，作为某种社会角色的他必须以社会角色所归属的团体的目标为信念，这种信念是内在于社会角色的。但是他作为自己可以有完全不同的另外一套信念。社会角色所体现的信念需要人来实现，但此信念和这个人自己的信念可能又不相同。

可见，"在许多情况下，角色和个体之间存在一定距离，结果可能由各种不同程度的怀疑、妥协、解释或玩世不恭来调停个人与角色之间的关系"③。这句话表明了两层意思：首先，个体一定与其所承担的社会角色有关系；第二，个体不能完全等同于其所承担的社会角色。个体和社会角色之间通常处在一种相互限定，你中有我、我中有你的关系当中。个体所承担的社会角色提供给个体的社会身份和既定目标为个体自我的界定提供了实在内容和边界。反过来，自我对社会角色及其既定目标理解上的差异性又为社会角色的呈现提供了变化和发展的可能性。

麦金太尔指出，与个人和一般社会角色相比，特性角色在体现道德信念的方式上有两个特点：一是特性角色所要体现的道德信念是社会赋予他们的、是外在的，

---

① [美]阿拉斯戴尔·麦金太尔. 追寻美德[M]. 南京：译林出版社，2003：36.
② [美]阿拉斯戴尔·麦金太尔. 追寻美德[M]. 南京：译林出版社，2003：37.
③ [美]阿拉斯戴尔·麦金太尔. 追寻美德[M]. 南京：译林出版社，2003：36.

他们体现的是一种社会的文化理想和道德理想；二是特性角色所体现的道德信念会对社会上其他人理解自己的道德信念以及自己所承担的社会角色的道德信念产生影响。特性角色能对其他社会成员产生影响，是因为特性角色和其他社会角色有着一致的道德理想和文化理想，而不是一方利用另一方。根据我们前面关于操纵性和非操纵性社会关系的论点，特性角色和一般社会角色之间是一种非操纵性的关系。特性角色的这些特点要求承担特性角色的人必须把自己的人格和角色融为一体，即必须把特性角色的道德信念内化为个人自己的道德信念，使个人的道德信念和特性角色的道德信念一致，只有这样才能扮演好特性角色，才能发挥特性角色的特有的道德作用。

麦金太尔认为，现代社会特有的三种特性角色体现道德信念的方式抹杀了操纵性和非操纵性社会关系之间的区别，使得他们和一般社会角色之间的关系都成为操纵性的。这一现象是情感主义道德理论形成的重要社会原因。这三种特性角色分别是“富有的审美者”“科层组织的管理者”“心理医生”。

“富有的审美者”指的是一群特定的富人，他们持一种享乐主义的世界观，认为“社会世界无非是各有一套自己的态度与偏好的个人意志的交汇处，一个满足其个人欲望的竞技场”①，“还把实在理解为一系列的享乐机会，并且对他们来说，厌烦是最后的敌人”②。这种世界观“源于闲暇的背景，大量的金钱造成了对于工作必要性的某种社会性的疏离”③。因此，“他们的兴趣在于想方设法为他人做事，以此来满足自己的愿望和厌腻的胃口，避免现代有闲阶级特有的烦恼”④。麦金太尔引用威廉·伽斯的观点指出了这些富人和他们帮助的那些人之间的关系：消费人的人和被人消费的人。富有的审美者是消费人的人，而那些被帮助的人则是被人消费的人。在二者之间的关系中，无论那些富人仁慈与否，道德都是一种工具，一种满足自己兴趣和欲望的工具，一种操纵别人的工具。他们利用手中的金钱和闲暇无休止地搜寻他们可以利用这些手段达到的享乐的目的抑或避免烦恼的目的。在这里，麦金太尔提醒我们注意，并不是所有富人才有这种态度，“我们其他人也常常

---

① [美]阿拉斯戴尔·麦金太尔. 追寻美德[M]. 南京：译林出版社，2003：30.
② [美]阿拉斯戴尔·麦金太尔. 追寻美德[M]. 南京：译林出版社，2003：31.
③ [美]阿拉斯戴尔·麦金太尔. 追寻美德[M]. 南京：译林出版社，2003：31.
④ [美]阿拉斯戴尔·麦金太尔. 追寻美德[M]. 南京：译林出版社，2003：31.

在幻想和渴望中具有与富人们同样的态度”①。可见，富人们的态度是有一定社会基础的。这也是富有的审美者被当作现代社会特性角色的原因所在。

“科层组织的管理者”指现代社会组织化领域的领导者。现代社会组织化领域通常以“私人公司的形式或政府机关的形式规定着我们的大多数当代人的工作任务”②。这些组织通常采用社会学家马克斯·韦伯提出的科层管理模式。麦金太尔指出，与富有的审美者不同的是，“这些组织的特征是相互竞争贫乏的资源以服务于其预定的目的”③。“因此，经营管理者们的一个核心责任就是指导和再指导其组织的全部可用资源——包括人力资源与非人力资源，使其尽可能有效地服务于那些目的。每种科层组织都或明或暗地体现了有关成本与利润的定义，并且从这种界定中衍生出效率的标准。科层制度的合理性就是经济有效地使手段与目的相匹配的合理性。”④但是在韦伯看来，目的问题就是价值问题，“人们对任何特定的价值立场或价值信奉的选择并无特殊的合理性可言”⑤，在目的或价值问题上，人们只有选择与否的问题。因此，在组织管理中，管理者会自然地将组织的目的看作是既定的，而管理的重点就是“如何将技术、原材料转变为最终产品，不熟练工人成为熟练工人，投资变为利润的效率问题”⑥。在管理中，被管理者也不能对这一过程有道德争论。管理者的功能就是控制被管理者的行为和冲突，使其服务于效率。可见，在组织领域，管理者和被管理者之间并不具有共同的道德理想和文化理想，他们之间是通过权力联系在一起的。管理者利用自己手中的权力对被管理者进行控制。

根据特性角色的要求，作为特性角色，管理者必须把个人的道德信念和角色的道德信念融合在一起。而根据科层管理理论的要求，管理者必须在人格上认同韦伯关于价值的观点，在工作中不能掺杂价值评判。二者之间截然相对的要求似乎决定管理者不可能是特性角色。问题就在这里。对韦伯观点的认可，使得管理者体现了当代社会一种特有的道德理想和文化理想：基于自由理念，个体自我应该独

---

① [美]阿拉斯戴尔·麦金太尔.追寻美德[M].南京:译林出版社,2003:32.
② [美]阿拉斯戴尔·麦金太尔.追寻美德[M].南京:译林出版社,2003:32.
③ [美]阿拉斯戴尔·麦金太尔.追寻美德[M].南京:译林出版社,2003:32.
④ [美]阿拉斯戴尔·麦金太尔.追寻美德[M].南京:译林出版社,2003:32.
⑤ [美]阿拉斯戴尔·麦金太尔.追寻美德[M].南京:译林出版社,2003:33.
⑥ [美]阿拉斯戴尔·麦金太尔.追寻美德[M].南京:译林出版社,2003:38.

立于、可以独立于任何组织化领域。麦金太尔指出，这一理想把“当代社会分割为两个领域，一边是一个所有目标皆为既定并且不能受到理性仔细审查的组织化领域，另一边是一个以价值的判断和争论为其核心要素，但其中的问题又不能得到合理的社会解决的私人领域；这种两歧性在个体自我与社会生活的各种角色和特性角色的关系中得到了内在化，找到了其内在的表现形式”①。组织化领域不允许理性审查，是因为在赞成科层管理模式的人看来，组织化领域是事实领域，是和知识、技术等可量化的因素相关的领域，这些因素都是客观的、确定的，关于这些因素的判断如果产生分歧是可以通过制度化的程序解决的。在私人生活领域，个体自我的价值观同样不受理性的审查，因为价值不属于理性的范畴，不能用合理性标准来定夺。这样，当不同价值观相遇时，必然会发生争论，并且争论是无休无止的。正是因为承担科层机构管理者角色的人认同上述道德理想和文化理想，才可以履行好管理者角色，即严格把自己的个人生活区分为组织机构的工作领域和私人生活领域，在组织机构中不掺杂自己的道德判断。可见，现代社会组织机构的管理者在一种非常吊诡的意义上实现了人格和角色的内在融合，成为了特性角色。

作为特性角色，管理者和其他组织成员之间本来应该具有相同的道德理想和文化，他们之间应该是非操纵性的关系。但是从管理者所持有的道德信念看，管理者和被管理者之间却不允许有道德上的关系。这本身就是情感主义的体现。根据我们在前面对情感主义的描述，你会发现，在情感主义看来，管理者所认为的那些基于事实领域的各种判断最终也只不过是一种无法进一步证明的论断，也是人的情感、偏好或态度的表达。当管理者认为自己不掺杂任何道德判断，进行组织管理时，情感主义看到的却是管理者运用自己的情感对其他组织成员的一种操纵。因此，麦金太尔指出，“管理者抹杀了组织领域中操纵的与非操纵的社会关系之间的区别”②。

麦金太尔指出，与管理者不同，心理医生作为现代治疗学领域的一个重要角色，则是在个人生活领域内部抹杀了操纵性和非操纵性关系之间的区别。和管理者一样，在对患者治疗过程中，心理医生同样也把目标视为外在于其范围的选择与否的东西，只关心技术，“亦即，把神经症状转变为有方向性的能量、精神失常的患

---

① [美]阿拉斯戴尔·麦金太尔. 追寻美德[M]. 南京：译林出版社，2003：43.

② [美]阿拉斯戴尔·麦金太尔. 追寻美德[M]. 南京：译林出版社，2003：38.

者转变为正常的个体的效率问题"①,不参与道德争论。心理医生和患者之间不需要有共同的道德理想和文化理想。二者是通过患者所展示出来的被视为客观事实的各种症状联系在一起的。在诊疗过程中,心理医生基于所谓的客观事实得出的结论被看作是合乎理性的、无可争议的。心理医生利用自己对客观知识、技术、手段等的把握控制患者。

根据特性角色的要求,作为特性角色,心理医生必须把个人的道德信念和角色的道德信念融为一体。而根据心理医生这一角色的要求,承担这一角色的人则必须把基于自己人格的道德信念和基于心理医生这一角色的道德信念割裂开。与管理者一样,心理医生角色要求的这种割裂恰好就是现代社会道德文化的一种表征,是现代性社会的道德理想和文化理想。也就是说,承担心理医生角色的人在割裂自己的道德价值和心理医生这一角色的道德信念时其实恰好实现了现代性社会中人格和角色的融合。这意味着心理医生在人格上认可道德判断只不过是人的情感、偏好和态度的表达,所以要把道德判断排除在诊疗工作之外。相反,心理医生角色只关心把精神失常的患者转变为正常的个体的效率问题。为了达到此目的,心理医生在治疗过程中会使用相关的技术、手段和相关的知识,这些因素都被看作事实领域,是可以通过理性证明的、能够达成一致的。但是在情感主义看来,心理学家基于事实领域的各种判断最终也只不过是一种无法进一步证明的论断,也是人的情感、偏好或态度的表达。因此,当心理医生对某一个患者给出某种治疗方案时,情感主义者看到的却是,心理医生运用自己的情感对患者的一种操纵。与管理者不同的是,心理医生和患者的关系是一对一的关系,这种操纵是发生在个人生活领域的。因此,麦金太尔指出,心理医生作为现代社会的特性角色在个人生活领域抹杀了操纵性和非操纵性关系。

可见,富有的审美者是在少数人的生活中抹杀了操纵的和非操纵的社会关系的区别。管理者是在更广泛的组织机构领域抹杀了操纵的和非操纵的社会关系的区别。心理医生则是在个人生活领域抹杀了同样的区别。不管在哪一个领域,情感主义看到的都是一种操纵性的社会关系。因此,麦金太尔指出,代表现代社会道德理想和文化理想的三种特性角色抹杀了操纵性和非操纵性社会关系之间的区别,为情感主义的产生提供了社会背景条件。

---

① [美]阿拉斯戴尔·麦金太尔.追寻美德[M].南京:译林出版社,2003:38.

当情感主义把一切社会关系都看成是操纵性的关系，进而把一切道德判断都当作人的情感、偏好或态度的表达时，实际上就从根本上否定了道德的历史。由此，在情感主义看来，基于人的情感、偏好或态度的道德争论就是道德生活的常态，它们是没有办法达成一致的。也就是说，情感主义者根本不会去解决道德争论。

(3) 独特的现代自我：情感主义自我

现代社会的特性角色作为现代社会的道德理想和文化理想，体现了现代社会中自我和社会角色之间两种不同的关系：一是自我完全等同于角色，二是自我完全脱离角色。由此就产生了独特的现代自我，即情感主义自我。情感主义自我导致情感主义道德文化的盛行。情感主义自我有两个关键特征：第一，缺乏任何终极标准，没有实在内容；第二，缺乏连续性，没有历史。

情感主义自我缺乏任何终极标准，没有实在内容。承担特性角色的人在社会生活中会把自我完全等同于角色。而现代社会的两歧性以及事实领域和价值领域的割裂使得现代社会的特性角色在自我和角色的关系中呈现出一种非常奇妙的关系。通过前面的分析，我们可以看到，虽然作为特性角色，他们实现了自我和角色的融合，但现代社会的两歧性要求他们把自我和角色分离，在道德信念上他们也认可自我和角色应该分离。这样，事实上，这些承担特性角色的人坚信自我和他们承担的社会角色是相分离的。因此，他们可以跳出这些特性角色来对其进行评价。同样，因为现代社会的两歧性，无论承担一般社会角色的人认可或不认可事实领域和价值领域的分离，他们都不被允许在社会组织领域或工作中参与道德判断。也就是说，承担一般社会角色的人也随时可以从角色中撤离出来对这些角色进行道德评价。这意味着，个人价值观和这些领域价值观的疏离。个人的价值观被看作是与生俱来的、完备的，可以脱离社会角色的要求独立存在。因此，无论这样的自我扮演任何社会角色，都不会影响他是一个道德行为者。麦金太尔指出，"这种不具有任何必然的社会内容和必然的社会身份的、民主化了的自我，可以是任何东西，可以扮演任何角色、采纳任何观点，因为它本身什么也不是、什么目的也没有"①。

情感主义自我缺乏连续性，没有历史。麦金太尔指出，由于情感主义自我缺乏任何终极标准，因此，当他们从社会组织领域撤离出来，在私人生活领域采用某种

① [美]阿拉斯戴尔·麦金太尔．追寻美德[M]．南京：译林出版社，2003：40.

标准对其进行道德判断时，无论他采用的是什么标准，都会被归结为个人的情感、偏好或态度的表达。这意味着个体自我内心发生道德冲突时，必然会被看作是几种偶然的主观任意性的相遇，而不是两种规则、标准或价值的相遇。因此，当个体自我从一种道德立场转向另一种道德立场时，不是一种理性的反思、传承过程，而是一个缺乏任何既定连续性，没有任何历史的过程。在这个过程中，有的只是承载着它的肉体，以及在过去积攒下来的片段化的记忆。可见，情感主义道德文化对历史的漠视是有社会现实背景的，即自认为可以脱离社会历史背景而存在的现代个体自我。在现代性社会中，很多人都信奉这种自我，因此才导致了情感主义道德文化的盛行。因此，在更具体的层面上，现代社会生活中的道德危机其实也就是个体自我生活中的道德危机。

第二节　对"启蒙道德筹划"的哲学批判

通过以上分析可见，现代社会生活中的道德困境与情感主义道德文化是分不开的。现代社会的两歧性是情感主义道德文化产生的社会土壤。情感主义道德文化是现代社会结构对道德的基本要求，也是情感主义自我道德生活的内在要求。因此，麦金太尔认识到，如果仅局限在现代道德文化视野和现代社会框架下，不论是道德哲学研究困境还是生活中的道德困境，都不可能得到解决。面对这一问题，他指出，我们所面对的都是只有作为历史变化过程的最后产物才可理解的东西，我们是一个历史转变过程的迄今为止最晚近的继承者。基于这一点，他把视角转向了历史传统，当把诸种道德问题放到历史传统中去考察时，它们都得到了充分解释。现代自我是伴随着现代道德话语而产生的，如果传统的道德话语没有发生变化，自我、自我与角色的关系也不可能从传统的存在方式向现代情感主义模式转变。因此，必须跳出现代道德语境，把现代道德问题放在西方整体道德历史发展过程中去考察。他发现，现代西方道德哲学研究困境和现代西方社会生活中的道德危机其实是亚里士多德主义传统道德概念框架碎片化的结果。亚里士多德主义道德传统的碎片化不仅发生在道德生活领域，同样也发生在道德哲学领域。现代道德生活危机和现代道德哲学研究困境并不是所有阶段的道德生活和道德研究具有的状态，而是在亚里士多德主义道德文化传统向启蒙道德文化转向的过程中产生的。这种转向是启蒙文化引起的。而启蒙文化中孕育的启蒙道德哲学在解决各种问题（包括实践的问题和哲学的问题）中的失败导致了现代道德哲学研究困境和社会生活中的道德危机。也就是说，现代社会的情感主义道德文化和情感主义自我都是启蒙道德哲学失败的产物。

一、启蒙道德筹划的概念框架

麦金太尔把西方道德哲学界受启蒙文化影响而产生的对道德合理性或者对"人为什么要有道德"进行独立论证的道德哲学称为启蒙道德哲学，又称之为启蒙道德筹划。他认为与传统道德合理性相比，启蒙道德筹划的概念框架和理论诉求有自身独有的特征，这些特征注定启蒙道德筹划的最终失败。

（1）抽象人性观

麦金太尔指出，抽象人性观是以启蒙道德筹划为代表的现代西方主流道德概念框架共有的理论前提。它的产生与启蒙道德筹划的价值诉求是分不开的。康德在《答复这个问题："什么是启蒙"》一文中指出："启蒙就是人类脱离自己所加之于自己的不成熟状态。……要敢于认识自己！要有勇气运用你自己的理智！"①"这一启蒙除了自由而外并不需要任何别的东西，而且还确乎是一切可以称之为自由的东西之中最无害的东西，那就是在一切事情上都有公开运用自己理性的自由。"②启蒙运动的矛头直指当时的宗教迷信和专制制度，目的是消除一切黑暗和压迫，用理性代替各种外在权威，使每个人都成为自己的主人。而要实现这样的目标，个人必须享有充分的自由。整个启蒙论调反映在道德哲学领域，就表现为，对自律道德的极端化要求，即道德是人为自己立法，道德是个人自己的道德，而不是神的或某个外在权威的道德。在当时的社会背景下，道德由神学领域转向了世俗领域，由外在约束转向了人性的内在要求。

因此，对人性的认识成为启蒙道德哲学家们研究的重要课题。人性成为构建启蒙道德合理性的基石。谈到试图论证道德合理性的启蒙道德筹划时，麦金太尔说道："在他们对道德的特性问题广泛认同的同时，他们对道德的合理化论证应该是什么的问题也见解一致。他们都认为，这种论证的关键前提将描述人性的某一特征或某些特征；而道德的规则也就会被解释和证明为，那些能够期望被一种具有这样一类人性的存在者所接受的规则。对于狄德罗和休谟来说，相应的人性特征是激情，对于康德来说，相应的人性特征是某类理性规则的普遍性和绝对性。"③启蒙道德哲学家们从各自所理解的人性前提出发，把道德看作自己所理解的人性的内在要求。有多少种关于人性的认识，就有多少种道德合理性理论体系。这个暂且不论。但有一点他们是共同的，即，不论他们关于人性是什么的观点到底有多不同，他们关于人性的观点都是抽象的。这是由他们对道德内在化、自主化的极端追

① ［德］康德. 历史理性批判文集［M］. 何兆武，译. 北京：商务印书馆，1990：22.

② ［德］康德. 历史理性批判文集［M］. 何兆武，译. 北京：商务印书馆，1990：24.

③ ［美］阿拉斯戴尔·麦金太尔. 追寻美德［M］. 南京：译林出版社，2003：66.

求决定的。在启蒙道德哲学家们看来，要想实现道德的内在化、自主化，就必须保证道德主体的先在性，享有充分的自由，能够摆脱一切外在的束缚、压迫和强制。要做到这一点，对人性的描述必须脱离具体个人所生活的社会历史环境，脱离具体个人所生活的实践共同体，脱离具体个人所承担的社会角色。

在《人性论》中，休谟认为道德哲学研究获得成功的唯一途径，就是直接面对人性本身。只要掌握了人性，与之相关的一切问题都可以随之解决。但是，休谟找寻和掌握人性的方法却使得人性脱离了实践生活，成为抽象的人性。休谟认为，“关于人的科学是其他科学的唯一牢固的基础，而我们对这个科学本身所能给予的唯一牢固的基础，又必须建立在经验和观察之上”①。在休谟的知识理论中，“经验的本性是这样的，我们记得曾有过一类对象的存在的常见的例子；并且记得，另一类对象的个体总是伴随着它们，并且和它们处于经常的接近秩序和接续秩序中”②。休谟对“经验”的理解并不符合“经验”的本义，它完全是休谟的一种改造或创造。“经验的原义是指把某物投入试验或检验的行为”③，而不是指头脑中残留的某些印象的片段。值得注意的还有，休谟的“经验”和当时自然科学中的“经验”也完全不一样，在当时的自然科学中，“经验”是要扩大看起来，是(seams)与实际上是(is)之间的距离，例如通过望远镜与显微镜，人们发现真实的世界与自己肉眼中的世界并不一样，经验“创造了现象与实在以及幻象与实在之间的新的差异形式”④；但是，休谟的“经验”却是要弥合看起来是(seams)与实际上是(is)、现象与实在之间的裂隙。在休谟看来，“我”的“知觉”就是“我”所“是”的东西，“我所能做的只是将我的经验与我的经验相比较，再无其他，以至于在我看起来，看起来是与实际上是之间的对比永不可能得到阐明”⑤。休谟指出存在观念和我们想象为存在的东西和观念是同一的。这样，他就使得世界内化到了我们心中。

因此，虽然休谟认为《人性论》的写作是“在精神科学中采用实验推理方法的一个尝试”，但就像他在标题下引用的塔西陀的话语中所说的那样，“当你能够感觉你愿意感觉的东西，能够说出你所感觉到的东西的时候，这是非常幸福的时候”，人性

---

① [英]休谟.人性论[M].关文运，译.北京：商务印书馆，1980：8.

② [英]休谟.人性论[M].关文运，译.北京：商务印书馆，1980：104.

③ [美]阿拉斯戴尔·麦金太尔.追寻美德[M].南京：译林出版社，2003：101.

④ [美]阿拉斯戴尔·麦金太尔.追寻美德[M].南京：译林出版社，2003：102.

⑤ [美]阿拉斯戴尔·麦金太尔.追寻美德[M].南京：译林出版社，2003：101.

论中关于人性的推理和认识只是休谟所有关于人性的感觉的表达，并不是通过对人类历史的归纳总结得出的。“当我体会我所为我自己时，我总是碰到这个或那个特殊的知觉，如冷或热、明或暗、痛苦或快乐等等的知觉。任何时候，我总不能抓住一个没有知觉的我自己，而且我也不能观察到任何事物，只能观察到一个知觉。”在休谟看来，自我的人格同一性只是各知觉和各知觉观念之间的某种虚构或想象的结合而已，是一种情感的同一性，是由我们在现时对于过去的或将来的苦乐发生的一种关切之感构成的。所以，自我根本不是一个事实的存在，而是由关切之感构成的想象中的自我，是抽象的。因此，在休谟看来，人就是情绪的波动过程，也就是说，人性就是激情。在此基础上，休谟构建了自己的道德合理性，即人们在道德上的善恶判断就是人的喜好情感的表达。

(2) 拒斥目的论

麦金太尔指出，拒斥目的论是启蒙道德筹划的必然要求。

在前面我们提到，启蒙道德筹划的道德合理性框架有两个概念维度：具有某种特征的人性、能被这种人性接受的理性道德训诫。而在传统道德文化中，不论是亚里士多德的伦理学体系还是神学伦理学体系，虽然它们关于道德合理性的论述具有不同的理论形式，但却都体现在一种目的论框架中。这一框架有三个要素：“未经教化的人性概念”“理性的道德训诫”“实现本质而达到真正目的的人性概念”①。这三个要素中的任何一个离开其他两个都无法具有自身的合理性。“未经教化的人性”经过“理性的道德训诫”才可能实现其本性并达到真正的人性的目的。在这里，人性的实现有一个过程，理性训诫是为实现人的本性、达到人性的目的服务的，人们之所以遵循理性训诫，把理性训诫的规定看作是应该做的，是因为这样才有可能实现人性的目的。可见，在传统道德文化中，实现人性日的是道德具有合理性的一个根本条件。也就是说，在传统道德合理性框架中，道德不只是规则，它还包括对人性的认识、对人性目的的认识。我们可以看到，与传统道德合理性概念框架相比，启蒙道德筹划二维概念框架中少了目的论维度。

启蒙道德筹划抛弃目的论的一个直接原因是，近现代西方哲学中的“理性”概念发生了本质的变化。在亚里士多德主义道德传统中，理性不仅能认识手段，也能认识目的。而“近现代哲学和科学为理性的力量设置了严格的界限。理性是计算

① [美]阿拉斯戴尔·麦金太尔. 追寻美德[M]. 南京：译林出版社，2003：67.

性的，它能够确定有关事实和数学关系的真理，但仅此而已。在实践领域，它只能涉及手段，对于目的，它必须保持缄默"①。受近现代自然科学和哲学的影响，启蒙道德哲学家在道德哲学领域也为理性设置了严格的界限。他们中的大部分认为理性概念本身就是一种具有确定性、普遍性的概念。那么通过理性探究的道德合理性同样也应该具有确定性、普遍性。而在他们看来，人性的目的是变化的、不确定的，也不具有普遍性，不属于理性探究的范畴。因此，"所有的启蒙道德思想家都拒斥任何目的论的人性观、任何认为人具有规定其真正目的的本质的看法"②。

（3）诉求普遍合理性

麦金太尔指出，诉求道德的普遍合理性是以启蒙道德筹划为代表的现代西方主流道德哲学的共同目标。"我以为，18 和 19 世纪早期启蒙运动以降，始终存在着力图提供一种任何个体都能认同的美德解释的系统化企图。"③其中尤以康德为代表："康德道德哲学的核心是两个简单却易生误解的论点：如果道德规则是合理的，那么它们必然对所有理性的存在者都是一样的，恰如算术规则那样；如果道德规则对所有理性的存在者都有约束力，那么这类理性的存在者遵循这些规则的偶然能力必然是不重要的——重要的是他们履行这些规则的意志。"④这两个论点有一个中心观点，就是合理性的道德应该具有普遍性，遵循普遍性道德的理性人应该具有普遍性的意志自由。

在道德合理性上，康德坚持普遍性的一个直接原因是对休谟难题的回应。在《人性论》中，休谟指出："突然之间，我却大吃一惊地发现，我所遇到的不再是命题中通常的'是'与'不是'等连系词，而是没有一个命题不是由一个'应该'或一个'不应该'联系起来的。……而且我相信，这样一点点的注意就会推翻一切通俗的道德学体系，并使我们看到，恶和德的区别不是单单建立在对象的关系上，也不是被理性所察知的。"⑤通常学界将休谟在这段话中所表达的意思称为休谟难题，也即从"是"推不出"应当"，或者又称为从事实判断推不出价值判断。在休谟看来，由"是"

---

① [美]阿拉斯戴尔·麦金太尔. 追寻美德[M]. 南京：译林出版社，2003：69.

② [美]阿拉斯戴尔·麦金太尔. 追寻美德[M]. 南京：译林出版社，2003：69.

③ [美]阿拉斯戴尔·麦金太尔. 三种对立的道德探究观[M]. 北京：中国社会科学出版社，1999：中文版导言 1.

④ [美]阿拉斯戴尔·麦金太尔. 追寻美德[M]. 南京：译林出版社，2003：56.

⑤ [英]休谟. 人性论[M]. 关文运，译. 北京：商务印书馆，1980：509－510.

联系起来的是事实判断，是对事实的陈述，而由应当联系起来的句子是价值判断。事实判断是由理性做出的，而价值判断则出于人的激情，是人的情感喜好的表达。而人的情感是变幻不定的，因此，道德上的善恶判断也是变幻不定的。休谟完全颠覆了传统道德合理性的基础。在休谟的道德理论中，激情是产生善恶的基础。变幻不定的激情怎么可能为道德提供一个坚实的合理性？道德如何具有必然性？显然这是不可能的。康德坚定地追求普遍性正是为了解决这一问题。

二、启蒙道德筹划注定失败

麦金太尔认为，启蒙道德筹划试图通过独立的理论论证找到道德合理性的这一研究方法本身，以及在证明过程中所立足的概念框架注定是失败的。

(1) 研究方法上的失败

麦金太尔指出，脱离社会历史文化等，对道德合理性进行独立的理论论证是启蒙道德哲学的共同现象。在西方传统文化中，道德的合理性是内在于实践生活中的，与实践生活是一体的，实践的合理性就是道德的合理性。脱离实践生活的道德合理性论证注定是失败的。英文“moral”源自于拉丁文中的“moralis”。“moralis”的意思是“有关品格的(pertalning to character)”。麦金太尔指出，在拉丁文中，一个人的品格无非是其不变的性情，这些性情系统地以某类行为表现出来，并导向一种独特的生活①。英语“moral”最初出现就是为了翻译拉丁文中的“moralis”的。因此，在最初状态下英文中道德一词指的是在人的生活实践中呈现出来的某种品格。这些品格和这种生活实践是内在相关的。没有这些品格就没有这种实践生活，这种实践生活的实现需要这些品格。因此，英文“moral”指与实践生活内在相关的那些品格。在西方早期文化中，道德合理性是在生活实践中呈现出来的。

而根据麦金太尔的观点，英语中“道德”一词在16—17世纪开始具有了现代意义——即道德成了一种特殊领域或独立领域的行为规则，不再与实践生活直接内在相关。在此基础上，道德成了与神学、法学及美学等对应的一种新的、独特的原则。这种新的原则的合理性成了一个问题。17世纪末到18世纪整个北欧文化的核心就是对道德进行独立的合理性论证。但麦金太尔认为这些论证注定都是失败的。因为，这些论证都是依据互不相容的、不可公度的道德前提展开的，并且把依

① [美]阿拉斯戴尔·麦金太尔.追寻美德[M].南京:译林出版社,2003:49.

据这些道德前提做出的道德承诺看作是在这些道德前提之间做出的无标准的选择。这样的论证不可能提供一个为所有人所接受的道德合理性，而只能提供一种永无止境的、没有任何建设性的争吵。

据此，麦金太尔认为克尔凯郭尔的《非此即彼》就是启蒙道德筹划的“墓志铭”。他指出，《非此即彼》有三个核心特征。一是其表述模式与其中心论点之间的关系。克尔凯郭尔用笔名发表《非此即彼》，“将自我分裂为一系列的面具，每一个面具都表现了一个独立的自我的假象”①，这样，“作者可以比任何传统戏剧的形式更直接、更深切地表现自己，同时通过分裂自我又否认他自己的在场”②，从而“要给读者提供一个最终的选择机会”③。同时在书中，作者提供了两种生活方式：一种是角色“A”推荐的审美的生活方式；一种是角色“B”推荐的伦理的生活方式。“审美的生活方式的核心是力求在当下的体验中丢掉自我。审美表现的典范是沉溺于个人激情之中的浪漫情人。”④“伦理表现的典范是婚姻生活，一种历久不变的承诺与责任状态，在这种生活状态中，现在受缚于过去又承诺未来。”⑤在克尔凯郭尔看来，“这两种不同的生活方式各自表现为不同的概念、互不相容的态度和彼此对立的前提”⑥。这样，对那些尚未接受任何一种生活方式的人来说，没有任何理由偏爱一种而放弃另一种。反之，没有任何理由不偏爱任何一方。假如，有充分的理由支持你选择伦理的生活方式，你可能还要做的是考虑这些理由是否对你来说是否是充分的。比如，“善”是支持选择伦理生活方式的一个前提，但你可能会进一步考虑是否要按照“善”的标准来选择生活方式，即还要寻找一个理由证明“善”是一种不错的选择，这样，一直要找到最后的第一原理，这个原理不再需要援引任何终极理由来支持。对“审美生活方式”来说，也是一样。事实上，克尔凯郭尔通过笔名出版这部著作，在著作中，他可以既非 A 又非 B，从而表明自己并未赞成这两种立场之中的任何一种。两种立场是对等的。

《非此即彼》的第二个特征是其根本选择的概念与其伦理的概念之间的深层的

---

① [美]阿拉斯戴尔・麦金太尔. 追寻美德[M]. 南京：译林出版社，2003:51.

② [美]阿拉斯戴尔・麦金太尔. 追寻美德[M]. 南京：译林出版社，2003:51.

③ [美]阿拉斯戴尔・麦金太尔. 追寻美德[M]. 南京：译林出版社，2003:51.

④ [美]阿拉斯戴尔・麦金太尔. 追寻美德[M]. 南京：译林出版社，2003:51.

⑤ [美]阿拉斯戴尔・麦金太尔. 追寻美德[M]. 南京：译林出版社，2003:51.

⑥ [美]阿拉斯戴尔・麦金太尔. 追寻美德[M]. 南京：译林出版社，2003:51.

内在矛盾。“克尔凯郭尔把伦理描述为这样一个领域，在其中，诸原则对我们的权威性独立于我们的态度、爱好和情感。在任一既定时刻我如何感受，都与我必须如何生活的问题毫不相干。”①对此，麦金太尔的问题是，既然伦理的生活方式和感受没有关系，那么它的权威性从哪里来？根据《非此即彼》，“描绘伦理生活方式的那些原则被采纳是不因任何理由的，而是出于一个超理由的选择，只因为我们把这个选择当成是一个理由”②。这种超理由的选择就是根本选择，也是克尔凯郭尔意义上的“权威”。麦金太尔认为，这个选择可能是出于一时兴致或任意目的做出的。这样的权威是超理由的，也可以说是脱离理由的，是任意的权威，也可以说没有权威。根据克尔凯郭尔的理论，这样一种选择显然属于审美的生活方式。这样，克尔凯郭尔的学说显然是自相矛盾的。根本选择的原则根本不可能适用于伦理的生活方式。

《非此即彼》的第三个特征是用过去的伦理观念诠释伦理。体现在对伦理生活方式理解上的简单化，即认为“伦理的人一旦做出最初的选择，也就不会有什么大不了的解释问题”③。在麦金太尔看来，问题在于，克尔凯郭尔根据一种旧有的伦理生活方式来解释伦理，但却试图为其提供一种新的“实践基础和哲学基础”，即“根本选择”的理论。旧有的伦理生活方式的合理性是潜在于人的整体的生活实践之中的，是通过实践给出理由的。而克尔凯郭尔则孤立地把伦理生活方式从人的整体的生活实践中抽离出来，简单地认为伦理的人一旦做出了选择，也就不会有什么大不了的解释问题。但其实正是因为他们简单地认为伦理的生活方式提供不了自身的合理性，才费尽心思要为伦理的生活方式寻找新的实践基础和哲学基础。而这个新的实践基础和哲学基础就是“根本选择”。在上面我们已经知道根本选择就是超理由的选择。可见，根本选择其实并没有达成克尔凯郭尔们为伦理生活方式寻找合理性的心愿。麦金太尔指出，克尔凯郭尔的这种结果其实是启蒙筹划为道德提供一个合理基础和合理性论证的逻辑结果。就像情感主义者所看到的，号称普遍的、客观的道德标准以及那些最终的第一原理只不过是基于人的情感、偏好和态度的断言。

---

① [美]阿拉斯戴尔·麦金太尔．追寻美德[M]．南京：译林出版社，2003：52．

② [美]阿拉斯戴尔·麦金太尔．追寻美德[M]．南京：译林出版社，2003：52．

③ [美]阿拉斯戴尔·麦金太尔．追寻美德[M]．南京：译林出版社，2003：55．

麦金太尔指出,《非此即彼》中作者所采用的表述方式、所表达的中心论点及论证逻辑都集中表现了启蒙道德筹划对道德合理性论证所做的努力,但同时也体现了启蒙道德筹划为道德寻求合理性这一企图本身的失败。这种失败体现在三个方面:

首先,在此书中,克尔凯郭尔提供了两种生活方式,却又不提供自己的选择。这两种生活方式对应着两种终极理由,这两种终极理由是不可解释的。而启蒙道德哲学家提供的各种道德合理性证明也正是这样,每个人都号称自己是从一个中立的立场,从一个假设的第一原理出发,构建出一套道德合理性理论。但那个第一原理的产生却无从谈起。

其次,在此书中,克尔凯郭尔对其提供的“根本选择”论点的论证逻辑存在深层次的矛盾。一方面他把伦理生活方式和审美生活方式截然分开,使伦理生活方式脱离人们的态度、爱好和情感,使审美生活方式脱离道德、责任与承诺等,最终使得对每一种生活方式的选择实际上都成为一种超理由的选择。克尔凯郭尔没有也不可能在这两种选择间做出裁定。这也正是启蒙道德筹划状况的一种写照。启蒙道德哲学家们把道德与神学、法律和美学等进行区分,使之成为一个独立的领域,并对之进行独立的合理性论证。每种论证都固执于自己的合理性标准。我们没有办法在这些相互对立和冲突的合理性标准之间做出裁定。

再次,在此书中,克尔凯郭尔所提供的伦理生活方式是一种对过去旧有的伦理生活方式的简化,但却试图为其寻找一种新的合理性。旧有的伦理生活方式是人的整体生活的一部分,它的合理性需要在人的整体生活中才能得到解释。而克尔凯郭尔则把它作为一个与其他生活方式对立的领域,进行一种简单的解释,最后的解释只能是“没什么可解释的”。同样,启蒙道德哲学家们所探讨的道德是对传统道德的片段性的继承,在传统道德文化中,道德生活是人的整体生活的一部分,它的合理性需要在人的整体生活中才能得到解释。而启蒙道德哲学家们则把道德合理性论证作为一个只能为职业专家所进行的研究,使得道德探究脱离道德生活,变成一种简单的概念论证。

(2) 概念框架的失败

麦金太尔把启蒙道德筹划放在整个西方道德哲学历史发展进程中去考察,发现由抽象人性观、拒斥目的论和普遍性道德所构成的启蒙道德筹划的概念框架充满着矛盾,是一个注定失败的道德筹划。

麦金太尔指出，在西方传统道德文化中，无论是在道德生活探究中，还是在道德理论探究中，道德的合理性都呈现在一种目的论框架之中。目的论框架通常由三个概念维度构成：偶然成为的人、道德训诫、实现了其本性而达到某种目的的人。这三个概念维度是内在相关的。偶然成为的人只有遵循一定的道德训诫，才能实现其本性，成为实现了某种目的的人。任何一个概念脱离其他两个维度都不可能成立。

在西方传统道德生活中，"讲述故事是道德教育的主要手段"①。"荷马史诗"就是典型代表，它为我们描述了英雄社会特有的一种道德秩序。这种道德秩序为我们呈现了目的论框架的最初形态。在英雄社会中，每个人都生活在一个有目的的故事中。每个英雄都在身体力行他的目的，但却不能反思、摆脱他的目的。这是因为，在英雄社会中，"每一个个体都在一个高度确定的角色与地位系统内，拥有一个既定的角色和地位"。每个人"通过认识这些角色而知道自己是谁，应尽何种义务，以及其他角色和地位的占有者应对他尽何种义务"②。"自我在英雄社会中只有通过角色才能成其为所是者；自我是一种社会的产物而非个人的产物。"③人和其所要承担的角色是内在同一的。角色应尽的义务就是人应尽的义务，角色应遵循的规则、训诫就是人应遵循的规则和训诫。只有在角色构成的社会系统内，人才能成为某个人。因此，在英雄社会中，每个人的生活是在一个既定的框架内展开的。这个既定的框架规定了每个人或者每个角色的生活目的或功能，限定了每个人或每个角色的故事梗概。每个人都按照自己的角色所规定的"稳步踏向他的命运和死亡"。出生在英雄社会中的人通过遵循自己承担的角色所要求的规则和训诫，才能实现其本性成为达到了某种目的的人。由此，我们可以总结出英雄社会中道德概念框架的几个核心要素：某人、特定角色、特定角色的义务和目的。在这个概念框架中，人性的目的和人承担的某特定社会角色的目的是内在相关的，是同一的，与特定角色相关的规则的合理性就是为了实现特定角色所要履行的义务和要实现的目的。这几个概念维度共同构成了英雄社会中道德的合理性。在这个概念框架中，缺少其中任何一个，道德的合理性都将出现问题。

---

① [美]阿拉斯戴尔·麦金太尔. 追寻美德[M]. 南京：译林出版社，2003：152.

② [美]阿拉斯戴尔·麦金太尔. 追寻美德[M]. 南京：译林出版社，2003：153.

③ [美]阿拉斯戴尔·麦金太尔. 追寻美德[M]. 南京：译林出版社，2003：163.

之后无论是在雅典城邦的伦理学体系中，在亚里士多德的伦理学体系中，还是在中世纪的神学伦理学体系中，对道德概念框架中的每一个概念维度的认识虽然发生了变化，但对整个目的论框架本身并没有异议。

相反，在启蒙道德筹划中，启蒙道德哲学家们则把目的论作为最不能接受的东西拒斥了，对目的论的拒斥导致启蒙道德概念框架在两种情况下陷入自相矛盾之中：一是启蒙道德概念框架自身理论观点之间的矛盾；二是启蒙道德概念框架的理论诉求和各个概念维度共同造成的理论结果之间的矛盾。这两个矛盾意味着启蒙道德概念框架本身的失败。

首先，启蒙道德概念框架自身理论观点之间存在着矛盾。这些矛盾的实质就是启蒙道德合理性的自我瓦解。

前面我们提到，休谟大吃一惊地发现了由“是”连接起来的事实判断与由“应该”连接起来的价值判断之间的断裂问题，之后被康德等道德哲学家当作一个具有普遍性的“逻辑的真理”①应用在道德合理性论证过程中。因此，他们认为，“没有任何有效论证能够从全然事实性的前提推出任何道德的或评价性的结论”②。但是，在他们的道德哲学理论中，却都试图将道德建立在人性的基础之上。麦金太尔指出，如果按照他们坚持的“逻辑真理”，这一论证注定是失败的。因为对人性的描述是事实性的判断，根据他们的“逻辑真理”，这一前提中是不包含道德的或评价性的因素的，所以也就必然不可能推出道德的或评价性的因素。但是，事实上，在他们试图从人性的前提推出道德或评价性的论证中，道德或评价性的因素出现在了结论中。显然，他们的逻辑真理与他们的道德论证过程是自相矛盾的。

麦金太尔指出，这一矛盾的出现是由于他们否定了人性的目的论维度，人不再是一个“功能性概念”③，使得事实判断和价值判断之间失去了联系的纽带。在前面我们提到过，从“这块表走得很准”可以推出“这是一块好表”。这里的“表”就是一个功能性概念。我们是基于表被期望实现的特有的目标或功能来界定“表”的。可见，我们不能完全独立于好表的概念来界定表的概念。因此，麦金太尔认为衡量一个东西是不是表的标准和衡量一块表是不是好表的标准不可能相互独立。衡量

① [美]阿拉斯戴尔·麦金太尔.追寻美德[M].南京：译林出版社，2003：72.

② [美]阿拉斯戴尔·麦金太尔.追寻美德[M].南京：译林出版社，2003：71.

③ [美]阿拉斯戴尔·麦金太尔.追寻美德[M].南京：译林出版社，2003：75.

表的标准和衡量一块好表的标准都是事实性的。可见,"任何从断言某适当标准被满足了的诸前提,推出一个'这是一个好某某'的结论(这里的某某指的就是一个具体的功能性概念)的论证,都将是从事实性前提推出评价性结论的有效论证"①。基于此,麦金太尔进一步指出,在西方传统道德文化中,对道德合理性的论证或者说对人为什么要有道德的论证至少包含了一个功能性概念,"即被理解为具有一种本质的本性和一种本质的目的或功能的人的概念"②。也就是说,在传统道德合理性中,"人"是一个功能性概念,是基于人被期望实现的特有目标或功能来界定"人"的,就像"表"之于"好表"一样,对"人"的界定和对"好人"的界定是分不开的。说一个人是好人,其实就是说这个人是人,反之亦然,这两个判断都是事实性判断。也可以说,对作为功能性概念的人来说,事实判断就是价值判断,价值判断就是事实判断。

在人的功能性概念中,包括三个方面:阶段性的人、人的本质的本性和人的本质的目的或功能。这三个方面共同构成了一个具体的特殊的人。在这里,我们要注意几个问题:一是阶段性的人存在于个人所承担的各种社会角色中,在每个社会角色中,个人都是暂时性的、阶段性的存在,在人的一生中,任何人都要承担很多角色,会发生各种各样的变化。二是承担各种社会角色的阶段性存在的人要不断地探究人的本质的本性,实现人的本质的目的。三是在特定的历史时刻,人的本质的本性和本质的目的一般来说是既定的,我们可以称之为人的本质和目的的阶段性存在;而在历史长河中和人的整体人生中,随着具体历史、人等各方面因素的变化和发展,人的本质的本性和本质的目的的具体内容却是要被反思和超越的。这三个方面告诉我们,人生是一个实现本质、达到目的的过程,人类社会的历史同样是一个实现人类的本质,达到目的的过程。而且,目的论维度更多的是向我们揭示人的过程性,即阶段性的人到实现人的本质,达到人的目的的过程。同时,人的本质和人的目的并没有一个终极的标准,它们的具体内容就体现在具体个人、具体社会的具体历史生活中。正是在一过程中,需要道德。没有道德,阶段性的人就不可能获得超越和提升,实现他的本质,达到他的目的。在这里,道德的合理性即"道德根

① [美]阿拉斯戴尔·麦金太尔. 追寻美德[M]. 南京:译林出版社,2003:74.
② [美]阿拉斯戴尔·麦金太尔. 追寻美德[M]. 南京:译林出版社,2003:74.

植于一个旨在校正、提升与教化人性的构架之中"①。"伦理学的全部意义就在于使人能够从他目前的状态过渡到其真正的目的,实现其本性。②"简言之,没有道德,人就不能实现目的,人实现目的的过程就是成为一个有道德的人的过程。

而启蒙道德哲学家们在道德合理性论证中放弃了目的论维度,"所留下的是一个由两种残存的、其关系已变得极不清楚的要素所组成的道德构架。一方面是某种特定的道德内容——系列丧失了其目的论语境的命令;另一方面,是某种有关未经教化的人性本身的观点"③。这样的抽象人性是先于并分离于一切角色的,"人"不再是一个功能性概念,同时也就失去了变化、提升的可能性。而植根于校正、提升与教化人性的构架中的道德命令显然无法从有关未经教化的人性的事实性陈述中推演出来。启蒙道德筹划概念框架中的道德不可能内化到那种未经教化的人性当中,并且这种碎片化的道德命令很可能遭到这种人性的激烈抵抗。

因此,麦金太尔认为,"18 世纪道德哲学家们所从事的是一项注定不会成功的筹划"。上述矛盾导致每一种道德合理性理论自身的前后不一致,使得各道德合理性自我瓦解。比如,康德一方面试图以人类理性的本性为基础,构建道德的合理性;但另一方面,"在第二'批判'(《实践理性批判》)的第二卷中,他又确实承认,没有一个目的论的框架,有关道德的全部筹划就变得不可理解"④。于是,我们可以看到,在康德的道德合理性理论论证中,在一开始被放弃的目的论框架,最后却通过"纯粹实践理性的悬设"又呈现出来了,即"灵魂不朽"和"上帝存有"。

在康德的道德理论中,目的论即人们对至善的追求。康德认为,至善是完整的善,达到至善的世界是一个道德的世界,它包括两个因素:纯粹理性存在者和道德律相统一;德性和幸福相统一。康德指出,这两个统一是在理念化的道德世界中存在的,只有纯粹理性者才能做到。在现实世界中,这两个统一不可能完整地存在。一方面,每一实践活动中的人都是有限的理性存在者,不可能完整地遵循道德律,达到至善。也就是说,有限理性存在者不可能和神圣道德律相统一。另一方面,"如果理性不把仅仅是一个理念的道德律和这样一个起作用的原因连接起来的话,这原因给按照道德律的行为规定了一个与我们的最高目的严格相符的结局,不管

① [美]阿拉斯戴尔·麦金太尔.追寻美德[M].南京:译林出版社,2003:70.
② [美]阿拉斯戴尔·麦金太尔.追寻美德[M].南京:译林出版社,2003:70.
③ [美]阿拉斯戴尔·麦金太尔.追寻美德[M].南京:译林出版社,2003:70.
④ [美]阿拉斯戴尔·麦金太尔.追寻美德[M].南京:译林出版社,2003:71.

是在今生还是来世"①。其实，康德很明白，在现实世界中，让人们遵循道德律，必须有一个原因，而且这个原因能够保证人们遵循道德律一定会获得一个好的结果，也就是获得幸福。但在现实世界中，缺少这样一个原因。也就是说，现实世界不能保证德福一致。但是，康德认为，对现实世界来说，对有限的理性存在者来说，这两个统一在道德上又是必要的。因此，康德提出了两个悬设："灵魂不朽"和"上帝存有"。这两个悬设就是为了在实践上保证至善的实现。

康德称"一个有理性的存在者的某种无限持续下去的生存和人格"为"灵魂不朽"。康德认为只有在灵魂不朽的前提下，才有可能存在至善，有限的理性存在者才能和无限的、神圣的道德律实现统一。他指出，"意志和道德律的完全适合就是神圣性，是任何在感官世界中的有理性的存在者在其存有的任何时刻都不能做到的某种完善性。然而由于它仍然是作为实践上的而被必然要求着，所以它只有在一个朝着那种完全的适合而进向无限的进程中才能找到，而按照纯粹实践理性的原则是有必要假定这样一个实践的进步作为我们意志的实在客体的"②。在康德看来，神圣的和必然的道德律是完善的，是至善，而每个人都是有限的、不完善的存在者。因此，在有限的时间条件下人不可能完善地遵循道德律，达到至善。但道德律和至善在实践中又是必然被要求的，因此必须设想一个无限的进程和神圣的道德律相匹配。接着，康德进一步指出"这个无限的进程只有在同一个有理性的存在者的某种无限持续下去的生存和人格(我们将它称之为灵魂不朽)的前提之下才有可能"③。所以至善在实践上只有以灵魂不朽为前提才有可能，因而当"灵魂不朽"与道德律不可分割地结合着时，就成为"纯粹实践理性"的一个悬设。④ 这样，"灵魂不朽"作为一个悬设，为有限的理性存在者提供了一个不断努力向至善进步的过程。在这个过程中，肯定了人的"努力"的重要性，同时也把神圣的、理想化的道德律转化为一种可以为有限的理性人逐步实现的真实的理性命令。"灵魂不朽"的悬设，为有限的理性存在者遵循神圣道德律找到了一种可能性。在这种可能性设定的过程中，目的出现了，即人努力改变较不完善的状态，向神圣的道德律进步。

但"灵魂不朽"只是提供了遵循道德律的可能性，就像康德说的一样，并不能为

① [德]康德.纯粹理性批判[M].邓晓芒，译.北京：人民出版社，2004:616.

② [德]康德.实践理性批判[M].邓晓芒，译.北京：人民出版社，2003:168.

③ [德]康德.实践理性批判[M].邓晓芒，译.北京：人民出版社，2003:168.

④ [德]康德.实践理性批判[M].邓晓芒，译.北京：人民出版社，2003:168.

遵循道德律提供动机。因为在实践上,“道德的意向是最先使分享幸福成为可能的条件,而不是反过来,对幸福的指望首先使道德意向成为可能”[①]。康德认为,在实践生活中,做道德的事只是配享幸福的一个条件,有限理性存在者不能为了获得幸福而将之作为遵循道德律的目的,如果为了获得幸福才遵循道德律,那就是不道德的。但是,在实践中,那些遵循道德律的人必须有希望分享幸福,但现实世界又不能保证这一点,因此,必须进行“上帝存有”的悬设。

康德指出,“自然的至上原因,只要他必须被预设为至善,就是一个通过知性和意志而成为自然的原因(因而是自然的创造者)的存在者,也就是上帝”[②]。康德认为,“最高的派生的善(最好的世界)的可能性的悬设同时就是某个最高的本源的善的现实性的悬设,亦即上帝实存的悬设”[③]。上帝是至善的化身,是自然界至善的创造者,是神圣道德律和至善的完整统一。上帝能够公正地评判道德律和至善的匹配性,评判有理性的存在者通过遵循真实的理性命令而做出的德行和享有幸福的匹配性。可见,“上帝存有”的悬设实际上就是康德对目的的认可。就像康德自己说的一样,“在道德上有必要假定上帝的存有”[④],就是为了保证遵循道德律的人能够配享幸福,也就是好人有好报。通过上帝帮助那些遵循道德律的人达到幸福的目的。

我们可以看到,虽然在构建道德合理性的最初,为了保证道德的纯洁性、神圣性和无条件性,康德放弃了目的维度,但事实上,他只是要求人在今生放弃目的,在来世却要求上帝帮助人们达到目的,获得幸福,实现至善。在一种完整的道德合理性论证中,目的维度不可或缺。康德挖了自己的墙脚。

其次,启蒙道德概念框架内部各概念维度及其论证过程与其价值诉求之间也存在着矛盾,这同样标志着启蒙道德筹划是一个不可能完成的任务。启蒙道德筹划的价值诉求是使人摆脱社会共同体的传统价值观念,摆脱外在的价值约束,成为一个自由的人,使道德内在化。但他同时又认为,道德具有普遍性。在现实的实践生活中,对具体个人来说,这二者必然是矛盾的。麦金太尔指出,基于对道德普遍性的追求,康德认为,“一种合理的道德所规定的原则,能够也应该独立于各种环境

---

① [德]康德. 纯粹理性批判[M]. 邓晓芒,译. 北京:人民出版社,2004:617.

② [德]康德. 实践理性批判[M]. 邓晓芒,译. 北京:人民出版社,2003:172.

③ [德]康德. 实践理性批判[M]. 邓晓芒,译. 北京:人民出版社,2003:172.

④ [德]康德. 实践理性批判[M]. 邓晓芒,译. 北京:人民出版社,2003:172.

和条件而为一切人所信奉,亦即能够一贯地为每一个理性的行为者在任何场合下所遵守"①。而基于对自由的追求,康德还提出:在理念的道德世界中,人就是目的本身,任何人都不能被他人当作手段,人是道德律的主体,道德律是建立在人的意志的自律之上的,这样,人的意志就是一个自由意志,"他根据自己的普遍法则,必然能够同时与它应当服从的东西相一致"②。这二者之间在现实实践中是矛盾的。在前面我们提到,康德理论中所谓有理性的人并不是现实实践生活中的人,而是理念中的有理性的人。康德把现实实践生活中的人称为有限的理性人。在现实实践生活中,受各种条件的限制,比如社会历史背景、人的知识水平、生活阅历,甚至是人的心理状态的影响,有限的理性人不可能和理念世界中的理性人具有同样彻底的意志自由,因此也就不可能完全一贯地遵守理念世界中理性人认可的道德原则,也就意味着他们不可能完全认可这些道德原则。根据康德的论证逻辑,理念化道德世界中的道德原则要成为现实实践生活中的人行动的理由,首先必须被他们认可,成为他们内在化的道德原则。但这些原则和他们又是没有关系的,这意味着这些原则对他们来说是外在的。这里的问题是一个和某人没有关系的、外在的道德原则,怎么就能够成为这个人自己的、内在的道德原则。要么坚持普遍性,漠视有限的理性人的自由,通过某种非理性的劝说或别的方法,强制这个人接受认可这些原则,使其成为实现某种意志的工具;要么坚持自由,尊重这个人的理性,从这个特殊的个人的有限理性出发寻找适合他自己的、个性化的道德原则,从而否定那些普遍的道德原则。

上述自相矛盾的结果,与启蒙道德筹划对目的论的拒斥有直接关系。首先,拒斥目的论,也即失去了普遍道德原则和具体个人生活相结合的纽带,普遍性道德原则完全成了一个和个人没有关系的外在的约束性的道德规范,并且一定程度上限制人的道德自由。其次,拒斥目的论,也即忽视人成长的过程性,使普遍性道德原则失去了在一个过程中从外在道德规范向人内在的自由追求转化的支点,道德要么沦为人的情感,要么沦为康德的绝对命令。

通过上述分析,我们发现,启蒙道德筹划以抽象人性观为支点,抛弃传统道德合理性中的目的论,重建了一种新的道德合理性,目的就是对个人进行"启蒙",使

① [美]阿拉斯戴尔·麦金太尔. 追寻美德[M]. 南京:译林出版社,2003:58.

② [德]康德. 实践理性批判[M]. 邓晓芒,译. 北京:人民出版社,2003:180.

道德内在化，使个体变成在道德上完全自律的人，摆脱那些束缚个体的社会角色背景。但是，启蒙道德筹划概念框架中的人性和据此设想的道德规则之间存在着根深蒂固的不一致，由此造成了启蒙道德筹划的自我瓦解。

三、失败的后果

(1) 道德哲学研究困境的凸显

在启蒙道德筹划把道德合理性建立在抽象人性基础上已然失败的情况下，后来的道德哲学家们如果不能为道德规则寻找到一种新的合理性，那么追求道德内在化的、摆脱了功能性维度的抽象人性基础上产生的道德就不过是个人欲望与意志的表达。面对这一问题，后来的道德哲学研究并没有抓住问题的根本，他们依然把建立在抽象人性基础上的个体性道德行为者视为其道德权威的主宰，并在此基础上为道德规则寻找新的合理性。这就决定他们并不能解决启蒙道德筹划的问题，而是走得更远，并最终导致了现代道德哲学研究脱离道德生活的研究困境，以及情感主义文化的产生。

麦金太尔指出，在此过程中，有两个理论派别非常重要。一个是功利主义，试图重建目的论为道德提供新的合理性；另一个是分析的道德哲学，追随康德的实践理性，试图通过重建道德规则的权威性为道德提供合理性。功利主义提供的功利概念和分析道德哲学提供的权利概念之间是不可公度的。二者的失败不仅直接导致了情感主义道德文化的产生，而且仍持续影响着当代道德哲学。以罗尔斯的《正义论》为代表的当代主流道德哲学就是在对情感主义反思的基础上对功利主义道德理论的修补和继续。

麦金太尔着重分析了功利主义的代表人物边沁、密尔和西季维克关于重建目的论的失败。边沁以心理学为基础，认为人类遵循道德的唯一动机就是“避苦趋乐”，“避苦趋乐”就是道德行为的目的。当人们面对两种行为选择时，永远会选择可以产生最大多数人的最大幸福的行为，亦即最大可能数量的快乐和最小数量的痛苦的行为。由于没有一个可以衡量幸福、快乐和痛苦的数量和质量的工具或尺度，因此边沁的最大多数人的最大幸福的理论并不能告诉人们如何在众多的幸福、快乐和痛苦中选择。边沁的学生密尔试图通过区分“高级快乐”和“低级快乐”来解决这一问题。但就像麦金太尔指出的，“不同的快乐、不同的幸福在很大程度上是不可公度的：不存在任何尺度可用来衡量它们的质和量。从而，以快乐为标准不会告诉我去饮酒还是去游泳。以幸福为标准也不能为我决定选择僧侣的生活还是士兵的生活”①。密尔同样没有解决衡量不同幸福、快乐和痛苦的尺度问题。幸福不是一个统一的概念，不具有普遍性，因此，最大多数人的最大幸福的概念其实是一个伪概念，没有任何实质内容的概念。因此，后来的功利主义代表人物西季维克认识到了这一失败。他指出，责成我们追求普遍幸福的道德训诫在逻辑上独立于任何责成我们追求自身幸福的训诫。因此，他不得不得出这样的结论：“我们的基本道德信念具有两种特征，它们并不构成任何的统一性，而是不可归约的、异质性的，并且对它们的信奉是且必定是无法论证的。”②西季维克把这些无法给出进一步论证的道德信念称为直觉。麦金太尔指出，当西季维克发现这一点时，其实是无比失望的。因为他原本是要为道德合理性寻找基础，结果发现的却是“直觉”。但是，西季维克的失望却被摩尔看作是真理，看作是新的发现。他毫不客气地借用了西季维克的主张，并且写出了《伦理学原理》，开创了直觉主义的伦理学理论。麦金太尔指出，摩尔的信奉者们感到自己就像被从基督教中解放出来一样，又一次被摩尔从功利主义者手中解放出来了。他们把道德信念天然地看作是不可公约的、异质性的。麦金太尔一开始提到的三种道德争论就是这种观点的现实反映。这些没完没了的争论为情感主义的产生提供了社会现象层面的依据。

但是对于功利主义引起的直觉主义乃至情感主义的理论观点，当时的分析道德哲学家们并不认同。他们提供了另外一种重构道德合理性的方案。他们坚持康德的观点，认为“证明道德规则的权威性与客观性恰恰就是理性所具有的那种权威性和客观性”③。但麦金太尔认为这种方案同样是失败的。因为他们证明理性的权威性和客观性的观点有很多种，并且各个观点之间是互不相容的。麦金太尔以格沃斯的《理性与道德》一书为例说明了这一问题。格沃斯是分析道德哲学家中最晚近的一个，并且他严肃地探讨了以往学者的各种反驳和批判。为了证明理性的客观性和权威性，格沃斯在道德合理性论证中引入了一个概念——“权利”。他认为，既然道德行为者把自由和福利看作是做出理性行为的必要利益，那么道德行为者必然主张他有权拥有这些自由和福利，这样，道德行为者就不言自明地拥有了一

① [美]麦金太尔. 追寻美德[M]. 南京：译林出版社，2003：81.

② [美]麦金太尔. 追寻美德[M]. 南京：译林出版社，2003：82.

③ [美]麦金太尔. 追寻美德[M]. 南京：译林出版社，2003：84.

种相应的权利。麦金太尔指出，权利概念的引入是需要证明的。因为有权利做某事与想要收获某种利益做某事是完全不同的。而且，利益在人类社会的任何历史阶段都具有。而权利概念则只存在于特定历史时期的特定社会环境之中，不具有普遍性。因此，“格沃斯必须面对的诘难恰恰是：那些预设了有权拥有某物的概念的人类行为方式，总是具有极其具体的地方社会特性的；特殊类型的社会结构或实践的存在，是那种要求拥有权利的概念成为一种可理解的人类行为样式的必要条件。在缺乏任何这类社会形式的情况下声张一种权利，就像在一种没有货币机构的社会中签发支票付账一样可笑”①。对格沃斯的失败，麦金太尔做了非常有趣的总结：“格沃斯把一个无论如何不属于有理性的行为者之最小特性的概念，非法地偷运进他的论证之中。”②由此可见，分析道德哲学家试图通过引入一个全新的概念——权利，并通过赋予这个概念以普遍性为理性行为者的道德行为寻找合理性的结果并不如愿。

这样，通过启蒙道德哲学家们的努力、失败，到功利主义和分析道德哲学家们的再努力、再失败，被那些号称从传统道德的外在权威中解放出来的自律的道德行为者所自诩的道德话语基本上丧失了任何合理性和权威。“每一个道德行为者现在都不受神法、自然目的论或等级权威等各种外在性的约束而畅所欲言，然而，为什么所有其他人现在都应该听他的呢?”③他的合理性和权威性从何而来？麦金太尔指出，很多人，包括哲学家和非哲学家并没有认识到这一点，都在继续著书立说，几乎每一个人、每一个道德哲学家都认为自己所说的就是合理的。我们在第一章谈到的罗尔斯的学说就是其中的代表。由此，就出现了我们在前面提到的当代道德哲学研究现状：道德研究脱离道德生活。道德哲学家们自说自话，普通老百姓自说自话，虽然他们在说同一个问题，但谁也影响不了谁，道德哲学家们没有从普通老百姓那里寻找解决问题的资源，普通老百姓也没有从道德哲学家的研究中得到任何启示。

道德哲学研究中自说自话的现象被情感主义道德哲学家看作是道德哲学研究的常态。因此，他们才会得出我们在一开始提到的那个结论：“任何宣称客观的、非

① [美]阿拉斯戴尔·麦金太尔.追寻美德[M].南京：译林出版社，2003：86.

② [美]阿拉斯戴尔·麦金太尔.追寻美德[M].南京：译林出版社，2003：86.

③ [美]阿拉斯戴尔·麦金太尔.追寻美德[M].南京：译林出版社，2003：86.

个人的道德标准存在的主张都没有也不可能有任何有效的辩护，根本不存在诸如此类的标准。”“所有的评价性判断，尤其是所有的道德判断，就其具有道德的或评价性的特征而言，都无非是偏好的表达、态度或情感的表达。”①

（2）道德在社会生活领域中的弱化

虽然启蒙道德筹划失败了，试图在启蒙道德筹划的基础上重建道德合理性的功利主义和分析道德哲学也没有完成任务，但它们的努力其实也有对应的社会背景：社会的两歧性。两歧性的社会结构在事实上弱化了道德的作用。

如前所述，现代社会具有两歧性：一方面是组织化领域，另一方面是私人生活领域。在组织领域，目标是既定的，属于价值范畴，不属于理性考察的范围，其他诸如效率、管理、手段等都被看作是事实性的，而道德规则被看作是基于这些事实而形成的普遍性的、客观的、知识性的实践理性。失去了对目的的考察和“探究”，道德完全沦为一种规则。在私人生活领域，价值的判断和争论是核心要素，但因为价值不属于理性考察的范畴，就像情感主义所发现的一样，关于价值的争论和判断自然纯粹沦为个人情感、偏好和态度的主观表达。个人与个人之间关于价值的争论和判断在社会生活领域不可能达成一致，即得不到合理的“社会解决”。

道德的这种实际情况与启蒙道德筹划以来所坚持诉求的自律的道德行为者之间是根本矛盾的。在组织化领域，每个参与者都不进行有关目的的道德思考和判断，道德规则成为一种外在的约束。如前所述，在大多数实行科层制管理的社会组织中，管理者和普通员工之间实际上是一种操纵性的关系，每个人实际上都变成了实现组织效率的手段。在私人生活领域，虽然每个人都可以参与价值争论和判断，但是，个人要把自身的原则和观点具体化到实践活动中，就必须通过操纵性关系模式对付他人，别无他法，即“我赞成这个，你也赞成吧”。就像情感主义所认为的那样，“我不可能真的诉诸非个人的标准，因为并不存在任何非个人的标准”。因此，麦金太尔指出，如果情感主义是真的，那么“不同的道德话语的唯一实在性就在于一方试图使另一方的态度、情感、偏好与选择与自己的相一致，他人始终是手段，永远不能是目的”②。结果就是无论在社会组织领域还是在私人生活领域，他人永远都是手段，而不是如启蒙道德哲学家们所期望的那样成为自身的目的。

---

①　[美]阿拉斯戴尔·麦金太尔. 追寻美德[M]. 南京：译林出版社，2003：14.

②　[美]阿拉斯戴尔·麦金太尔. 追寻美德[M]. 南京：译林出版社，2003：30.

另一方面，在一种操纵性的社会关系中，个人为了充分践行自身的原则和观点，抗议操纵性关系，发明了“权利”概念，天赋人权被看作是自明的真理，以说明理性行为的合理性；组织为了掩盖自身的操纵性，实现自身的利益，发明了“功利”的概念。麦金太尔认为这两个概念都是虚构的概念，“它们都旨在为我们提供一种客观的、非个人性的标准，但它们无一成功”①。正是因为这一点，它们的表达和使用才出现了脱节。他指出，当诉诸权利的标准和诉诸功利的标准相遇时，或者当二者与任何一种传统的道德标准相遇时，都不会有任何一种中立的标准或方式可以在它们之间做出判别。这就是道德上的不可公度性在社会生活中的真实反映。

规则化的道德剥夺了人们道德思考和道德判断的机会，主观化的道德消解了道德的实在性基础。现代启蒙道德筹划加上两歧性的现代社会结构，使得道德在现代社会生活中的作用逐渐弱化。通过对启蒙道德的哲学批判，麦金太尔为我们勾画了现代道德哲学困境和现代社会生活中的道德危机产生的哲学历史背景。它们都是启蒙道德筹划失败的延续。在研究领域，以罗尔斯为代表的现代西方主流道德哲学研究仍然坚持启蒙道德筹划的基本理论诉求——完全自律的道德行为者。他们试图在理论上构建一种具有普遍合理性的道德理论，但面对的却是毫无建设性的、不可公度的争论。在社会生活领域，当启蒙道德追求和两歧性社会结构相结合，却造成了情感主义道德文化的蔓延。

① [美]阿拉斯戴尔·麦金太尔.追寻美德[M].南京：译林出版社，2003：89.

第三节　麦金太尔道德哲学立场的转变

一、必须跳出现代道德哲学的概念框架

上述麦金太尔有关现代道德生活危机和现代道德哲学危机的反思是《追寻美德》的重要内容，预示麦金太尔道德哲学立场的转变。在前面我们已经谈到过，在2006年出版的《哲学的任务》中，麦金太尔提到他的学术探究在20世纪70年代中发生过一次重要的转向。在这次转向中，最重要的是立场的转变。20世纪70年代之前，麦金太尔的大多数著作和文章都是围绕道德问题进行的，并且他“把这些问题看作是分离的和有区别的，而没有充分反思一种较大的概念框架”，认为逐个问题的解决就意味哲学研究的进步；70年代之后，他逐渐认识到现代西方道德哲学的概念框架是导致那些问题的根本原因。这种概念框架和社会生活中的道德历史文化是分离的。如果执着于现代西方道德哲学的概念框架，根本不可能从根本上弄清楚那些道德问题，更不能为那些问题的现实解决提供任何帮助。必须跳出现代道德哲学的概念框架！转变立场！《追寻美德》就体现了这种努力。如上所述，在《追寻美德》的前半部分，麦金太尔对现代道德哲学困境和现代道德生活危机的反思清晰地告诉我们，他为什么要跳出现代道德哲学概念框架，转变立场。

二、提出“美德伦理”立场

跳出现代性道德哲学概念框架，将何去何从？在《追寻美德》的后半部分，麦金太尔回答了这一问题，他提出了以“美德”为首要概念的美德伦理立场。

关于麦金太尔的“美德伦理”，有两点值得我们注意。一是提出“美德伦理”的目的不是要替代现代理性主义伦理学所坚持的“规范伦理”。关于这一点，有很多误读，麦金太尔曾在《谁之正义？何种合理性？》中做出过回应。“他们误把这部书解释为对作为代替‘一种规则伦理’的‘一种美德伦理’的辩护。这种批评没有注意

到这一点:任何充分的美德伦理都需要'一种规则伦理'作为其副本。"①"美德伦理"并不是要代替"规则伦理"或"规范伦理",而是把"规范"纳入到以"美德"为首要概念的框架之下,以区别于以"规范"为首要概念的规范伦理。

二是"美德伦理"立场不是通过理性建构出来的,而是通过对西方社会生活中道德历史文化的逆溯性探究,在社会生活中发现的。这一点内在地包含了对方法转向的要求。如果和规范伦理一样,试图通过理论建构一些概念和原则,则无疑依然困于现代道德哲学的研究逻辑之中,必然也是脱离道德生活的。因此,麦金太尔转向了整个西方道德的真实历史,在道德历史中寻找可行的概念框架。

在整个西方道德历史中,麦金太尔发现有两种与启蒙道德筹划密切相关的道德理论:一种是现代道德哲学所着重批判的亚里士多德主义的道德哲学传统;另一种是对现代性道德哲学乃至对整个西方道德哲学史进行深刻批判的尼采道德哲学思想。他认为,这两种道德理论在其各自的历史作用上,可以形成颉颃之势。但由于亚里士多德的道德哲学是启蒙道德筹划所批判和反对的,而尼采的观点又是在对启蒙道德筹划批判的基础上产生的,这样,"尼采观点的可辩护性"最终变成了这样一个问题,即"拒斥亚里士多德从一开始是正确的吗?因为,假如亚里士多德的伦理学和政治学观点——或者某种非常类似于此的东西——能站得住脚,那么尼采的整个事业就会毫无意义。这是因为,尼采观点的力量取决于这样一个核心论点的正确与否:对道德的一切合理性辩护明显都失败了,从而对道德信条的信奉需要根据一系列掩盖了意志之根本的非理性现象的合理化来予以解释"②。根据前面的论证,显然尼采的批判是正确的,"启蒙道德哲学家从未成功地提供任何可以质疑尼采核心论点的理由"③。但同样根据前面的论证,"启蒙道德筹划本身无非是拒斥亚里士多德传统的一种历史后果"④。"而这样一来,关键的问题就变成了:亚里士多德的伦理学,或某种非常类似于此的东西,究竟能否得到辩护?"⑤显然,在麦金太尔看来,跳出现代道德哲学概念框架,可供选择的概念框架只有两种,一

① [美]阿拉斯戴尔·麦金太尔.谁之正义?何种合理性?[M].万俊人,等,译.北京:当代中国出版社,1996:前言1-2.

② [美]阿拉斯戴尔·麦金太尔.追寻美德[M].南京:译林出版社,2003:148.

③ [美]阿拉斯戴尔·麦金太尔.追寻美德[M].南京:译林出版社,2003:148.

④ [美]阿拉斯戴尔·麦金太尔.追寻美德[M].南京:译林出版社,2003:148.

⑤ [美]阿拉斯戴尔·麦金太尔.追寻美德[M].南京:译林出版社,2003:148.

种是亚里士多德的道德哲学，一种是尼采的道德哲学。如果亚里士多德的伦理学能够得到辩护，那么不仅启蒙道德筹划没有必要出现，尼采的道德哲学更无必要存在了。反过来如果追随启蒙道德筹划，最终则必然导致尼采格言式的诊断和疑难，除此之外，没有第三种选择。

亚里士多德的道德理论和尼采的道德理论有一个共同点，即都把“我要成为何种人?”作为道德哲学探究和社会生活的首要问题；并且，他们都赞成对这一问题的回答和美德密切相关。“我要成为何种人”其实是关于人的目的的思考。人要实现什么目的和人应该具有什么美德是内在相关的。与现代道德哲学把“规则”作为社会生活的首要概念相对应，他们认为“美德”才是社会生活的首要概念。麦金太尔在此基础上提出了“美德伦理”。

三、追寻美德

发现“美德伦理”立场，但到底应该选择哪一种有关“美德”的概念框架？麦金太尔并不是通过分析哲学的方法论证某一种概念框架的合理性，而是通过撰写一部有关美德的简史，在道德历史中寻找美德作为首要概念的道德框架的合理性。基于这样的立场，他指出，对于亚里士多德的道德理论和尼采道德理论的认识，就不能仅仅局限于亚里士多德本人和尼采本人的道德理论。就亚里士多德的道德理论而言，“不仅仅包括其本人著作的主要文本中所表述的那些东西，而且也是对过去的优良传统予以继承和总结的一种尝试，从而反过来又是激发后来许多思想的源泉”①。而尼采的道德理论除了是对启蒙道德筹划的批判之外，还被尼采自己看作是对荷马时代贵族道德的继承。因此，麦金太尔就以荷马史诗中描绘的英雄社会中的诸美德为起点，通过逆溯性反思，追寻美德，在追寻美德的过程，判断应该选择哪一种道德理论。

麦金太尔发现，前现代社会，从荷马史诗开始，对应于不同的历史时期，至少有三种以美德为核心概念的道德理论：荷马的、亚里士多德的以及《新约》的。这些美德理论之间虽有很大的差异，但它们都有一个共同点，即“美德的运用总是需要承认对于社会和道德生活中的某些特征的某些现在的解说”②。也就是说，对诸美德

① ［美］阿拉斯戴尔·麦金太尔.追寻美德[M].南京：译林出版社，2003：151.

② ［美］阿拉斯戴尔·麦金太尔.追寻美德[M].南京：译林出版社，2003：236.

理论的理解附属于对他们所生活的社会和历史的理解。比如，“在荷马的理论中，美德概念从属于社会角色概念，在亚里士多德的理论中，它从属于作为人类活动之目的的、对人来说是善的生活的概念，而在富兰克林的理论中，它又从属于功利概念”①。脱离这些背景，相应的美德理论就失去了可理解性。麦金太尔把这些自荷马史诗起不同时代产生的美德理论称为诸美德。在诸美德中，道德探究是内在于道德生活的，这一点与启蒙道德筹划及其追随者是根本不同的。

麦金太尔认为，这些内在于社会生活的美德概念在逻辑上有三个递进的阶段：实践活动、人生和道德传统。“我的美德理论历经三个阶段：首先，将诸美德视为获得实践的内在利益所必要的诸品质；其次 ，将它们视为有助于整个人生的善的诸品质；再次，它们只能在延续中的社会传统内部与对人来说的善之间的关系中被阐明。”②这三个阶段分别对应着三种不同层级的背景。第一阶段要求一种有关“实践”的背景解说，第二阶段要求一种有关个人生活的叙事秩序的背景解说，第三阶段要求对“是什么构成一个道德传统”进行充分的解说。在三个阶段中，“每一个较后的阶段都以前一个阶段为先决条件，反之则不然”③。“每一个较前的阶段不仅被后一个阶段所修正，根据后一个阶段而被重新解释，而且为后一个阶段提供本质性的要素。”④在麦金太尔看来，这三个阶段的依次递进关系有着非常重要的意义，它告诉我们一个行为或活动并不像现代理性主义道德理论所分析的那样，要么是手段，要么是目的，要么二者兼而有之。同一个行为或活动在不同的生活背景中，它的目的很有可能被重新发现，导致新的目的的产生；相应地，也可能会有新的手段被重新设计出来。“诸美德的意义就在于不仅要维系获得实践的各种内在利益所必需的那些关系、维系个人能够在其中找到他的善作为他的整体生活的善的那种个体生活形式，而且在于维系同时为实践与个体生活提供必要的历史语境的那些传统。”⑤也就是说，在实践推理中，美德指的不是那些关于目的或手段的概括和准则的知识，而是在涉及不同目的和手段的概括和准则知识之间做出选择，并将它们运用于具体境遇时所拥有的那种判断能力。因此，麦金太尔指出，在前现代社会

① [美]阿拉斯戴尔·麦金太尔.追寻美德[M].南京:译林出版社,2003:236.
② [美]阿拉斯戴尔·麦金太尔.追寻美德[M].南京:译林出版社,2003:347.
③ [美]阿拉斯戴尔·麦金太尔.追寻美德[M].南京:译林出版社,2003:237.
④ [美]阿拉斯戴尔·麦金太尔.追寻美德[M].南京:译林出版社,2003:237.
⑤ [美]阿拉斯戴尔·麦金太尔.追寻美德[M].南京:译林出版社,2003:283.

生活中，道德并不等同于规范，而是以美德为核心概念的，规范只有在这个以美德为核心概念的道德框架中才是可理解的。

基于上述认识，麦金太尔认为尼采虽然赞成美德优先于规则，但尼采的美德是脱离实践的、脱离人的整体生活的、脱离道德传统的。“尼采的历史成就就在于，他不仅比任何其他哲学家都更清楚地理解了原来旨在作为求得客观性的东西事实上只是主观意志的表达，而且更为明确地认识到这一点给道德哲学所带来的问题的性质。诚然，尼采不适当地将他那个时代的道德判断的状况普遍化为道德本身的性质；并且尼采所建构的‘超人’乃是既荒谬又危险的狂想，对此，我已做了正当而又严厉的批评。”①这段话鲜明地表明了麦金太尔对尼采思想的态度和观点：在针对启蒙道德批判这一层面，赞成尼采，但在尼采对道德本质的认识以及由此试图建构的“超人”哲学思想上持否定的态度。

他认为，“超人”有两个缺陷：“超人”是脱离现实的；“超人”概念是一个伪概念。这两个缺陷决定尼采的道德哲学思想只是启蒙道德筹划自由个人主义概念框架的一个最有代表性的发展阶段。“超人”是不现实的。因为，他“同时在关系和活动两方面都很欠缺”②。他指出，尼采的“超人”是基于这样的论点而产生的：自希腊以来，欧洲社会的道德都是权力意志的一系列伪装。因而，为这样的道德要求客观性是不可能得到合理的支持的，因为，“超人”不能进入各种通过诉诸共有的标准或美德或利益来调解的关系之中；他是他自己唯一的权威，所以他与他人的关系必须是这种权威的行使③。他引用了尼采《权利意志》中的一段话来说明这一点：“一个伟大的人——一个自然以宏伟的风格建构和发明出来的人——他是什么？……如果他不能领路，他就独行；因此而可能发生的是，他可以谩骂叱喝他在路上遇到的某些事物……他不需要任何‘同情’之心，而只要仆人与工具，在与人类的交往中，他总想把他们做成某种东西。他知道他是不可沟通的：他发现熟悉了就索然无味；并且，当人们认为他是什么的时候，他通常并不是什么。当他不自言自语的时候，他就戴上一副面具。他宁愿撒谎也不愿说真话——它要求更多的精神与意志。他的内心独立不羁，宠辱不惊，他自己的正义至高而无须他求。”④可见，尼采的“超人”

① [美]阿拉斯戴尔·麦金太尔. 追寻美德[M]. 南京：译林出版社，2003：143.
② [美]阿拉斯戴尔·麦金太尔. 追寻美德[M]. 南京：译林出版社，2003：328.
③ 参见[美]阿拉斯戴尔·麦金太尔. 追寻美德[M]. 南京：译林出版社，2003：328.
④ [美]阿拉斯戴尔·麦金太尔. 追寻美德[M]. 南京：译林出版社，2003：328.

孤立于各种实践活动和共同体的关系之外,"只能自在地颁布他自己的法律和他自己新的美德目录"①,必然导致"道德唯我论"②。"超人"概念是一个伪概念,就像"功利""权利"概念一样,实际也是虚构出来的。因此,麦金太尔认为,"尼采的立场原来就不是逃避自由个人主义现代性的概念框架的一种模式或替代物",而是"代表了个人主义想要避免其本身的各种后果的最后努力"③。也就是说,尼采的道德哲学思想其实是现代自由个人主义道德思想的另一种表现罢了。

由此,他指出,在现代西方社会中,最根本的道德对立其实是在启蒙道德筹划所倡导的"自由个人主义和这样那样的亚里士多德传统之间展开的"④,是启蒙道德筹划所倡导的以"规范"为核心概念的道德与亚里士多德的以"美德"为核心概念的道德之间的对立。在亚里士多德的道德框架中,美德是道德的核心概念,美德指诸美德,是复数形式,比如正义、智慧、勇敢和节制。规范只是道德的一部分,规范是内在于实践背景、人生目的、历史传统中的,只有在这个大的框架下,规范才是可以理解的。启蒙道德筹划的道德概念框架中,美德被等同于遵守规范,规范成为了道德核心概念,并且美德成为单数形式。人们遵守规范或践行美德(遵守规范的意义上的美德)不是为了美德或规范之外的目的,而是为了规范或美德本身。脱离实践背景、人生目的、历史传统的美德变成一种不具有可理解性的禁忌。可见,从前现代社会到现代社会,美德发生了一个根本的转变,即从诸美德到美德的转变。诸美德是实现善的诸品质,是内在于实践活动的,内在于整体人生的,内在于道德传统的,是复数形式。而美德则是一个一般的概念,被等同于遵守规范,是单数形式,失去了善这一目的维度。因此,在情感主义看来,以规则为核心概念的道德无非是一种情感、偏好或态度的表达。

因此,麦金太尔得出两个结论:一是启蒙道德哲学所倡导的自由个人主义观点仍然缺乏一种一致的能够得到合理辩护的陈述;二是我们可以通过重述亚里士多德的道德传统获得道德的可理解性和合理性。第一个结论说明了麦金太尔学术立场转变的原因,第二个结论表明了麦金太尔学术立场转变的方向,即转向亚里士多德的以美德为核心概念的道德立场。

---

① [美]阿拉斯戴尔·麦金太尔.追寻美德[M].南京:译林出版社,2003:328.

② [美]阿拉斯戴尔·麦金太尔.追寻美德[M].南京:译林出版社,2003:329.

③ [美]阿拉斯戴尔·麦金太尔.追寻美德[M].南京:译林出版社,2003:329.

④ [美]阿拉斯戴尔·麦金太尔.追寻美德[M].南京:译林出版社,2003:334.

四、立场要求方法的转变

在决定转变学术立场之后，麦金太尔意识到重述亚里士多德道德传统的同时，必须应对来自各方面的论辩，其中最重要的就是为什么亚里士多德以美德为核心概念的道德传统具有合理性的问题。他指出，解决这一问题要求“争论各方退出争论，并且以一种系统的方式追问，什么是解决这一特殊类型的争论的适当合理的程序”①。也就是说，亚里士多德道德传统的合理性问题不仅仅涉及什么是合理性的问题，还涉及寻找合理性方法的问题。启蒙道德筹划及其追随者的失败决定不可能使用他们论证道德合理性的方式。道德探究立场的转变要求探究方法的转变，探究方法的转变又会从根本上推动立场的转变。因此，仅仅意识到需要转变立场，并不意味着立场的真正转变，立场的转变需要一个过程；同样，一种新的哲学探究方法的产生需要一个过程。自《追寻美德》系列著作到《依赖性的理性动物：人类为什么需要德性》的过程，即是麦金太尔道德探究立场从开始转变到彻底转变的过程，也是一种新的道德哲学探究方法产生的过程。

---

① [美]阿拉斯戴尔·麦金太尔. 追寻美德[M]. 南京：译林出版社，2003：331.

第三章 “辩证叙事探究”及其产生过程

麦金太尔明确指出，道德哲学要摆脱启蒙道德筹划以来的研究困境，就必须先跳出现代道德哲学的概念框架，即必须彻底反对该框架的三大特征——抽象人性观、拒斥目的论和普遍合理性。麦金太尔主张用理论与实践相统一的“叙事”来代替概念演绎，以便摆脱抽象人性观；用追问目的的实践探究来替代理论研究，以便回归道德哲学的目的论传统；以辩证探究来丰富逻辑推理，以便摆脱普遍合理性的困境。“探究”“叙事”“辩证”三者互释互融的“辩证叙事探究”方法的产生，标志着麦金太尔由一个批判者转变为一个新理论的开拓者。

然而，理论批判已属不易，但相对于批判来说，新方法的产生更为困难，远远不只是站在批判对象的对立面那么简单。重述麦金太尔“辩证叙事探究”方法的产生过程，不仅可以再现麦金太尔理论突破的执着与艰难，还可以更好地阐释“辩证叙事探究”在理论上的针对性和在内涵上的丰富性。

本章将以介绍“辩证叙事探究”的内容为起点，然后从六个方面渐次呈现麦金太尔探究方法的产生过程，这六个方面分别是：一、麦金太尔其人：崇尚“探究”的思想与个性；二、《伦理学简史》：凸显“叙事”的重要性；三、《追寻美德》：美德立场的提出；四、《谁之正义？何种合理性？》和《三种对立的道德探究观》：“探究”的合理性证明；五、《依赖性的理性动物：人类为什么需要德性》：美德伦理学的道德哲学辩护；六、“辩证叙事探究”方法的产生过程。这个过程本身就是孕育“辩证叙事探究”方法的过程，也是“辩证叙事探究”方法的最好例证。

第一节　“辩证叙事探究”

“辩证叙事探究”，顾名思义是一种“辩证”的、“叙事”的道德思维方式和道德实践方式。

“辩证”与矛盾、“叙事”与生活、“探究”与目的有着本质的联系，“辩证”是对矛盾的反思，“叙事”是对生活的解释，“探究”是对目的的探索。矛盾、活动、目的在运动和发展概念中有着本质的统一性，由此“辩证”“叙事”“探究”三个概念也具有内在的本质的联系。“辩证”是对矛盾的反思，而“探究”是围绕目的对矛盾的展开，“叙事”是对思维和实践活动中的矛盾的回顾；“叙事”是对生活的解释，而“辩证”是对生活中的矛盾的揭示，“探究”是对生活背后之目的的再解释和再实践；“探究”是对目的的探索，而“辩证”通过反思矛盾来确立第一原理或目的本身，“叙事”是以目的为导向对活动过程的回顾。这三个概念互为表里、互相阐释，其中任何一个都不能单独存在，而只要指出其中一个，内在地也已经包含了其余两者的含义。“辩证叙事探究”，不是“辩证”“叙事”“探究”三个概念的组合，而是这三方面内容的融合。

一、从研究转向“探究”

麦金太尔使用“探究”(enquiry)一词，而不是“研究”(research)一词，是为了与主流或传统学院派道德哲学研究相区分。他是这样解释的：“道德探究”是指“某种比人们习惯理解为的道德哲学更为宽泛的东西，因为道德探究扩展到了历史的、文学的、人类学的和社会学的问题。”①其“最基本是道德探究的本性和范围的问题”②。

“探究”与研究在范围和本性两方面有根本区别。一方面，两者在范围上不同，“探究”的范围不仅包括道德理论而且包括道德实践。道德一旦进入实践领域，就

① [美]麦金太尔. 三种对立的道德探究观[M]. 北京：中国社会科学出版社，1999：3.

② [美]麦金太尔. 三种对立的道德探究观[M]. 北京：中国社会科学出版社，1999：3.

不得不和历史、文学、人类学、社会学等相联系，因为生活中并不存在一个孤立存在的道德领域。另一方面，两者在道德哲学本性上有很大区别。

第一，道德哲学研究仅以概念的形式存在，道德哲学探究则不能离开叙事性的体验和感悟。比如，儿童也是道德探究的主体，他们还没有太强的概念分析能力，对他们的道德教育主要依靠道德故事和交互性的道德实践而不是道德概念。孩子们可能很少去追问"什么样的人是好人"，但他们会思考"谁是好人"，他也不太去追问"我如何成为一个好人"，但他经常会思考"我将成为谁"。可见，概念推理不是道德思考与实践的全部，"形象鲜明的人物""过去未来的想象""喜悦痛苦的感受"，这些是儿童道德探究所必不可少的形式，"叙事"对于儿童道德教育和道德思考来说不是可有可无的，而是必不可少的。对于成人来说，他们的道德探究同样离不开"叙事"。这有四个原因。其一，"叙事"是多样性的，每个人的经历不同、心理不同、性别不同等等，其关注的焦点也各不相同，得出的结论也各不相同，对于同一个故事，有人看到的是大义灭亲的正直，有人看到的是时代弄人的悲剧，那种非人格化的道德哲学研究是抽象的，很难为普通人（非专业道德哲学研究者）的情境化的"探究"提供借鉴和指导意义。其二，"叙事"是不确定性的，它未必要求一种完整的、正面的表达，它可以是非正式的阐述，尤其是某些情况下那些否定性的遮诠式阐释中，可以让普通人学到更多，人们关于什么是"好"很难给出一个确定的结论，但对什么不是"好"可以给出大量的分析和信息。其三，"叙事"是主动性的，"叙事"对普通人来说是主动参与的、习惯养成的，而概念研究对于普通人来说往往是被动接受的、理论灌输的。其四，"叙事"是实践性的，不仅要说出来还要做出来。需要着重指出的是，这种多样化的、不确定的"叙事"探究与尼采的多角度透视有本质的不同。文学作品是一种虚拟叙事，但即使如此，这种"叙事"（哪怕是神话）也都包含了对客观人物或社会关系的隐喻，可是尼采的透视完全是基于人的主观意志，从个人主观的角度任意做出的，这种任意没有边界、没有条件。在尼采看来，一个人不需要引领就可以独立进行道德哲学的研究或者实践，而在一种道德哲学探究的意义上，一个人离开正面的引领和反面的批评就不可能进入真正的"探究"。尼采的多角度透视只不过是梦幻式的意识活动。

第二，道德哲学研究仅是理论的，道德哲学探究必须是实践的。前者把道德看作一个对象、客体，后者把道德看作自身的思维和行动。这一方面是说，只有当道德哲学家们按照他们的理论行动才是真的"探究"，如一个人表示愿意为社会做出贡献，却从不肯为需要帮助的他人做任何事，他就不是真的在“探究”自己追求的善。另一方面是说，如果道德哲学家不进入一种实践，他就不可能开始道德探究，只有实践才能让他置身于一种真实的环境并加深对善的认识，清贫生活的困难会远超过他对清贫的想象，而当他为事业长期处于清贫的时候，他才更明白事业作为一种善的珍贵；只有实践才能让他有情感和体验上的变化并加深对善的认同，牺牲的痛苦与追求的快乐经常混合在一起让人悲喜交加，别人眼中的伟大也许并不像人们想的那么困难与痛苦，当然也许并不像人们想的那么容易。实践会让自觉的选择成为一种自然的习惯。亚里士多德强调，任何道德教育归根结底都是情感教育。基于实践的道德哲学探究能够成为亚里士多德式的，道德哲学研究则很难达到。

第三，道德哲学研究可能是辩证的，也可能不是辩证的；而道德哲学探究一定是辩证的。前者的目的在于分析、解决理论或实践问题，后者也是为了解决问题或加深对问题的思考，但除此之外，后者更注重对于问题本身的反思，更注重提出问题、发现问题。我们从一种矛盾中得到的最大启发，往往不是如何解决它而是它如何产生，如利用现代文明进行的大屠杀所引发的思考远远超出了这些事件本身。道德哲学研究很多都是关于困境或者悖论的研究，试图通过研究，给出一个方向或者方法。但是只要进入实践，人们就会发现道德哲学家并不比处于那些实践中的人们更加聪明，普通人在实践中解决不了的问题，道德哲学家一样解决不了。所谓应当向病人隐瞒病情还是告知病情的困境，一个是出于功利结果的考虑，一个是出于意志自由的考虑，道德哲学家又能给出什么更好的建议呢？可是，在人们医疗知识普及的情况下，这种困境已经大大减少了，病人只要上网百度一下每天使用的药品就大概知道自己的病情了。道德哲学探究的意义更多的在于，对这些问题本身的思考，不论是否能够找到一个现实的解决方法，都丰富了人们对于善和德性的理解。正如庄子的妻子去世，他击缶而歌既解决了生死离别的问题，又没有解决生死离别的问题，庄子的贡献不在于他的解决方法是什么，而在于他鲜明地提出了如何面对生死的问题。

第四，道德哲学研究要求内容上的“创新性”，而辩证的道德哲学探究则不必如此。对于普通人来说，只要对于本人来说是新问题，哪怕他的重复“探究”理论深度不够，但仍然具有重要意义。而且这种重复对于本人来说同样是有创造性的，同时从“叙事”的层面看，对他人来说还可能是具有非常重要的丰富性和创造性的。道德哲学与道德教育有一种天然的一致性，自我的道德哲学探究是一种自我道德教育，具有深刻意义的道德哲学探究是一种深刻的道德教育，道德教育就是道德哲学的全部。但是道德哲学研究却有一种倾向，把道德哲学研究看作是关于真理的“探究”，把道德教育视作对于真理的传播与贯彻，道德教育成为相对滞后的一部分或相对独立的一个部分。道德哲学探究只有在目标的多重性、效果的多重性中，才可能是辩证的，我们往往是在对所谓次要问题的分析中，找到了切实能够引导“探究”进步的关键点。如当道德哲学研究纠结于不同道德规范的设计和操作时，道德哲学探究看重的是规范本身的劝说、警示和教育功能，看重的不是人们理性上的失败而是德性上的失败，看重的不是人们道德的品质而是探究的能力。辩证的“探究”，促使道德哲学从专业学者从事研究向教会别人“探究”转变，从关注理性成年人的思维和实践向关注包括智力不足者、身体脆弱者在内的所有人转变，让道德哲学不再只注重成果或结论，而更注重个人和社会改变的可能与动力。

二、从描述转向“叙事”

麦金太尔所使用的“叙事”概念不仅仅是一种描述，它不同于人类学中“质的研究”(qualitative research)中的“叙事”(narrative)或生活故事(life story)。两者之间最本质的区别在于两点：一是前者是辩证的解释，后者是多元的诠释；二是前者是针对问题的“探究”，后者是产生结论的研究。

首先，对于“质的研究”中的叙事来说，它有一种多元性、相对性和主观性的根本假定，“叙事研究在根本上假定明显不同于其对应物——实证研究。叙事研究假定在人类现实领域不存在绝对真理和关于某一文本唯一正确的阅读或解释，叙事方法主张多元性、相对性和主观性”①。对从事叙事研究的人员来说，无论他多么注意“倾听”，他所能够得到的信息仍然是相当有限的。即使被采访者按照严格的时间序列来叙述，可能带来的仍是完全的混乱。麦金太尔举约翰逊博士在其法国旅行记中的例子说，它“提供给我们的是脱节混乱的序列：‘我们在那儿伺候女士们——莫尔维勒的。——西班牙。乡镇上满是乞丐。在第戎他找不到去奥尔良的路。——法国的交叉道非常糟糕。——五个士兵。——女人们。——士兵们逃走

① [以]艾米娅·利布里奇，里弗卡·图沃·玛沙奇，塔玛·奇尔波.叙事研究：阅读、分析和诠释[M].王红艳，译.重庆：重庆大学出版社，2008：1-2.

了。——上校不会因为一个妇人而失去五个士兵——当地司法官员未经上校允许不能抓士兵，等等，等等’”①。我认为这里所描述的现象都是真实的。但这种叙事是没有意义的。从事叙述研究的人员是在掌握这些零乱的材料之后，才慢慢地形成自己的假设，“在叙事研究中通常是没有预先假设的，研究的明确方向往往随着对所收集资料的阅读而显现，假设也才可能随之产生”②。在这种情形下，研究者每一次假设的变化，都可能是一个新的诠释的开始，一种相对性、多元性、主观性是不可避免的，甚至这几乎就是叙事研究的全部。这是因为，“质的研究”是一种定性研究。

但是，对于“辩证叙事探究”中的“叙事”来说完全不是这样。这种“叙事”是身处其中的人们对自己生活的“叙事”，他拥有大量的信息，他对这些信息已经进行过了高通量的测序和筛选。比如，当一个人叙述自己艰苦的青春岁月时，不论他把当时的生活描绘得多么艰难，其实他知道他的重点并不在于此，他的重点是他几乎没有提及的“为了理想信念而奋斗的激情与快乐”。如果研究者没有注意到这个重点，研究者对这些艰苦生活的分析就完全是误入歧途的。同样，不仅个人对自己生活的叙事探究是这样，对民族伦理、民族文化等等的叙事探究也是这样，当一个人不断地抨击自己所处的伦理与文化的不足之处时，他的潜台词可能根本不是愤怒而是热爱，“为什么我的眼里常含泪水，因为我对这片土地爱得深沉”。

叙事探究不是多元化的诠释，不是如尼采的谱系学那样的多角度的透视，也不是罗蒂的“重新描述”，而是一种围绕着特定主题展开的辩证解释。“叙事”需要以某种目的为前提，这个目的可以被修正，但没有一个目的却是不行的。“我正站着等候公共汽车，边上的年轻人突然说道：‘普通野鸭的名称是 Histrionicus histrionicus histrionicus。’理解他所说的这个句子的含义毫无问题；问题在于，他说这句话的时候究竟怎么了？”③他是一个疯子吗？但如果提供一个目的，那么我们就可以理解了。“他把我误认为是昨天在图书馆碰到的某个人，那个人曾问他：‘你知道普通野鸭的拉丁文名称吗？’或者，他刚从心理医生那里回来，医生鼓励他通过与陌

---

① [美]阿拉斯戴尔·麦金太尔. 谁之正义？何种合理性？[M]. 万俊人，等，译. 北京：当代中国出版社，1996：272.

② [以]艾米娅·利布里奇，里弗卡·图沃·玛沙奇，塔玛·奇尔波. 叙事研究：阅读、分析和诠释[M]. 王红艳，译. 重庆：重庆大学出版社，2008：9.

③ [美]麦金太尔. 追寻美德[M]. 南京：译林出版社，2003：265.

生人交谈来消除他的羞怯感。或者,他是一名苏联间谍,正在预定的接头地点等候,并且说出这句接头暗语。"①"叙事"的过程,其实就是一个了解其真实目的的过程,我通过对多种目的的排除来了解他人,但如果一个目的都没有,他人的任何行为都将是不可理解的,他古怪的行为甚至是令人讨厌的。

其次,对于"质的研究"中的叙事来说,它总是在寻求着某种结论,一个能够保持前后一贯的"一致性(coherence)"结论。"一致性(coherence),即对不同部分的诠释创造出一幅完整和有意义的画面。可以从内在和外在两个方面来评价一致性,内在标准评价各部分契合得怎样,外在标准则要对比已有的理论和以往研究。"②这种一致性的结论恰恰是"辩证叙事探究"所反对的。比如,对于在农场中艰苦劳作的知识青年来说,他们一方面听从上级的安排,严格地执行着各种命令去建设自己的家园,并荣获各种各样的精神嘉奖,过着一种简单而充满一致性的生活,但是他们另一方面却还是有许多疑问:这是最好的生活吗?这是最有效率的工作方式吗?这些问题很多时候可能只是一闪而过,因为大家只是有些朦朦胧胧的疑惑而已,内心里并没有一个非常清楚的认识,而且也不会改变自己的短期目标和日常的行为。对于此时此刻的青年来说,从质的研究中的叙事研究来看,他们过着一种一致性的完美而有意义的生活,但从"辩证叙事探究"来看,他们却过着一种并非出于自己真实目的的生活,前者从行为的叙事已经完全可以得出一个确定的结论,而后者从人生的层面叙事却还在"探究"的早期阶段(他既不知道自己的目的是什么,甚至不知道要不要反思一下自己的目的)。质的研究中的叙事只要得出一个结论,已经万事大吉了;而对于"辩证叙事探究"来说,引起疑惑、追问可能才是最为重要的,同时目的的多样性、层次性、复杂性也总是让人产生各种各样的疑惑。"辩证叙事探究"就是要让人留意这些疑惑,不要对这些疑惑熟视无睹,而要让自己时刻保持一颗好奇的探究之心。

叙事研究与叙事探究在如何看待这个困惑期上有着根本的分歧。对于一个暂时还没有寻找到自己人生目标的青年来说,这个困惑期在叙事研究看来是可以忽略不计的,因为那些杂乱无章的想法既没有形成明确的结论,也没有影响人们的行

---

① [美]麦金太尔.追寻美德[M].南京:译林出版社,2003:265-266.

② [以]艾米娅·利布里奇,里弗卡·图沃·玛沙奇,塔玛·奇尔波.叙事研究:阅读、分析和诠释[M].王红艳,译.重庆:重庆大学出版社,2008:140.

为，毕竟这些都还只是“想想而已”；但在叙事探究看来，这个困惑期却是异常重要的，这个阶段是一个孕育期，各种各样的问题开始显露出来，并随着“探究”的深入激化开来。这时叙事探究的“叙事”，要叙述的不是那些生活的主流内容，而是要对那些支离破碎的内容进行叙事，那些没来由的情绪，那些不成道理的判断，叙述偶然所为的行为及其后果。正是对这些在生活中处于次要地位的内容的“叙事”，让人们进入真实的、复杂的生活，并改变生活。仅就这一阶段的“叙事”来说，它确实是没有结论的，也没有太多的实践，而且还可能是一个相当长时间的无结论、无行为的平平淡淡的时期，但日后回过头看，人们往往会发现这是非常重要的一个阶段和时期。

这一时期的重要性在于，叙事探究的“叙事”是一种递进性的回顾。它并不是围绕着一个问题进行的回顾和解释，而是围绕着有着递进关系的多个问题进行的回顾和解释，就像我们在前面提到的美德的三个阶段：实践活动、整体人生和道德传统。只有递进到最后的那个问题解决了，前面的问题才能解决，前面的“叙事”才有了更深的意义。放牛郎王二小给日本侵略者指了一条错路，这有没有耽误放牛的时间？招致了杀身之祸，对于生命来说是不是不够珍视？放牛娃不放牛、爱生活与不怕死等这些根本性的冲突，在原有的“叙事”情境下是不可能被回答的，它需要在问题的引导下进入一个更大范围的、更长历史的“叙事”，这种“叙事”在严格意义上并不能帮助对问题本身的回答，而是让原有问题本身变得没有意义，是以提问消失的方式解决了这个问题。递进性的“叙事”，会引起原有的“探究”消失，这一过程就是“叙事”与“探究”辩证推进的过程，即“辩证叙事探究”的过程。

三、从形式逻辑推理转向“辩证”

麦金太尔指出，形式逻辑推理是演示性论证，“演示性论证陈述和整理已知的真理”①，它从第一原理出发，展示出一条从第一原理到从属性结论的论据链，但第一原理本身并不是形式逻辑推理所能够定义和分析的。“辩证”则与之相反，“在辩证推理中，第一原理是最后的”②，辩证法是进行“探究”的工具，这种“探究”活动指向第一原理，通过“探究”活动人们可以得出迄今为止所有达到的最令人信服的结

---

① [美]麦金太尔. 三种对立的道德探究观[M]. 北京：中国社会科学出版社，1999：88.

② [美]麦金太尔. 三种对立的道德探究观[M]. 北京：中国社会科学出版社，1999：88.

论,也就是所谓的"第一原理"。麦金太尔说,"辩证论证是探索性的"①,"辩证的工作总是有一个本质上不完全的和暂时性的特征。一个辩证的结论总会受到进一步的挑战"②。

首先,形式逻辑推理不是道德探究的"工具",形式逻辑推理只有在辩证法的基础上,才能支撑道德哲学探究。邓晓芒教授通过研究也发现了这一点,他说:"黑格尔对形式逻辑的整套规律进行了逐个的重新解释,指出形式逻辑只有从内容方面来理解才有认识上的价值和意义,而这也就意味着它只有建立在辩证逻辑的基础上才有意义。"③他指出,康德把形式逻辑称为普遍逻辑,它只是"真理的消极的试金石","它根本不能告诉我们有关知识的任何东西,而只不过告诉我们与知性相一致的形式条件"④,因此康德为了避免"二律背反"的逻辑矛盾,他要求人们守住经验的范围而不对本体的认识做非分之想。这句话可以理解为,康德其实是取消了在经验世界进行道德探究的可能。邓晓芒教授指出,黑格尔在形式逻辑中看到了"矛盾","但从黑格尔的眼光看来,这恰好证明了真正的形而上学要想把握客观的本体,就必须突破形式逻辑的矛盾观,而建立起一种新型的矛盾学说"⑤。在黑格尔看来,"玫瑰花是红的"就是一个自相矛盾的判断,就形式上来说,"个别的是普遍的",玫瑰花是个别的,红是普遍的;就内容上来说,"普遍的是个别的",玫瑰花有很多种性质,红只是其中一种,玫瑰花是普遍的,红成了个别的。因此,这里存在着矛盾。黑格尔认为,只有在运动和矛盾的发展中,才能去求同一。综上所述,从康德到黑格尔已经宣示,仅仅依靠形式逻辑本身并不能够进行真正的、有内容的、有意义的推理。这也告诉我们,道德是实践的、生活的,有着现实背景和丰富内容的,因此关于道德的探讨不可能仅仅依靠形式逻辑来完成,它必须提升到"辩证"的层面,正是在这个意义上道德一定是哲学的。

其次,"辩证"是目的论的辩证,离开关于目的的"叙事"与"探究","辩证"中的矛盾观就是不可理解的。在辩证唯物主义看来,辩证法就是矛盾论,它由对立统一、质量互变、否定之否定三大定律组成核心内容,而其中最为根本的便是矛盾观。"辩证"与矛盾确实有着根本性的联系,它在古希腊最原始的含义就是言说、辩谈,

---

① [美]麦金太尔. 三种对立的道德探究观[M]. 北京:中国社会科学出版社,1999:88.

② [美]麦金太尔. 三种对立的道德探究观[M]. 北京:中国社会科学出版社,1999:88.

③ 邓晓芒. 黑格尔辩证法为形式逻辑的奠基[J]. 云南大学学报(社会科学版),2010(2).

④ [德]康德. 纯粹理性批判[M]. 邓晓芒,译. 北京:人民出版社,2004:58.

⑤ 邓晓芒. 黑格尔辩证法为形式逻辑的奠基[J]. 云南大学学报(社会科学版),2010(2).

并在辩论中寻找对方的矛盾，这个核心的矛盾也总是指向第一原理，并推动、引导人们修正自己的第一原理或者前提。但是，“辩证”如果离开“叙事”和“探究”，就有可能滑向纯粹的矛盾论，也就是我们通常说的“变戏法”。“叙事”为“辩证”提供一个大致的背景，让辩证推理不至于成为概念游戏或文字游戏，比如勇敢总是易于变成鲁莽，因此所谓的“辩证法”就会说：勇敢与鲁莽是相互转化的，其实它们无非是一种从结果来看“成王败寇”的庸俗言论，成功了就是勇敢的，失败了就是鲁莽的、冒险的；但如果进行一种“叙事”，人们就会发现勇敢本身是以智慧为前提的，在人们已经详细而谨慎地分析了各种可能之后才会把勇敢与胆怯提上议事日程，这种详细而谨慎的分析早已把鲁莽排除在外了，勇敢与鲁莽只是在文学意义上存在着褒义和贬义的矛盾，这二者在哲学意义上根本就没有什么相关性，也不构成一对矛盾。对于勇敢与胆怯来说，“叙事”就提供了智慧（详细而谨慎的分析等）这一背景。“探究”为“辩证”提供一个暂时存在的目的，让辩证推理不至于成为不可解决的、没有终点的矛盾。以“玫瑰花是红的”这一判断为例，在上一部分我们提到黑格尔在这个判断中看到了其中包含着形式上“个别的是普遍的”、内容上“普遍的是个别的”这种矛盾，但是如果放在叙事探究的语境下，这个矛盾就可以有一个结论或者方向，比如这个判断提出的前提是，A问：“玫瑰花是什么颜色？”回答这个问题的人B有一个非常明确的目的：“我要研究玫瑰花在颜色上的属性。”因此B所说的“玫瑰花是红的”，并不意味着“玫瑰花＝红的”，他并不是说“个别的＝普遍的”，而是说“个别的属于普遍的”。同时，因为没有人问他“有哪些东西是红的”这个问题，所以“红的是玫瑰花”这个判断并不存在，也就不存在黑格尔所谓在内容上“普遍的是个别的”这个反向的推理。黑格尔所看到的那种矛盾，还是一种不关涉目的的矛盾，因此是一种抽象的矛盾。

“辩证”“叙事”“探究”三者各有侧重，“辩证”侧重于揭示矛盾，“叙事”侧重于叙述事实，“探究”侧重于探索目的，但它们内在地都包含着其他两者，它们必须联结起来互相理解才是完整的，离开任何一个，“辩证叙事探究”都不能成为一种道德哲学探究的方法。

“辩证”是对“叙事”的理智反思。在辩证唯物主义看来，反思一般来说有两个含义，一是反复思考，二是反向思考。“叙事”在时间性上是回溯性的，在目的性上是逐渐丰富的。这种逐渐丰富的目标概念，是一种将要使该"探究"得以完善的概念[①]，"每一个阶段都标志着人们的片面见解愈来愈少，同时也标志着片面性的不断产生。只有从一种最终的和完全充分本原概念来看，才能最后抛弃这种片面性"[②]。从"叙事"来看，必然导致一种进步观，但"辩证"恰恰是对这种进步观的瓦解，正是在"辩证"的意义上，任何一种"探究"都是未完结的。"在一种辩证的探究中，我们可以对迄今为止所开出的本原之最可靠的那些意见做出评估。"[③]"叙事"是"辩证"的前提，"辩证"将再开启一次新的"叙事"。

"辩证"指向的是第一原理，对于道德哲学来说，这个第一原理就是目的。通过"叙事"，一种目的被确立了，但是这种目的并没有被评价。这种评价不可能依靠外在的、中立的标准。对于刚刚毕业的大学生来说，会面临先就业还是继续深造的选择，他人选择的实例具有参考意义，但并不是他做出选择的标准。在这个阶段，他需要再次审视他的目的，而且是超出这两个选择的范围之外，在更宏大的人生层面乃至社会民族层面反思他的目的，他才能得出结论。在这个过程中，如果这种结论是正确的，或者他及时认识到这个结论是错误的并修正了这个结论，那么他就展现出了一种卓越的能力，这种能力就是"辩证叙事探究"的能力。那么辩证思考与启蒙理性思考的区别是什么呢？"对于康德来说，一个人可以既是善的又是愚笨的；但对于亚里士多德来说，某些种类的愚笨排斥善。"[④]按照某种规则或者利益的计算来思考是理性的，但却不一定是理智的。只有具备对于目的本身的辩证叙事能力，才是理智的，也才是真正善的。在很多情况下，目的都是一种"乌托邦"，这一方面是说希望过于渺茫、过程过于漫长，另一方面是说这一目的可能会被修正，甚至被否认，但是"力图以乌托邦的标准来生活却不是乌托邦"[⑤]，立即实现一个乌托邦是不现实的，但我们以乌托邦为目标来生活却是现实的，而且我们完全可以以不完善的形式来应用乌托邦的标准。

---

① [美]阿拉斯戴尔·麦金太尔. 谁之正义？何种合理性？[M]. 万俊人，等，译. 北京：当代中国出版社，1996：114.

② [美]阿拉斯戴尔·麦金太尔. 谁之正义？何种合理性？[M]. 万俊人，等，译. 北京：当代中国出版社，1996：115.

③ [美]阿拉斯戴尔·麦金太尔. 谁之正义？何种合理性？[M]. 万俊人，等，译. 北京：当代中国出版社，1996：131.

④ [美]阿拉斯戴尔·麦金太尔. 追寻美德[M]. 南京：译林出版社，2003：195.

⑤ Alasdair MacIntyre. Dependent Rational Animals：Why Human Beings Need the Virtues[M]. Illinois：Open Court，1999：128.

第二节 麦金太尔其人:崇尚“探究”的个性

哲学理论总是会打上哲学家本人独特的品格烙印,这些烙印反过来又成为理解哲学家本人理论的方便之门。正如讲解康德哲学的时候,老师们经常会从介绍康德守时规律的个人生活开始,以便让同学对康德哲学的严谨与枯燥做好心理准备。对于“辩证叙事探究”这个新提法来说,从介绍麦金太尔本人开始,可能也会让读者感受到这个方法不是凭空而来的,是麦金太尔在数十年的一贯“探究”中渐渐孵育出来的。

阿拉斯戴尔·麦金太尔(Alasdair MacIntyre)出生于1929年,是当今英美著名的道德哲学家之一,现为美国圣玛丽大学资深研究教授、伦理学与文化中心的学术协会会员。2006年3月,麦金太尔被推选到美国哲学家学会(the American Philosophical Society,简称APS),这一学会历史悠久,于1743年由本杰明·富兰克林创建。

麦金太尔是一位著述颇丰的哲学家,他的研究领域广泛,涉及历史哲学、道德哲学、政治哲学、社会学哲学和宗教哲学等。主要著作有:*Marxism: An Interpretation*(《马克思主义:一种解释》)(1953年)、*The Unconsciousness: An Conceptual Analysis*(《无意识:一种概念的分析》)(1957)、《伦理学简史》(*A Short History of Ethics*)(1966年)、*Socularization and Moral of Ethics*(《世俗化与道德变化》)(1967)、*Marxism and Christianity*(《马克思主义与基督教》)(1968年)、《德性之后》(*After virtue*)(1981年)、《谁之正义?何种合理性?》(*Whose Justice? Which Rationality?*)(1988年)、《三种对立的道德探究观》(*Three Rival Versions of Moral Enguiry*)(1990年)、*Dependent Rational Animals: Why Human Beings Need the Virtues*(《依赖性的理性动物:人类为什么需要德性》)(1999年)、*Edith Stein: A Philosophical Prologue*(《爱迪·斯泰因[①]:一种哲学的序幕》)(2006年)[②]。

---

① 爱迪为胡塞尔的学生。

② 著作中文题名在括弧里的表示此书尚没有中文版,英文题名在括弧里的已有中文版。

一、谦和的个性

某一类哲学思想，经常会让这一类哲学家表现出一些鲜明的个性特色。这些生动的细节，往往能让我们印象深刻地抓住那类哲学思想的关键。比如，直觉主义或者情感主义伦理学家们坚信善的自明性，认为一些道德观念是人人尽知而无需讨论的。因此，他们经常是一脸坚定和不容置疑的表情："约翰·梅纳德·凯恩斯就描绘了他对摩尔的摇头叹息、斯特雷奇的冷峻的沉默以及洛尼·迪金森的耸肩的深刻印象。"①摇头、沉默、耸肩，生动地再现了情感主义伦理学家的那种在道德观念上的强势。"实际上，胜利总是属于带着清晰而又确信无疑的最出色表情说话的人，他们能把不容置疑的腔调运用自如。"②他们总是善于用表情的坚定来掩盖论证的空虚。

麦金太尔则是一个在学术上非常谦和的人，这很大程度上是因为他伦理思想的关键点是"探究"。"辩证叙事探究"是一种持续性的学术探索活动，它要求不断努力，也要求一种始终开放、谦和的心态；它邀请更多的人参与，不管先来者与后来者、卓越者与稍差者，都要彼此谦和。谦和，即是麦金太尔本人的一个学术名片，也是了解麦金太尔伦理思想的一个方便之门，它有助于我们理解"辩证叙事探究"的深刻含义。

对他的谦和，笔者曾有一点直接的感受。笔者在读硕士研究生时想研究麦金太尔伦理思想，于是在网上找到麦金太尔先生的电子邮箱，通过 E-mail 向他表达了自己的愿望和对他几个观点的想法，很快就收到了他的回复，他还主动寄来了新出的两本著作。有一次，他在外休假，过了两个星期才回复邮件，还表达了歉意。这几件小事，让笔者十分感动，也非常受鼓舞。其实，即使没有这段经历，在他的学术选择上也能看到他那种真诚的谦和。

在万俊人教授为《谁之正义？何种合理性？》所作的序言中，他提道："意大利哲学学人乔凡娜·波拉多芮女士最近出版了一部当代美国哲学家的专访集——《美国哲学家》。在对麦金太尔的采访中，她这样评论道：'阿拉斯戴尔·麦金太尔驻足凝思于对一种远古过去的回忆与对美国多元论的全球性视观之间，并深深沉浸在

① [美]阿拉斯戴尔·麦金太尔.追寻美德[M].南京：译林出版社，2003：21.

② [美]阿拉斯戴尔·麦金太尔.追寻美德[M].南京：译林出版社，2003：20－21.

苏格兰凯尔特人的传统世界之中，极大地丰富了当代的道德争论，使其达到了一种无与伦比的深度。他以一种全新的灵活性在历史主义的密网丛隙之间游刃有余，其辩谈(discourse)直指一种新托马斯主义视域的极境。他并不把这一极境理解为道德哲学范畴重建的非常时刻，而是相反，把它理解为致达美德伦理的关键点，视作全面剖析所有古典希腊文化并达到对亚里士多德思想的充分系统化的一条线索。’”①

麦金太尔谦虚地也是非常真诚地说过，他只是提供了一条线索，他并不认为自己重建了道德哲学范畴。在《依赖性的理性动物：人类为什么需要德性》一书中有这样一段话：“所以这本书不仅是对我早些时候在《德性之后》《谁之正义？何种合理性？》和《三种对立的道德探究观》中的探求的继续，而且也是对这些探求的修正。”②麦金太尔认为自己的探索只是初步的，他所做的毋宁说是“发出了一个邀请”③。“在这些书里还有大量没有完成的哲学工作。我以某些哲学立场的真理为先决条件，对这种真理的辩护需要进一步的论证，而我所做的只不过是朝着这个论证方向的一种姿态而已。”④他还有很多内容没有来得及论述，比如“有四个领域需要特别注意：人的同一性(identity)、感觉、事实判断与价值判断的关系，某些类型性格品质的心理实在性(reality)”⑤，“但因为对其中每一个的论述都需要相当的篇幅，在这本书中我未能都提供出来”⑥。麦金太尔热切地希望这个线索能够发展下去，于是他总是真诚地向每一个有意愿参与讨论的人发出邀请。他不仅对西方世界发出了真诚的邀请，也对东方世界发出了邀请，“我亲爱的中国读者，我所表达的不仅仅是感谢，而且也是一种对继续进行我们和平而富于建设性的哲学对话与社

① [美]阿拉斯戴尔·麦金太尔. 追寻美德[M]. 南京：译林出版社，2003：译者序言 2.

② Alasdair MacIntyre. Dependent Rational Animals：Why Human Beings Need the Virtues[M]. Illinois：Open Court，1999：preface2.

③ Alasdair MacIntyre. Dependent Rational Animals：Why Human Beings Need the Virtues[M]. Illinois：Open Court，1999：4.

④ Alasdair MacIntyre. Dependent Rational Animals：Why Human Beings Need the Virtues[M]. Illinois：Open Court，1999：preface4.

⑤ Alasdair MacIntyre. Dependent Rational Animals：Why Human Beings Need the Virtues[M]. Illinois：Open Court，1999：preface4.

⑥ Alasdair MacIntyre. Dependent Rational Animals：Why Human Beings Need the Virtues[M]. Illinois：Open Court，1999：preface4.

会对话的期待”[①]——在《谁之正义？何种合理性？》中译本序言中他如是说。他不仅向伦理学家发出了邀请，还向普通读者发出了邀请，他总是“努力与学院哲学家和外行读者一道交谈”——在《谁之正义？何种合理性？》前言中他如是说。

二、始终在思考立场的学者

“我们多么需要立场的变化”![②] 麦金太尔曾急切地发出这样的感叹。改变立场，改变专业学者和普通人的立场，改变自 18 世纪以来狭隘的、充满分歧的理性主义伦理学立场，转向建设性的、探寻共同善的、实践理性的美德伦理学立场，是麦金太尔写作的目的。

麦金太尔的这一声感叹有两个含义，一是立场的转变多么重要，二是立场的转变又是多么困难。

一方面，立场的转变既有重要的理论意义，还有重要的现实意义。拒斥亚里士多德的美德伦理立场，让各派道德哲学研究陷入了自说自话的困境，现代大学变成了一个容纳力极强以至于“在文化上无关紧要的场所”[③]。在社会政治生活中也到处都是不可解决的道德分歧，乃至《文明的冲突》这样的理论著作登上了畅销书排行榜。麦金太尔担心，“各方容易将其特殊的正义概念普遍化，并诉诸法庭，把使用武力和暴力合法化”[④]。事实上，西方价值霸权与政治霸权一直是亲密的同伙。

另一方面，立场的转变是一个艰难而漫长的过程。这个过程既是麦金太尔本人思想不断完善的过程，也是道德哲学领域批判与回应反复拉锯的过程，更是道德哲学与社会文化互动的过程。麦金太尔对于德性的理解也是逐步深入的，从重点关注德性与传统的关系，到关注德性与合理性的关系，再到关注德性与“探究”方法的关系，麦金太尔也在不断地完善并修正自己的立场。对于学界来说，从闻听这一立场到接受这一立场，也需要经过一个逐步深入的过程。对于社会文化来说，不以

---

① [美]阿拉斯戴尔·麦金太尔. 谁之正义？何种合理性？[M]. 万俊人，等，译. 北京：当代中国出版社 1996：中译本序言 6.

② Alasdair MacIntyre. Dependent Rational Animals：Why Human Beings Need the Virtues[M]. Illinois：Open Court，1999：4.

③ [美]阿拉斯戴尔·麦金太尔. 三种对立的道德探究观[M]. 北京：中国社会科学出版社，1999：226.

④ [美]阿拉斯戴尔·麦金太尔. 谁之正义？何种合理性？[M]. 万俊人，等，译. 北京：当代中国出版社，1996：中译本序言 4.

德性为起点,已经成了精神习惯,哲学与文化的相互感染让这种习惯特别难以撼动。“我们不仅从所从事的道德哲学的探求中获得这种思想倾向,而且从较宽广的文化中获得,因为文化提供了这些探求的背景。”①转变立场不仅对学者来说很困难,对普通人来说也很重要,这些都需要时间。

转变立场需要两个条件或阶段:旧立场的批判和新立场的建立。麦金太尔是从批判开始的,建设要更难一些,需要更长的时间和努力,需要遭遇并摆脱更多的曲折和迷失。《伦理学简史》希望改变人们把道德哲学与道德哲学史相分离,把道德哲学与社会生活相分离的立场,转向一种亚里士多德主义的立场;《追寻美德》希望改变人们寻求普遍合理性的立场,转向美德探寻的立场;《谁之正义？何种合理性?》希望改变人们道德无公度性的立场,转向富于探索性的对话,并以学习对方并回应对方来展示自身的优越性与合理性的立场;《三种对立的道德探究观》深化了《谁之正义？何种合理性?》的论点,并主张托马斯主义立场的探究观;《依赖性的理性动物——人类为什么需要德性》希望改变人们以理性人为起点开始道德探究的立场,转向以人的动物性以及人的依赖性为起点开始德性探究的立场。每一个阶段的立场都是上一阶段立场的延伸,但直到最后一部分麦金太尔才真正确立起一种建立在美德基础上的美德伦理学立场。

① Alasdair MacIntyre. Dependent Rational Animals: Why Human Beings Need the Virtues[M]. Illinois: Open Court, 1999:4.

第三节 《伦理学简史》:凸显"叙事"的重要性

1966 年出版的《伦理学简史》虽然不是《追寻美德》的系列著作,而是麦金太尔立场转变之前的著作,但了解这部著作对于理解麦金太尔立场的转变具有非常重要的意义。总的来说,通过这部著作,麦金太尔有两方面的收获。一是让 37 岁的他在西方道德哲学界一举成名。这本 1966 年出版的非常薄的著作,先后被译成"西班牙文、荷兰文、挪威文、德文、斯拉维尼亚文,最近,1995 年,又被译成波兰文"①,"它是《大英百科全书》第十五版有关伦理学史的词条仅推荐的两本书之一。并且它自出版以来,一直就是一本畅销书,重印不下十次。我(龚群教授)在与英美哲学界同仁的交谈中,他们都赞许地谈道,至今它仍是一本学习西方伦理学史的首选书之一"②。也许是因为这本书"太"有名了,以至于"许多当代读者很可能发现他们自己更熟悉我(麦金太尔)在 1966 年的观点而不是现在的观点"③。二是他成为了一个不彻底的亚里士多德主义者。在此之前,麦金太尔信仰过马克思主义理论,一度加入共产党。在此书出版后,他开始成为一个亚里士多德主义者,并再也没有改变,"60 年代的这部著作,是麦金太尔思想(新亚里士多德主义)的一个发祥地"④。他开始发扬亚里士多德的德性论,即实践有其目的,也有其必需的规则和德性;人类的善是所有的善的目的,也有其必需的共同体的规则和正义,而这是"人

① [美]阿拉斯戴尔·麦金太尔. 伦理学简史[M]. 龚群,译. 北京:商务印书馆,2003:7.
② [美]阿拉斯戴尔·麦金太尔. 伦理学简史[M]. 龚群,译. 北京:商务印书馆,2003:5.
③ [美]阿拉斯戴尔·麦金太尔. 伦理学简史[M]. 龚群,译. 北京:商务印书馆,2003:8.
④ [美]阿拉斯戴尔·麦金太尔. 伦理学简史[M]. 龚群,译. 北京:商务印书馆,2003:2.

类实践本身的本质特征”①。

在《伦理学简史》中，麦金太尔的学术立场和成果主要体现在以下几个方面。

一、为弥合道德哲学与道德哲学史的割裂所做的努力

麦金太尔写作《伦理学简史》的最初目的是为在英国和美国大学学习的学生提供一些学习材料。一方面，让大学生们拓宽视野。当时的大学生仅关注近代以来的哲学家，“仅限于对休谟、康德和穆勒以及摩尔做枯燥的研究”②。因此他写了这本小书，丰富他们对道德哲学史和道德概念史的了解，让大学生们了解一些社会背景，不要仅仅关注道德概念，还要了解“具体体现了这些概念并以这些概念为界说的道德史”③。

他认为，不能把道德哲学史、道德史当作一座封闭的“监狱”，好像里面都是些没有用的糟粕，也不能当作“博物馆”，仅从中挑选我们所认为是好的东西，然后把这些归于我们现在所认为的“道德哲学标题之下”。我们不应有那种先入为主的思想，重要的是通过学习，可以“打碎我们当代的偏见”，抛弃“太狭隘的观念”。他认为，不能把道德哲学史、道德史看作“一束自我庆贺的花束”，以为道德哲学在“我们的时代达到顶点”④，好像道德哲学史和道德史的不足只是为了印证当代道德哲学的成功。事实上，道德哲学并没有一个顶点或最终的解决，而且道德哲学史、道德史在它所处的那个时代确有其核心的成功之处。

在这本书中，麦金太尔用十七章的篇幅从《荷马史诗》一直谈到了摩尔，其中五

---

① [美] 阿拉斯戴尔・麦金太尔. 伦理学简史[M]. 龚群，译. 北京：商务印书馆，2003：19. “亚里士多德的伦理学，就它的主要德性论而言，即把不同善目(goods)视为人类实践的不同目的(ends)，人类的善(good)视为所有其他善的目的(end)，以及一种有序实践的共同体需要正义的规则的理论，所把握的不仅是希腊城邦范围内的人类实践的本质特征，而且是人类实践本身的本质特征。正因为如此，不论何时，艺术和科学的实践，农耕、渔业、建筑等生产性实践，以及物理实验、弦乐四重奏团、国际象棋俱乐部的实践活动，所有这些活动的参与者都不会不认识到内在于这些实践的善，不会不认识到获得这些善所必需的德性和规则，而只要这些实践活动蓬勃发展，那么，亚里士多德关于善、德性和规则的概念，就会重新产生和重新体现在实践中。这并不是说，这些进行实践活动的人意识到，他们在自己的实践中(尽管一般不是在自己的理论中)，已在很大程度上成了亚里士多德主义者，而是说，亚里士多德主义总是有在不同的文化中以新的形式复活的可能。”

② [美] 阿拉斯戴尔・麦金太尔. 伦理学简史[M]. 龚群，译. 北京：商务印书馆，2003：序言，21.

③ [美] 阿拉斯戴尔・麦金太尔. 伦理学简史[M]. 龚群，译. 北京：商务印书馆，2003：序言，21.

④ [美] 阿拉斯戴尔・麦金太尔. 伦理学简史[M]. 龚群，译. 北京：商务印书馆，2003：26，27.

分之三的篇幅给了古希腊道德哲学史和道德史,另五分之二的篇幅给了自18世纪以来的道德哲学史和道德史。

麦金太尔把荷马时代的道德看作是前哲学史的,个人严格地履行个人的职责、完成个人的角色,美德对于英雄来说是事实性的,而非评价性的,没有脱离开职责的善观念,美德是给予拥有这个角色的人的,假设他没有了那个角色,他也就不再拥有那个美德。他认为,荷马史诗是事实描述性的,而不是反思评价性的,因而处于一种前哲学状态。在下一节,我们会指出,承认荷马时代有道德,又不承认有道德哲学,把道德与哲学分开是一个多么严重的错误,又会造成多么严重的后果。他认为直到"波斯入侵、殖民化、贸易往来的增长"①,社会生活秩序被打乱,埃及、波斯、雅典不同的善相互对抗,并同时出现的时候,道德问题才产生了,而为了解决这些问题,才产生了道德哲学。"在长期持续地提出某种道德问题时,我们发现,直到我们已经提出和回答了一定的哲学问题后才能回答它。这种发现在希腊社会为哲学伦理学提供了最初的动因。"②

智者诉诸修辞学的时候,"修辞学是非理性"③的,在演讲的过程中通过诱导和恐吓来达到自己的目的,重点是利用听众的心理,而不是听众的理性。苏格拉底与之不同,他认为智者掌握的"仅是一种雕虫小技"④。他诉诸人的理性,通过提问"把对话者逼到极端狂怒的状态",但却并不回答自己的问题。"这不是说,他的方法不能得出结论"⑤,而是要使对话者看到他们出发点的偏私性,看到自己观点的自相矛盾之处。苏格拉底始终在"寻求德性的本质"⑥,在这一点上,他与智者们是完全不同的。麦金太尔认为,苏格拉底对希腊社会道德习俗充满疑惑的发问,主要在于当时的"道德习俗已经不再是清楚一致的了"⑦。沿着寻找本质的道路,产生了两个方向。一是柏拉图,"道德概念只有在某种社会秩序背景之下才是可理解的;然后,他努力描述这种秩序,同时依据宇宙秩序提供或试图提供一个证明"⑧。

---

① [美]阿拉斯戴尔·麦金太尔. 伦理学简史[M]. 龚群,译. 北京:商务印书馆,2003:35.

② [美]阿拉斯戴尔·麦金太尔. 伦理学简史[M]. 龚群,译. 北京:商务印书馆,2003:28.

③ [美]阿拉斯戴尔·麦金太尔. 伦理学简史[M]. 龚群,译. 北京:商务印书馆,2003:50.

④ [美]阿拉斯戴尔·麦金太尔. 伦理学简史[M]. 龚群,译. 北京:商务印书馆,2003:50.

⑤ [美]阿拉斯戴尔·麦金太尔. 伦理学简史[M]. 龚群,译. 北京:商务印书馆,2003:48.

⑥ [美]阿拉斯戴尔·麦金太尔. 伦理学简史[M]. 龚群,译. 北京:商务印书馆,2003:47.

⑦ [美]阿拉斯戴尔·麦金太尔. 伦理学简史[M]. 龚群,译. 北京:商务印书馆,2003:53.

⑧ [美]阿拉斯戴尔·麦金太尔. 伦理学简史[M]. 龚群,译. 北京:商务印书馆,2003:53.

二是犬儒学派和昔勒尼学派，“力求提供不依赖社会的道德准则，认为道德准则仅仅系于个人的选择和决定，并且试图使个人的道德生活自给自足”。

亚里士多德是苏格拉底、柏拉图的继承者，也是批判者。他继承了他们寻求本质、寻求目标的事业，但又批判他们的方法。亚里士多德批判苏格拉底的“德性就是知识”的观点，认为关键不是懂得德性是什么，而是德性是怎么产生的①。我们通过对比二者关于“三段论”的不同认识来理解亚里士多德批判的重要性。苏格拉底的三段论和亚里士多德的实践三段论有本质的不同，前者是无当事人的一般推理，后者是当事人的实践推理②，“这种三段论的大前提是一个行为准则，其大意是：某一类东西对某一特定等级的人们来说，是适宜的，有益的，令人满意的。小前提是一个以感觉为根据的陈述，即这就是一些那种东西；结论就是行为”③。举例来说，亚里士多德式的吃干粮推理是这样的，吃干粮对我来说是好的，这儿有干粮，我吃，结论是一个行动；苏格拉底式的是这样的，吃干粮对人来说是好的，这儿有干粮，人应当吃，结论是一个应当。亚里士多德所说的“吃干粮对我来说是好的”，不仅是说，我从书上知道或者别人告诉我“吃干粮是好的”，而是说我从自己的经历上知道这是好的；或者我没有这样的经历，但因为我有信任、勇敢、坚毅的德性，因而能够把“吃干粮”当作自己的善，并一定会付诸行动。德性作为一种品质，是人达到“善”不可或缺的。亚里士多德把德性看作是实践的，在实践中产生并发挥作用的；苏格拉底则把德性看作是知识，在理性推理中认识并达到的。按照这样的思路，亚里士多德既不会同意柏拉图，也不同意犬儒学派和昔勒尼学派，而是要在现实的社会生活中，依靠个人的德性去寻找善和幸福。不过，吊诡的是，亚里士多德最终却是把沉思看作最高的善，他认为追求幸福需要德性，而幸福就在于符合德性的活动中，幸福应当是符合最高德性的活动；追求最好的东西的活动中有最好的德性，而最好的东西是理性，所以，沉思是最符合德性的活动；沉思也就成了人生活的目的——幸福。④

麦金太尔在这本书中关于基督教一节写得非常短，只有13页，而且他本人非常不满意。他指出，从宗教改革，从路德、马基雅弗利、霍布斯和斯宾诺莎开始，出

---

① [美]阿拉斯戴尔·麦金太尔. 伦理学简史[M]. 龚群，译. 北京：商务印书馆，2003：50.

② [美]阿拉斯戴尔·麦金太尔. 伦理学简史[M]. 龚群，译. 北京：商务印书馆，2003：110.

③ [美]阿拉斯戴尔·麦金太尔. 伦理学简史[M]. 龚群，译. 北京：商务印书馆，2003：109.

④ [美]阿拉斯戴尔·麦金太尔. 伦理学简史[M]. 龚群，译. 北京：商务印书馆，2003：123.

现了三个主要概念:"一是道德规则的概念,道德规则的要求现在是无条件的,但本身却缺乏合理的证明;二是在个人的选择中具有自主权的道德当事人的概念;三是有自己的准则和正当理由的世俗权力领域的概念。"①此外,麦金太尔简述了英国、法国18世纪以来的道德哲学家的思想,不过没有再把他们的思想与社会历史过多地联系起来,因为他们的思想已经与社会历史几乎没有什么联系了。"他们没有把社会秩序描述成个人必须在其中过道德生活的社会架构,而是把这个社会秩序仅仅描述为个人的意志和利益的总和。"②因此,麦金太尔主要介绍了这些道德哲学家们思想之间的关系。他认为,四百年来,个人主义已经腐蚀了我们的道德结构,传统的道德词汇还在被使用,但是已不能成系统地被使用了,社会对道德词汇已经没有了共同的解说。于是,社会上出现了两种人,"一是在这些残存的道德的范围之内说话的人,二是那些站在所有这些道德之外的人"③。道德概念冲突成了一种普遍的情况。面对这样的现状,麦金太尔提出了自己"选择论"的观点,我们必须选择与一部分人建立道德关系,并选择这部分人所共有的目的、规则和德性。

他没有详细展开自己的选择论,不过有三个要点是确定的。一是选择不是绝对主义的,道德哲学史告诉我们,道德概念不是"永恒性的和非历史的","道德概念本身有其历史"④;二是不能分别选择道德关系与道德实践方式,这两者是不可分解的,当我选择一种道德关系的时候,也就选择了他们的道德实践方式,同样,当我选择一种道德实践方式的时候,也就选择了与那一部分人建立道德关系;三是我也不是突然做出这种选择的,而是在逐渐与这些人产生联系的时候做出选择的。

这三点表明,麦金太尔这种选择论带有明显的亚里士多德主义的倾向,尽管现实的社会政治生活、现实的道德关系问题重重,但只有这是道德哲学唯一的起点。当把亚里士多德主义与现代普遍理性主义伦理学相对比的时候,这一点就变得更加明显。在这个意义上,麦金太尔成为一个亚里士多德主义者。

但他并不是一个彻底的亚里士多德主义者,他与近现代以来的道德哲学家一样,对亚里士多德的目的论有一种深深的警惕,时刻表明自己不是一个绝对主义者;他仍然深受近现代以来理性主义深深的影响,坚持一种社会唯我论和道德个人

---

① [美]阿拉斯戴尔·麦金太尔. 伦理学简史[M]. 龚群,译. 北京:商务印书馆,2003:177.

② [美]阿拉斯戴尔·麦金太尔. 伦理学简史[M]. 龚群,译. 北京:商务印书馆,2003:344.

③ [美]阿拉斯戴尔·麦金太尔. 伦理学简史[M]. 龚群,译. 北京:商务印书馆,2003:343.

④ [美]阿拉斯戴尔·麦金太尔. 伦理学简史[M]. 龚群,译. 北京:商务印书馆,2003:347.

主义的观点，虽然他反对完全的、彻底的理性自我。道德选择论，明显地反映出那时的麦金太尔，在亚里士多德主义与理性主义之间的摇摆。15年后，当麦金太尔发表《追寻美德》，对美德有了更深入的认识的时候，就明确放弃了“选择论”这个观点。

因此，《伦理学简史》成为一部强于批判、弱于建树的著作。从引起大学生和学术界对道德史、道德哲学史的重视来看，《伦理学简史》是成功的，很好地实现了麦金太尔的目标。但是除此之外，《伦理学简史》在道德哲学上的成就不算高，并没有对道德哲学进行更新、更深入的理解，在关于什么是道德、什么是善、什么是德性等问题上，都是含混不清的。

二、转变为一个不彻底的亚里士多德主义者

不彻底的亚里士多德主义，也仍然是亚里士多德主义。麦金太尔“以史拓论”的“学理风格”就是最明显的表现，这与他牛津大学的同事们的研究风格完全不同，同事们主张“道德哲学家仅仅通过反思他或她及其周围人们的所言所行就能够研究各种道德概念”①。不过，那时麦金太尔的亚里士多德主义还是一种表面的亚里士多德主义，他的“不彻底”主要表现在两个方面：一是反对亚里士多德的目的论；二是强调理性选择而非亚里士多德的实践德性。

首先，当亚里士多德讨论“善”“德性”“幸福”“政治”的时候，他是在有一个最终目标的背景下来讨论的，而此时的麦金太尔却没有，不仅没有，他还认为这是一个绝对主义的错误。亚里士多德“根本的事业是要完成柏拉图的计划”②，他们都认为实践活动和正义有一个最终的目的，只不过柏拉图认为本原可以为实践活动和正义提供一个目的，柏拉图看重的是目的的起点；而亚里士多德认为这一目的只有在实践中才能达到，亚里士多德讨论的是达到这一目的的过程。柏拉图讨论的是理念，亚里士多德讨论的是德性，但毕竟两人都承认有一个最终的目标的存在。可是，麦金太尔则把这一目标的存在看作是绝对主义的，并认为这种绝对主义会导致极权主义。对法西斯主义的反思，对大规模屠杀犹太人的反思，都让麦金太尔对

① [美]阿拉斯戴尔·麦金太尔.追寻美德[M].南京：译林出版社，2003：序言1.

② [美]阿拉斯戴尔·麦金太尔.谁之正义？何种合理性？[M].万俊人，等，译.北京：当代中国出版社，1996：121.

"目标""目的"保持深深的警惕,他担心人们会在一个最终目的的旗号下,把恶合法化。"在对亚里士多德的讨论中,我无可非议地怀着急切心情批评了他那种把伦理学与4世纪的希腊城邦的结构联系得过于紧密的做法,尤其是,我不赞成他毫无道理地把妇女、奴隶和普通的生产性工作人员排除在遵守规则、自律的德性和人类的善的获取之外。那时,我没有意识到的是,在后来的亚里士多德的传统内,在清除亚里士多德的伦理学的这些非本质的和有害的因素方面已经取得了很大进展,亚里士多德的中心论点和论证根本不会因为完全清除这些因素而受到伤害。"①还有一个细节是,那时麦金太尔还反对亚里士多德基于生物学的目的论,人作为动物与生俱来的目的。而在《依赖性的理性动物——人类为什么需要德性》中,麦金太尔将以人动物性的依赖性和无能性为基础,讨论德性与目的的关系。

其次,当亚里士多德重点讨论德性与实践的关系的时候,麦金太尔的重点还在理性选择上。前者要先进入实践,从一种特殊的观点出发,经过他人或者社会的培养,以及自己的实践和思考,然后得到一个大概的、一般性的结论,在大致的意思上拥有一种德性。后者则强调要先进行选择,然后再进行反思,通过理性不断地批判丰富自己的理论。"因为我谈到选择基本的道德标准是先于采取任何特殊的道德立场观点的,但却把它看作表达了一种特殊的道德立场观点,一种道德个人主义的观点。"②先实践,还是先选择,这是两者重要的区别。这一区别在于,一方面前者是基于完全特殊的东西,达到一个大概的一般性,后者却是基于特殊的标准,在前提里面已经包含了某种一般性;另一方面,前者允许例外,后者则不允许。亚里士多德强调这种实践德性基于经验,不同于数学的判断,因而没有完全的精确性,"在伦理学方面,我们为一般性的思考所指引而达到一般性的结论,当然允许有例外"③。而对于麦金太尔来说,找到理论的反例,并通过对这些反例的分析,可以对理论进行有力的批判。事实上,《伦理学简史》整本书都在进行着一个批判的工作,至于批判之后能够剩下什么,麦金太尔则什么也没说,也没什么好说的。

因此,那时的麦金太尔一方面说,"一部伦理学简史涉及哲学与实际行为的作用问题,在哲学上不可能是中立的"④,另一方面却没有表明自己到底是什么样的立场。

---

① [美]阿拉斯戴尔·麦金太尔. 伦理学简史[M]. 龚群,译. 北京:商务印书馆,2003:18.

② [美]阿拉斯戴尔·麦金太尔. 伦理学简史[M]. 龚群,译. 北京:商务印书馆,2003:18.

③ [美]阿拉斯戴尔·麦金太尔. 伦理学简史[M]. 龚群,译. 北京:商务印书馆,2003:94.

④ [美]阿拉斯戴尔·麦金太尔. 伦理学简史[M]. 龚群,译. 北京:商务印书馆,2003:25.

三、“选择论”：“叙事”与“探究”在本质上依然相互割裂

虽然在《伦理学简史》发表数年后，麦金太尔放弃了他的“选择论”立场，但弄清这一立场为什么是错误的才能理解麦金太尔转变立场的重要性。

在“选择论”中，从方法上看主要在于“叙事”与“探究”在本质上依然相互割裂。那时麦金太尔认为“叙事”在先，“探究”在后，人们是在“叙事”的前提下再进行理性探究和选择，这就使得德性丧失理论原点。因为德性是一定要存在于“叙事”中的，当“叙事”在本质上不包含哲学的“探究”时，那么也就意味着德性并不包含哲学的“探究”，德性成了一种非探究性的东西，要么德性是一种非理性、无法解释的认同、信仰等，要么德性是后于理性的，要在理性选择的基础上，才能提出德性的问题，这两种情况都使得德性在道德哲学上成为无根的、无理论原点的东西。

这个错误的出现是因为麦金太尔当时误解了道德与哲学的关系。他认为，“道德家的任务和哲学家的任务是不同的，但任务并没有完全分道扬镳”①。最明显的表现就是把荷马时代的道德看作前哲学史的。他认为，荷马时代对“善”的理解既是事实性的，也是评价性的，人们按照“善”的要求行动，并不追问为什么这是“善”的，为什么这样行动就能达到“善”，人们按照“善”行动可能会平静、喜悦、愤怒、痛苦，会有各种各样的心理感受，但决不会因此而追问如果我不按照“善”行动会怎么样。当勇敢的阿基里斯因为自己的战利品——一个心爱的女奴——被阿伽门农夺走，而雅典娜和聪明的涅斯托却告诉他必须接受的时候，他怒火冲天，并大骂阿伽门农，发泄了自己的激情，但他还是让阿伽门农的手下带走了女奴。但是怒骂并不是责备，责备的重点是挽回结果，是“你错了”“你应该怎么样”，最好你“改变行动”，愤怒的重点只是“我生气”。随后他独自坐在海边向母亲祈祷，伤心地哭泣，但并不是抱怨。抱怨的重点是反思过程，是“这不好”“不该发生”，至少“应该被补偿”，伤心的重点只是“我难过”。

麦金太尔指出：“当阿伽门农打算偷偷占取阿基里斯的女奴布莱丝时，内斯特对他说：‘虽然你是善的，但不要夺走他的姑娘。’这里不是说，因为阿伽门农是善的，所以他不应强占那姑娘，也不是说，假如阿伽门农占取这姑娘，他就不是善的。

① [美]阿拉斯戴尔·麦金太尔．伦理学简史[M]．龚群，译．北京：商务印书馆，2003：39．

而是说，无论他是否占取那姑娘，他都是善的。”[①]只要阿伽门农还是那个高贵、勇敢、聪明的将军，他只要做了他职责所要求他做的就是善的，而不论他在其他方面做了什么。麦金太尔认为，荷马史诗中的人物只会在手段的层面上提出“我将做什么”的问题，即为了达到一个目的，怎样做更好；却不会在目的的层面上提出“我将做什么”的问题，即不会问换一个目的，怎样做更好。他认为，荷马时代人物没有一种针对目的的反思，所以荷马时代做的是逻辑推理，却不是哲学反思。荷马时代人物按照道德行动，并不进一步追问道德本身。只有当荷马时代随着社会秩序的变化，道德受到挑战，道德不再被执行的时候，什么是道德才成为一个问题，而这个问题又不能在道德层面上回答，这个时候道德哲学才会产生。因此，在他看来，荷马时代则处在一个前哲学史的时代。

麦金太尔没有意识到对目的反思要依靠哲学，对目的的实践同样也要依靠哲学。他过于简单地把道德界定为目的—手段的关系，没有考虑道德首先是目的—德性的关系。他讨论的重点是目的—手段的关系，所以使用的例证是荷马时代的“善”，并根据荷马时代没有对“善”的反思，认为荷马时代没有哲学。如果重点放在目的—德性关系上，我们使用的例证会是荷马时代的勇敢、正义、友谊、荣誉等等，而这些美德中的任何一个，离开哲学上的思考都是不可能存在的。

勇敢，是武士的美德，它不仅仅是指勇敢的行为，即武士有战斗的技巧，敢于冒险，不怕死亡地、勇猛地作战，并最终取得胜利；也不仅仅是指勇敢的副产品或福利，一个人只能展示自己敢于冒死维护朋友的利益，才能得到朋友的友谊，并由朋友来保护家人的安全。上面这两个方面都是在目的—手段的意义上分析的。当我们说，一个人勇敢时，勇敢指的是一种美德，这个美德是归于他这个人的，即使在达不到目的——如最终的胜利、友谊有收获、家人的福祉——的时候，他仍然拥有这样的品质。当赫克托尔明知自己打不过阿基里斯还勇敢地参加了战斗，展现的正是这种美德。在温泉关，当斯巴达勇士在最后的战斗前还优雅地整理着头发，冰岛英雄面临死亡开玩笑说“今晚不回家，我住在冰岛”时，展现的也是这种美德。善良能带来利益，但首先要不求回报地付出。

可见，美德至少有两个特征：一是品质，包含了一个人对于自身的理解，将在人的整个一生中都拥有并践行；二是非算计性，要求一个人超出“我”现在的利益、欲

① [美]阿拉斯戴尔·麦金太尔．伦理学简史[M]．龚群，译．北京：商务印书馆，2003：32．

望，甚至超出“我”所有的利益和欲望，不论在什么情况下都拥有并践行。达到前一点，就必须以对人生的思考为前提；达到后一点，必须以一个更广阔的意义上、重新界定的“我的目的”为前提。这两种思考，都是对于目的本身的思考。于是，即使麦金太尔在“阿基里斯—阿伽门农”例证中，认为荷马时代没有对于目的的反思，在“阿基里斯—赫克托尔”例证中，却必须承认荷马时代有非常严肃的对于目的的反思。

麦金太尔承认荷马时代的英雄有道德、美德，却不承认他们有道德哲学，等于仍然把道德与哲学看作两种不同的东西。实际上，道德与其他领域的不同之处在于，它天然是哲学的，当提到道德与道德哲学时，基本类似于提到“马”和“马动物”，两者在外延上是一样的。

由此可见，在《伦理学简史》中，麦金太尔还没有完全理解美德的内涵。而在《追寻美德》中，他的认识发生了根本改变，由“选择论”转向了“美德伦理”，实现了立场的根本转变。可以说，《追寻美德》是一个分水岭，从这部著作开始，麦金太尔的思想进入了一个新阶段。

第四节 《追寻美德》:美德立场的提出

《追寻美德》作为一部具有标志性意义的著作,它的重要性是显而易见的。但是,过度重视这部著作对麦金太尔又是不公平的,因为其中的许多思想还是初步的、不完善的,后期麦金太尔对其做了重要的修正和发展。比如,尽管强调了实践的内在利益,但仍是从利益的角度理解美德,而不是从善的角度理解美德;尽管强调了"叙事"的可理解性,但仍是在人生统一性的层面理解人生,而不是从实体人的人格同一性的角度来理解人生;尽管强调了社会、历史与道德的关系,但仍是在角色的层面理解道德传统,而不是从人生的角度来理解道德传统。强调这部著作的成功之处,与强调这部著作的不足之处同样重要,这将更能全面地、深刻地展示麦金太尔伦理思想的贡献。

一、为弥合道德与道德哲学所做的努力

在《伦理学简史》中,麦金太尔已经开始从历史和人类学的角度阐释各种道德体系,阐释的过程中也有批评,但阐释是主要任务,批评作为补充。随着这种描述的深入,他渐渐将自己研究的重心从描述向评价倾斜,"在我肯定道德信念、实践、观念的多样性与异质性的同时,我越来越清楚我正致力于评价各种不同的道德信念、实践与观念"①,他开始把现代的文化看作"一种衰微、一种严重的文化没落"②。而当这种评价越来越清晰的时候,他原先的立场改变了,他放弃了"选择论"的立场,而确立了"美德伦理"的立场。

简要地说,《追寻美德》可以用"一种评价,二个任务,一个结论"来概括,即通过两个任务实现一种评价,得出一个美德立场的结论。"我致力于两个不同而又相关的任务。首先是辨识和描述过去的、已丧失了的道德并评价其对客观性、权威性

① [美]阿拉斯戴尔·麦金太尔. 追寻美德[M]. 南京:译林出版社,2003:序言 1.
② [美]阿拉斯戴尔·麦金太尔. 追寻美德[M]. 南京:译林出版社,2003:27.

的要求。……其次是完善我有关现时代之特殊性质的主张。”[①]第一个任务是对比前现代道德与现代道德，通过对比可以发现两者的不同，这些不同点恰恰关系着道德的核心方面。这些不同点的失落导致了道德在现代社会的弱化。第二个任务是阐述现代社会处于道德丧失的状态，并向前追溯其丧失的过程，“探究”何以丧失的根源。这两个任务，既是叙述，也是评价。其结论是现代社会道德重建应该回到一种以美德为核心概念的道德立场，即以实践、人生统一性和道德传统为三阶段的美德探寻立场。

在简述《追寻美德》一书的主要内容之前，简短地说明一下麦金太尔的写作方式很有必要。因为麦金太尔将道德哲学与社会历史结合起来写作的方式，让这本书似乎成为了一本难读的著作，它并不晦涩，但却易生误解。其原因有：一是概念论述少，大量篇幅花在社会历史分析上，让人难以明确看到他理论性的论点；二是直接表述少，大量观点隐含在对他人的批评中，让人难以直接把握他建设性的论点；三是主线交叉多，历史的主线、理论的主线来回穿插，让人难以轻松厘清他严谨的思路。

麦金太尔是一位有着深厚分析哲学功底的哲学家，以至于他的对手威廉·K.弗兰克纳认为“麦金太尔本人反驳情感主义的论证是从分析哲学中引申出来的”[②]，阿伯拉罕·伊德尔指责他是“一个其异端仍受分析哲学传统束缚的异端的分析哲学家”[③]，而且《追寻美德》的全名就是《追寻美德：一种道德理论研究》。但是，他没有像其他道德哲学理论著作那样进行三段论的研究，如先给美德下定义，再给美德以证明，最后说明其意义。他不这样做主要有三方面的考虑。一是他不希望这只是一本写给从事道德理论研究的人的书，他希望那些没有哲学理论背景，而又十分关心人生的哲学问题、关心社会历史的普通人也能从这本书中有所思考，因此这是一本描写多于概念的著作。二是他不认为哲学是一种证明或者论证，“哲学中的论辩很少采取证明的形式；而对于哲学核心论题的最成功的论辩永远不会采取证明的形式。证明的理想是哲学中相对无趣的一个”[④]。他认为，哲学是一种“探究”，一种有失败也有成功的“探究”，关于这一点在《谁之正义？何种合理性？》

① [美]阿拉斯戴尔·麦金太尔. 追寻美德[M]. 南京：译林出版社，2003：27－28.

② [美]阿拉斯戴尔·麦金太尔. 追寻美德[M]. 南京：译林出版社，2003：337.

③ [美]阿拉斯戴尔·麦金太尔. 追寻美德[M]. 南京：译林出版社，2003：345.

④ [美]阿拉斯戴尔·麦金太尔. 追寻美德[M]. 南京：译林出版社，2003：330.

和《三种对立的道德探究观》中有更明确的表达。三是他不认为道德与历史应该分开来写作，这也是最重要的一点。首先，"有'公元前 4 世纪雅典的道德'，有'13 世纪西欧的道德'，还有诸如此类的道德，但有过道德本身吗？"其次，他把道德上的失败不仅看作是理论上的，而且更是社会生活上的。而要表明这一点没有对社会历史与道德理论史相互关联的交叉叙述是不可能做到的。

麦金太尔的写作方式是成功的。首先，这种写作方式有一个最大的优势，就是对改变他人的立场有一种持续的冲击力，它不断地、深刻地批评那些流传甚广的观点，而且是结合着社会、历史、文学的批评，让读者深深感到这种道德上的失败与每一个人的生活是多么息息相关。其次，当作者的思路愈见清晰的时候，又会让读者感到道德的失败与成功是包含着丰富内容的失败与成功，追寻美德尽管是边缘性的，但即使在中世纪以后直到现代也没有中止过，除麦金太尔之外还有很多哲学家、文学家等在努力，这些努力具有丰富的启发性。

鉴于麦金太尔写作方式的特殊性，为了更简练、清晰地阐明他的主要内容，下面的介绍没有按照《追寻美德》一书的章节顺序，而是按照他写作的两个任务和一个结论展开。

首先，第一个任务是对比前现代道德与现代道德。如前所述，前现代道德是由"未受教化的人性概念、理性伦理训诫，以及实现其目的而可能形成的人性概念"①三要素构成的，而现代道德去掉了这三个要素中的最后一个，成为一种由"未受教化的人性概念、道德命令"构成的二元结构。"既然道德命令都根植于一个旨在校正、提升与教化人性的构架之中，那么这些道德命令就显然无法从有关人的本性的真实陈述中被推演出来，也不可能以其他方式通过诉诸其特性来证明其合理性。"②因此，凡是以人性论（非目的论）为基础的伦理学都已经失败，而且还将继续失败。

在前面我们提到过，麦金太尔把自荷马史诗开始到中世纪的美德理论称为前现代道德。他认为，这些前现代道德理论与现代道德有很大不同。与荷马时代的各种美德相比，第一，二者关于人性与训诫的理解有很大不同。在荷马时代，人的责任都是具体的，没有一种普遍性的责任，"一切道德总在某种程度上缚系于社会的地方性和特殊性，现代性道德作为一种摆脱了所有特殊性的普遍性的渴望只是

---

① [美]阿拉斯戴尔·麦金太尔. 追寻美德[M]. 南京：译林出版社，2003：67.

② [美]阿拉斯戴尔·麦金太尔. 追寻美德[M]. 南京：译林出版社，2003：70.

一种幻想"[①]。第二，关于目的的认识有很大不同。虽然英雄最终的结局(无论失败与成功)都是死亡，并且死亡对于英雄来说是最大的恶，但英雄的道德就在于"不是逃避脆弱与死亡，而是主动担当他们所应得的东西"。这两个方面都是现代道德所缺乏的。

与雅典的各种美德相比，第一，二者关于社会秩序和美德关系的理解不同。城邦是美德的语境和前提，"做一个好人至少是与做一个好公民紧密相连的"[②]，但现代道德却把这看作极权主义的束缚，"人类利益的多样性与异质性，致使人们的追求不可能在任何单一的道德秩序中得到协调，从而任何社会都注定要蜕变为一种对人类状况的可怕束缚，并且极可能是一种极权主义的束缚"[③]。第二，关于道德冲突的认识不同。当这些冲突出现时，雅典时代的美德会向角色质疑(荷马英雄的美德则不会)，但是这种质疑是负有责任的质疑，是一种在两难选择中一定会做出一个选择的质疑，而且当选择其中一种主张时，并不否认未选择的那一个对立主张的权威性。但现代道德的质疑是置身事外的质疑，是非个人性的、客观的质疑，而且当选择其中一种主张的时候，往往同时就否认了另一种主张的权威性。随着目的的改变，雅典的道德冲突是可以转化的，冲突没有解决但可以结束。可是现代的道德冲突则是无休止的，彼此不断地抗议、揭露，却毫无作用，没有效果。

与亚里士多德的美德理论相比，二者的不同主要体现在实践推理过程的不同。亚里士多德的实践三段论有四个本质要素，分别是：① 行为者的欲望与目标；② 行为者的善(大前提)；③ 实例、手段、方式或时机(小前提)；④ 行动(结论)。举例来说，分别是：① 我口渴，想解渴；② 喝开水比喝饮料对我来说更好，也更能解渴；③ 客厅有热水，厨房有饮料；④ 我去客厅倒了热水。从①到②需要一种品格、一种美德，没有一种节制、理智的美德，我就不能真正同意、感受、认同大前提(善、目的)，也不能正确地行动。而现代社会的实践三段论是三要素的(去掉目的论的善之后)，分别是：① 知识(大前提)；② 行为者的欲望或需要(小前提)；③ 道德命令。严格意义上说，现代社会的实践三段论的结论是一个命令，而不是一个行动。举例来说，① 喝白开水比喝饮料对人来说更好，也更能解渴；② 我渴；③ 我应该喝白开

① [美]阿拉斯戴尔·麦金太尔.追寻美德[M].南京：译林出版社，2003：160.
② [美]阿拉斯戴尔·麦金太尔.追寻美德[M].南京：译林出版社，2003：171.
③ [美]阿拉斯戴尔·麦金太尔.追寻美德[M].南京：译林出版社，2003：180.

水。因为美德与善的缺失，当一个人就是要喝冷水时，我们可以说喝热水的人比喝冷水的人更明智，却不能说喝冷水的人没有理性，不能说喝冷水的都是精神病人。理性确实经常可以告诉我们怎么做，却对我们到底会不会真的这么做无能为力。关于这一点，在后面分析《依赖性的理性动物：人类为什么需要德性》一书时还会详细地展开。

虽然中世纪的美德理论中类似于城邦的共同善不存在了，但作为个人仍然是有目的的，这种目的是在最终的意义上追求过神性的生活。在这种神学目的论框架下，信仰、希望、慈爱、谦卑、宽恕才被称为是一种美德。另一方面，没有共同善作为背景，个体的善变成了一元的单一的善，并与之相对地出现了多样性的恶观念，美德对单一性善的追求过程，也就是对多样性的恶的克服的过程。严格地说，美德不是在追求善的过程中获得其丰富性，而是在克服恶的过程中获得其丰富性。仅从美德观念来说，中世纪的美德是重要的发展，不仅更加明确了美德与终极善、终极目的的内在关系，而且明确了美德与历史、实践、过程的内在关系。美德在一种神性的生活中得到了更为充分的展现。但美德的丰富与发展与神学有着十分紧密的关系，随着神学的衰落，美德也随之没落了。

麦金太尔的第二个任务是叙述评价现代社会"文化衰落"的过程。不论中世纪美德观念怎样发展，它都表达了一种理想化的世界观，它追求一个统一和谐的秩序，把世俗世界看作是永恒世界的映像，可是事实上中世纪是一个"冲突的、无法纪的、多元性的社会"①。"他们对他们的世界渴望的是法律和秩序、稳固和不容挑战的君主制"，而在他们周围的"却是动荡、价值沦丧、争斗迭起、尊卑混杂、没有一致只有纷争"，"一种宇宙性的错乱"②。美德在现实社会中并没有基础，而在理想世界的意义上存在。但是，随着神学的衰落，美德就连这一基础也没有了。新教的世俗化带来的是信仰的变化，以前那些天主教弥撒的音乐风格变成了新教徒在音乐会上演出的风格，人们在教堂听经，是因为喜欢听巴赫作的曲，而不是因为想听圣马太写的词。神学对于信仰者依然存在，但只是作为文化的一个部分，而不是作为文化的灵魂而存在了。与之相应，美德、道德也作为文化的一个部分，而不是文化的灵魂而存在了。道德开始与神学分离、与法律分离、与美学分离，道德不能再依

---

① [美]阿拉斯戴尔·麦金太尔. 追寻美德[M]. 南京：译林出版社，2003：223.

② [美]阿拉斯戴尔·麦金太尔. 追寻美德[M]. 南京：译林出版社，2003：223.

靠神学获得其地位，而必须自己证明自己的合理性。于是，一些思想家开始把对道德合理性论证的筹划当作一个亟须完成的任务。“正是在17世纪末与18世纪，当道德与神学、法律及美学的这种区分成了一种被普遍接受的原则时，对道德进行独立的合理性论证的筹划才不仅为个别思想家所关注，而且成了整个北欧文化的核心。”①

以休谟、康德、亚当·斯密等为代表的道德哲学家对道德的筹划，是与对神学目的论的拒斥同时进行的。这种道德筹划，由于完全否定了目的论，从一开始就注定是一种失败的筹划。如前所述，以康德为代表的规则主义者、以亚当·斯密为鼻祖的功利主义者虽然不会承认他们失败了，并不断地修正、完善他们的理论，但他们不能否认这样一个现实，即直到现在他们的争论仍然是自说自话，还没有任何达成一致的可能性。他们所主张的那种普遍性、非个人性的客观性在事实上失败了。此处不再重复。重要的是这一失败的文化后果。情感主义正是从这种失败中应运而生。情感主义认为，道德无非就是偏好、态度、情感的表达。情感主义作为理论并没有什么高明之处，其内部矛盾重重，但它却作为一种文化的存在，有着非常顽固的表现。

那么一种严肃的、忠诚的道德生活是可能的吗？道德冲突是不可解决的吗？不可公度性是实质性的吗？麦金太尔提出了追寻美德的思路和立场。

最后，以美德为核心概念的道德立场。麦金太尔认为通过对现代道德的批判，通过宣布现代道德筹划的失败，以及通过对古代美德理论的重述已经确立了美德理论的必要性，接下来的任务就是阐明如何坚持一种以美德为核心概念的道德哲学立场。因此，《追寻美德》一书的重点是两个问题，一是什么是美德，二是如何探寻美德。(实际上，从逻辑上说，现代道德的失败并不能推出古代道德就是成功的，美德理论仍然需要一个合理性的说明，即使不是证明。哲学毕竟不是宗教信仰，不经考察就确立的概念无异于一种独断论。回答这一问题也是《追寻美德》之后三本书的任务。)

通过考察前现代的各种美德理论，麦金太尔发现虽然诸美德理论各不相同，但都有一个共同特点，即他们的美德都“承认对于社会和道德生活中的某些特征的某

---

① [美]阿拉斯戴尔·麦金太尔.追寻美德[M].南京：译林出版社，2003：50.

些先在的解说”①，也就是说，他们的美德理论都是附属在对于社会和历史的理解之上的。离开这些背景解说，这些美德理论就不存在了，这一点与启蒙道德筹划是完全不同的。麦金太尔认为，通过对实践活动、人生、道德传统这些前景解说的分析，可以找到美德理论所赖以存在的共同之处，并为美德分歧找到解决方法。

而且如前所述，对诸美德的理解必须经历三个阶段，在三个递进的背景下才能得到解释和探寻，同时这三个阶段以美德这种品质为前提。这三个阶段分别是实践活动、人生和道德传统。“我的美德理论历经三个阶段：首先，将诸美德视为获得实践的内在利益所必要的诸品质；其次，将它们视为有助于整个人生的善的诸品质；再次，它们只能在延续中的社会传统内部与对人来说的善之间的关系中被阐明。”②

第一个阶段，实践与美德。麦金太尔认为，人的活动中有一部分可以称为实践的，因为这些活动不仅有它的外在利益，而且有其内在利益。凡是具有内在利益的活动都可以称为实践的，而只有外在利益没有内在利益就不能称为是实践的。实践的内在利益与外在利益有两个区别：一是离开实践的例子与细节，就不能表述内在利益，而且没有参与过这种实践活动的人无法真正评价这项活动的好坏与成败，所以这种利益是内在于这项活动之中的，比如体育活动；二是这种利益可以被人共享、分享，内在利益的获得有益于共同体内的所有人，而外在利益是竞争性的，一个人的拥有意味着另一个人的失去。

据此，麦金太尔认为美德与实践是内在相关的，“美德是一种获得性的人类品质，对它的拥有与践行使我们能够获得那些内在于实践的利益，而缺乏这种品质就会严重地妨碍我们获得任何诸如此类的利益”③。他指出，起码有三种美德是一般实践中必需的：诚实、勇敢和正义，它们都涉及人与人的关系。如果不诚实，就不能与他人建立最基本的联系，也不能实现最简单的学习和活动；如果没有正义，就不能界定与他人的关系，会让现有的联系变得混乱不堪；如果没有勇敢，就不能有对他人最基本的关切，也不能构成最简单的共同体和建立最简单的共同事业。

第二个阶段，人生与美德。以实践为基础的美德只是初步的与不完全的，美德

---

① [美]阿拉斯戴尔·麦金太尔．追寻美德[M]．南京：译林出版社，2003：236．

② [美]阿拉斯戴尔·麦金太尔．追寻美德[M]．南京：译林出版社，2003：347．

③ [美]阿拉斯戴尔·麦金太尔．追寻美德[M]．南京：译林出版社，2003：242．

的概念只有在人生整体善的观念下才能确定其意义与功能，否则就会有三个方面的缺陷。一是不能应对不同实践以及不同美德之间的冲突，如艺术实践与政治实践相冲突，勇敢的美德与忍耐的美德相冲突。二是不能有一个终点或界限，美德从属于实践，更重要是从属于人生的善。如教授钢琴需要忍耐，但如果学生完全没有这方面的天赋，继续忍耐对老师、对学生都不能算是善的，只有在一个学生人生整体善的背景下，才能解释什么时候应当忍耐，什么时候应当放弃这种实践，同时也为忍耐的美德画上一个终点。三是有些美德不能单独存在，如坚贞的美德、正直的美德只有在人生目标的意义上才能被使用，没有一种人生的目标，善、坚贞和正直就没有方向。因此，在这一阶段，美德的践行需要一种关于人生的理解。

人生不仅具有人格的同一性，而且具有“叙事”的统一性。只有对人生进行叙事，人生才是可理解的。这种可理解性不仅仅是对于他人来说可以理解，而且对于行为者自己来说也是可理解的。行为者只有在一种目的与意义的背景下，他的行为才是统一的、可理解的，“行为者不仅是演员而且还是作者”①。没有一种“至少是部分地确定的终极目的概念，探寻就不可能有任何开端”②，“叙事”也不会有开端；这种目标并非是固定不变的，探寻的过程也是寻找目标、明确目标的过程，“探寻始终既是一种有关所寻找目标之特征的教育，又是一种处于自我认识中的教育”③。

由于人生有其目标，也就有所谓成功与失败。美德就是这样一种品质，“不仅能维系实践，使我们能够获得实践的内在利益，而且还会通过使我们能够克服我们所遭遇的那些伤害、危险、诱惑和迷乱而支持我们对善做某种相关的探寻，并且为我们提供越来越多的自我认识和越来越多的善的知识”。没有节制的美德，人就不能抵挡诱惑，人被诱惑所带来的快乐深深地吸引，以至于被诱惑所牵引而丧失对人生整体目标的筹划和追求，如酗酒；一个拥有节制美德的人，能够恰当地处理诱惑。拥有节制美德的人，感受到的是快乐和平静，而不是压制和束缚。

第三个阶段，道德传统与美德。人“不能仅仅作为个体来追寻美德或践行美德”④。一方面，“由于过善的生活要具体地随环境的变化而变化，即使它是完全相

---

① [美]阿拉斯戴尔·麦金太尔.追寻美德[M].南京：译林出版社，2003：270.

② [美]阿拉斯戴尔·麦金太尔.追寻美德[M].南京：译林出版社，2003：278.

③ [美]阿拉斯戴尔·麦金太尔.追寻美德[M].南京：译林出版社，2003：278.

④ [美]阿拉斯戴尔·麦金太尔.追寻美德[M].南京：译林出版社，2003：279.

同的善的生活概念并且体现在个人生活中的也是完全相同的一系列美德"①,生活在不同社会环境中对于美德的理解与行动是不一样的,农村慢节奏中对于节俭的理解和践行与城市快节奏生活中对于节俭的理解和践行一定是不一样的。另一方面,"我们都是作为特定社会身份的承担者与我们自己的环境打交道的"②。作为教师对忍耐的理解和践行与作为军人对忍耐的理解和践行是不一样的。现代个人主义并不愿意承担社会身份的道德责任,"年轻的德国人相信,1945 年以后出生,就意味着纳粹对犹太人的暴行与他跟他的犹太同龄人毫不相干"③。但从一种叙事性的自我来看,"我的生活的故事始终穿插在我从其中获得我的身份的那些共同体的故事中。我与生俱来就有一个过去;而试图用个人主义的模式将我自身与这个历史切断,也就是要扭曲我现在的各种关系。历史身份的拥有与社会身份的拥有是重合的"④。

但是,道德传统与个体追寻或践行美德并不是一种决定论的关系,只是说这些道德上的特殊性是探寻的起点,不从这里开始就无从开始。"我必须在家庭、邻里、城邦、部族等共同体中并且通过它在这些共同体中的成员资格去发现它的道德身份,这并不意味着自我必须接受这些共同体形式的特殊性在道德上的各种限制。"⑤这一点在道德悲剧性的冲突中会表现得十分明显。在悲剧性境遇中,人必须在对立互竞的善之间做出选择,这种选择意味着其中一种善优先于另一种善,但这种优先性的判断并不是最终的,因为这种选择是不是最优的,只有在做出选择、践行、直到人生终点的时候才能给出一个定论,或者只有这个道德文化传统发展到下一个阶段时才能得出结论。但是,因为在做出选择的时候,这一结论还不存在,因此这时的选择只能说是阶段性的。因此,在这个意义上,悲剧性冲突下的道德选择与现代不可公度前提下的道德选择有着本质的区别,当行为者忠诚于一种道德原则的时候,并不意味着他对另一种道德原则不忠诚,而只是因为不能够,因为悲剧主角不可能做他所应当做的每一件事。"和康德不同,这个'应当'并不蕴涵'能

① [美]阿拉斯戴尔·麦金太尔. 追寻美德[M]. 南京:译林出版社,2003:279.

② [美]阿拉斯戴尔·麦金太尔. 追寻美德[M]. 南京:译林出版社,2003:279.

③ [美]阿拉斯戴尔·麦金太尔. 追寻美德[M]. 南京:译林出版社,2003:280.

④ [美]阿拉斯戴尔·麦金太尔. 追寻美德[M]. 南京:译林出版社,2003:280.

⑤ [美]阿拉斯戴尔·麦金太尔. 追寻美德[M]. 南京:译林出版社,2003:280.

够’。”①道德传统作为背景是个体不能否认的，也不会否认，但并不意味着他会完全按照道德传统的要求行动。追寻美德在道德传统的背景下进行，又构成道德传统的一部分。

二、实践理性框架下的美德立场

仅就麦金太尔写作这本书的目的来说，他成功地完成了既定的两个任务。首先，他很好地评价了现代道德哲学，并宣告了它的失败，他不仅在道德哲学的层面通过理性分析宣告了现代道德哲学的失败，而且通过描述和“叙事”展现了这种哲学失败在现实生活和现实社会中的表现，从而也宣告了现代道德文化的没落。其次，他明确了一种以美德为核心概念的道德立场，并在实践、人生统一性和道德传统三种递进背景下探讨了美德探寻的重要性和方法。重新确立了善、美德、目的、实践、人生、传统等概念在道德哲学研究中本质性、实质性的重要性，而这些概念在现代理性主义道德哲学中往往只具有次要的意义，在理性主义看来最核心的概念是理性、意志、义务、规则、权利、命令等。

不过，在《追寻美德》中，麦金太尔对于美德理论的阐述还只能算作对美德伦理的呼吁，还没有很好地说明美德论的几个核心概念之间的关系，如理性与德性关系、个体善与伦理目的的关系，这几个关系不明确就不能应对“是”与“应当”的难题、自律与他律的难题、道德与伦理的难题。不过，《追寻美德》为阐述这些关系、解决这些难题找到了几个关键的突破点，如内在包含善概念的实践合理性概念、包含人格同一性的人生“叙事”的统一性概念、包含探究观念在内的道德传统概念。正是在这个意义上，我们说麦金太尔在《追寻美德》中确立了美德理论的立场，并取得了非常重要的成功。

但是，总的来说，《追寻美德》仍然是在实践理性框架下阐述道德哲学与美德理论，可以说仍然是在启蒙理性的框架下追寻美德，这样的美德理论是先天不足的。实践理性是应对理性主义伦理学批评的产物。在康德那里，实践理性是与纯粹理性相对而言的。在实践理性概念中最重要是“理性”二字，而非“实践”二字，实践理性无非是一种基于目的的理性推理，它借用“实践”的名义偷偷地把“目的”概念引进到理性框架下，如果把实践理性概念称作“目的理性”并不会改变实践理性的内

---

① [美]阿拉斯戴尔·麦金太尔.追寻美德[M].南京:译林出版社,2003:284.

涵。在实践理性中，实践既不关乎品格，也不关乎人生的善，其目的概念类似于目标，个体性的生理、心理、经历都不具有实质性的意义。因此，在这个意义上把实践理性称作行为理性也没有什么不妥。实践理性，可以看作由理性、目的、行为简单组合在一起的、奇怪的庞然大物。它是一个筐，可以把道德与伦理的东西全部装进去，但是它自己其实什么也不是。

认定《追寻美德》仍然处在实践理性框架下，有两个理由，一是麦金太尔之后的两本著作《谁之正义？何种合理性?》和《三种对立的道德探究观》都是沿着理性的思路，继续寻求美德与道德的合理性认证；二是麦金太尔在几个概念上是模糊不清的，有非常明显的实践理性痕迹，如实践内在利益概念、抽象的人格同一性概念。下面就先分析一下他的实践内在利益概念，抽象的人格同一性概念放在本章的最后分析。

把《追寻美德》看作是实践理性框架下的美德“探究”，是一个急需注解的判断。因为，麦金太尔已经尽其所能地与理性保持了距离(不过仍是远远不够的)：一方面他不遗余力地强调“叙事”，描述对于道德探究的重要性；另一方面，他明确地指出了推理、证明对于哲学来说的次要性。“哲学中的论辩很少采用证明的形式；而对于哲学核心论题的最成功的论辩永远不会采取证明的形式(证明的理想是哲学中相对无趣的一个)。”①

麦金太尔在《追寻美德》《谁之正义？何种合理性?》和《三种对立的道德探究观》的系列著作中之所以借助于理性分析，即因为当时麦金太尔对于美德的认识还不够清晰，某种意义上麦金太尔也是为形势所迫。因为麦金太尔认为，他所指出的现代道德哲学的不可公度性并不是不可解决的，解决的方式往往是通过对解决争论的合理程序的追问，引起争论的一方主动退出。关于这一合理程序的理论，麦金太尔在《追寻美德》中说：“我希望这一理论将在下一本书中提出，来反对那些把对我的核心观点的批评主要或完全建立在对这些论辩的一种不同且不相容的评估的基础之上的人。”②他希望通过一种合理性理论，能够反对那些完全站在不同立场上的批评。

---

① [美]阿拉斯戴尔·麦金太尔.追寻美德[M].南京:译林出版社,2003:330.

② [美]阿拉斯戴尔·麦金太尔.追寻美德[M].南京:译林出版社,2003:331.

三、“实践的内在利益”:“叙事”与“辩证”在本质上依然相互割裂

麦金太尔认为实践有“外在利益”与“内在利益”之分。外在利益是指社会环境所给予的奖赏,如权势、地位、金钱或物品,一方面这些奖赏是社会环境所赐予的,因而是外在的,通过其他各类的实践活动一样能够获得;另一方面,外在利益与实践活动的关系是偶然的。内在利益则仅是实践活动本身带来的优秀和善,一方面它既是实践活动的优秀,也是实践活动结果的优秀,这种优秀与否只能由实践活动现在或曾经的参与者来做出鉴定和评判;另一方面,对于实践者本人来说,它构成其生活的一部分,甚至是最主要的部分,如高更为了去塔希提画画而离开了家庭、离开了祖国,登山运动员冒着生命的危险攀登珠穆朗玛峰。

麦金太尔之所以提出实践的内在利益概念,是要说明人要获得实践的内在利益必须拥有美德。比如下棋与诚实的美德,一个人可以通过欺骗(如偷偷地挪动一个棋子)获得赢棋的利益(如五个糖果),但是却不能通过欺骗获得下棋的优秀和善,长期通过欺骗赢棋,打败的将不是对手,而是棋手自己。而实践的外在利益却易于阻碍美德的获得,更重要的是美德往往意味着放弃外在利益,如勇敢的人更容易面临死亡的威胁。

“实践的内在利益”的概念有两个问题,一是“实践的内在利益”概念相对于善概念来说是多余的,二是“实践的内在利益”相对于美德来说是错误的。首先,“实践的内在利益”都可以看作是人的善。画画作为一种实践活动在技艺上的优秀是实践本身的优秀,但同时也是实践者的优秀,这些技巧可以被总结成经验得以推广。但每一个实践者看待这些经验、使用这些经验的方式各不相同,完全地复制既不可能,也无意义。当画画成为描摹的时候,画画也就不再是一种实践,而仅仅是一种无目的、无价值指向的活动或行为了。画画作为一种作品(实践成果)的优秀,更是需要实践者本人或者其他实践者来评价和享用,离开人同样也不可能存在。离开人的善概念,实践本身的优秀、利益是无法解释的;离开人,实践本身并无所谓利益与优秀。实践的内在利益与实践的善是同义词,同时善更好地强调了优秀、好、有益与人之间的内在关系,而不会让人觉得实践的好是一回事,对人来说的好又是另一回事。

其次,实践的内在利益无法全面地解释美德,并不能实现麦金太尔的目标。一个好的棋手出于下棋的内在利益要诚实,这样才能提高自己也服务别人。实践的

内在利益要求下棋的成功(赢),但有时候已经赢了很多盘的时候有意识地输掉一盘棋一样是一种美德,实践活动的失败与不诚实,并不妨碍棋手是一个充满智慧的伙伴或师傅。激烈的战斗需要勇敢,也需要忍耐。惩罚罪恶需要正义,也需要宽恕。不从善的角度,不从人的角度,不从人与人关系的角度出发,实践本身并不能教会人如何才能拥有美德。

那么,麦金太尔为什么要提出这样一个多余的概念,而不直接使用善概念呢?原因就在于在《追寻美德》中,他仍然是以理性为出发点,在理性的框架下思考德性的问题。实践的内在利益意味着这种利益是与实践相关的,仅从实践本身来看,这种利益可以具有某种暂时的、得到部分人认可的客观性。这种客观性恰恰是理性推理的前提,如实践的内在利益的真假,可以推断出一个人是否诚实;实践的内在利益的多少,可以推断出一个人是否公正;实践的内在利益的取舍,可以推断出一个人是否勇敢。在这样一个相对客观的前提下,实践理性与实践美德达成了一致。一个拥有美德的人,也是一个遵循理性的人。上述逻辑反映出,麦金太尔当时还没有能够把“叙事”与“辩证”联系起来,他仍然还是在努力把“叙事”与理性(形式逻辑推理)相联系。他还看不到人在实践过程中以及在对这个实践进行“叙事”的过程中,那种思考并不是算计性的理性,而是一种辩证的理性。只要“叙事”与“辩证”没有紧密地联系在一起,德性就必然与理性是相互割裂的,因为德性是辩证的,而辩证的却还不是理性的,于是德性与理性成为两个不同的东西。实践内在利益概念,不仅没有把德性与理性联结在一起,反而使两者在本质上更加相互割裂了。

第五节 《谁之正义？何种合理性？》《三种对立的道德探究观》：“探究”的合理性证明

《追寻美德》《谁之正义？何种合理性？》和《三种对立的道德探究观》这三本书被麦金太尔称为《追寻美德》的系列著作。在麦金太尔写作《追寻美德》的时候就有了写作《谁之正义？何种合理性？》的计划，而当《三种对立的道德探究观》完成之后，麦金太尔自己确认了这三部著作的连贯性。“《三种对立的道德探究观》于1990年杀青，是我九年前以《追寻美德》开头的系列写作计划之第三部。”①所以严格说来，这三部著作应该放在一起来阅读，也应该放在一起来介绍，而不是把它们分割开来。不过，《谁之正义？何种合理性？》和《三种对立的道德探究观》这两本书的关系要更紧密一些，后者是对前者观点的深化。“在1990年发表的《三种对立的道德探究观》中，我通过考察三种重要的欧洲探究传统的历史和它们之间的关系，进一步深化了这一观点（笔者注：《谁之正义？何种合理性？》中的观点）。”②因此，这一章节把两本书放在一起来分析。

一、为寻求美德伦理的合理性所做的努力

在《三种对立的道德探究观》中文版导论中，麦金太尔指出启蒙运动以降的理性主义伦理学，诉诸“历经万世而不变、放之四海而皆准”③的合理性标准，从而使得各种对立观点成为不可公度的，它们之间的冲突也是无法消解的。麦金太尔深深地担心，如果建设性的对话真的不可能，如果不可公度性真的不能克服，那么“唯一的选择通常是，这种遭遇中的一方或双方试图通过武力来强加他们自己的观

① [美]阿拉斯戴尔·麦金太尔. 三种对立的道德探究观[M]. 北京：中国社会科学出版社，1999：中文版导论 1.

② [美]阿拉斯戴尔·麦金太尔. 三种对立的道德探究观[M]. 北京：中国社会科学出版社，1999：中文版导论 2.

③ [美]阿拉斯戴尔·麦金太尔. 三种对立的道德探究观[M]. 北京：中国社会科学出版社，1999：中文版导论 1.

点”①，他们不仅仅会使用武力，而且还使武力和暴力合法化，“各方往往容易将其特殊的正义概念和如此这般的正义同一化；往往会谴责其对手没有认识到普遍正义的真实本性，并利用这一点来诉诸法庭，把使用武力和暴力合法化。这一直是欧洲值得注意的一个污点……”②

事实上，“一个污点”是过于轻描淡写了，“文化帝国主义已经不是理念，而是事实，是伴随全球化浪潮而生成并得到膨胀的新的形态的世界霸权主义”③，“人们有理由担心，发达国家可能会借助经济、科技和政治的力量，通过将自己的基本伦理价值上升为‘普世伦理’，强制在全球推行”④。需要强调的是，虽然文化帝国主义对于在经济、科技方处于弱势的国家来说又是一场新的灾难，“其后果是一些国家文化同一性的削弱乃至文化独立性的丧失”⑤，但对于主张文化帝国主义的国家来说，也并非就是一场胜利。

因为文化帝国主义的起点，首先是价值霸权在国内的认同，绝对的霸权带来的不仅不是绝对的统一，反而是绝对的对抗和绝对的冲突。亨廷顿《文明的冲突与世界秩序的重建》之所以能够荣登美国畅销书榜首，绝不是因为美国国民也和作者一样热衷于分析世界政治，而是因为他们在这本书中深切感受到了美国内部文化的严峻冲突，“涉及世界主要文明核心国家的全球战争很可能不会发生”⑥，但是国内的冲突与对抗却已经无时无处不在。从文化帝国主义的立场看，多元文化主义是不可接受的，一元文化主义又是危险的，“美国国内的多元文化主义对美国和西方构成了威胁，在国外推行普世主义则对西方和世界构成了威胁”⑦。面对这样的困境，亨廷顿没有给出答案，事实上也不可能给出答案，一旦伦理、价值、道德、文化被简单化为“一元与多元”的关系时，就已经没有摆脱困

① [美]阿拉斯戴尔·麦金太尔. 谁之正义？何种合理性？[M]. 万俊人，等，译. 北京：当代中国出版社，1996：中译本序言 4.

② [美]阿拉斯戴尔·麦金太尔. 谁之正义？何种合理性？[M]. 万俊人，等，译. 北京：当代中国出版社，1996：中译本序言 4.

③ 樊浩. 伦理精神的价值生态[M]. 北京：中国社会科学出版社，2001：467-468.

④ 樊浩. 伦理精神的价值生态[M]. 北京：中国社会科学出版社，2001：468.

⑤ 樊浩. 伦理精神的价值生态[M]. 北京：中国社会科学出版社，2001：469.

⑥ [美] 塞缪尔·亨廷顿. 文明的冲突与世界秩序的重建[M]. 周琪，等，译. 北京：新华出版社，2010：288.

⑦ [美] 塞缪尔·亨廷顿. 文明的冲突与世界秩序的重建[M]. 周琪，等，译. 北京：新华出版社，2010：293.

境的可能了，这种思路从一开始就已经走错了路，用麦金太尔的口气来说就是，它还会一错再错。

麦金太尔认为，在两种冲突的正义、传统之外，没有一个中立标准可以作为评判的依据，合理与否、优越与否永远都只能是依据自己的标准来判断的，不从一种特殊的立场出发就没有任何立场，不从一种特殊的标准出发就没有任何标准。但同时，这种合理与否、优越与否又不能是仅仅依靠自己的标准来判断的，而是通过理解对立传统的批评来认识到自身的不充分性与错误，并在重新维护自己的核心概念的过程中展现出一种优秀的能力，正是这种优秀的学习与革新能力证明了自身传统的合理与优越。合理与优越既是自己对于自己的判断，又是离开对手就无法实现的判断。据此，麦金太尔重新阐释了合理性概念，这种合理性是建立在对对立传统的理解，与对自身传统的超越性基础上的合理性，是一种在比较意义上的探究性的、历史性的合理性。

麦金太尔这样做的目的，无非是为亚里士多德主义的美德伦理披上一件合理性的外衣。其实质是，当麦金太尔无法在道德哲学层面上说明美德的时候，不得不转向在伦理传统的层面上对美德传统予以说明，通过展示美德传统的优越性来印证美德的合理性。因此，尽管自《追寻美德》以来，麦金太尔已经明确了其美德论的立场，却依然在合理性的框架下发展美德理论，对美德的探讨还没有进入德性的层面，还没有上升到道德哲学的层面。

但在此过程中，麦金太尔已经开始进行方法论的思考了，“辩证叙事探究”这一思路开始越来越清晰了。“辩证叙事探究”，正是德性最为核心的内容，德性理论的胚芽已经显现了。这个胚芽还需要在对道德传统探究的土壤中汲取更多的营养，直到《依赖性的理性动物：人类为什么需要德性》一书发表后，德性理论才能突破实践理性的外壳，真正破土而出。

二、道德传统中的理论合理性探索

在《追寻美德》中，麦金太尔为了强调历史与哲学的内在关系，通过对道德传统和社会历史的交叉回顾，提出了美德论的立场。但哲学毕竟不同于历史，他的论述在批判和阐述（证明）两个方面都是未完成的。首先，批判是从亚里士多德主义立场做出的，对于反对亚里士多德主义的人来说，他的批判未必是有效的，尤其是对于理性主义立场来说，不讨论美德与合理性的关系，批判就不可能是彻底的。其次，关于美德的阐述是历史的，对于道德哲学来说，他的阐述仅可以被看作是意向性的，尤其是对于已经脱离美德历史很久的现代人来说，不对善、德性、理智、幸福、至善等核心概念做系统的阐述，这种阐述就不可能是完整的。无论是批判还是阐述，都要求麦金太尔暂时专注地进行哲学的探讨。

《谁之正义？何种合理性？》和《三种对立的道德探究观》就是麦金太尔在哲学上对探讨这一问题所做的努力。前者讨论道德传统与合理性的关系，后者讨论合理性探究与探究方法的关系。一种被重新理解的合理性与道德探究方法，既是对美德理论的说明，又是对美德立场的证明。

麦金太尔认为合理性有四个特点：一是证明即是叙述证明的过程，尤其是对第一原理如何被证明的过程进行叙述；二是合理性是历史的，合理性依然指向一种永恒性，但不同合理性概念中对永恒性的理解却是不一样的，因此永恒性本身在事实上也是历史的；三是合理性从特殊性出发，从面对多样性开始，特殊性与多样性都不会消失，但是会转化；四是合理性不能离开例证，文化背景的复杂性使得正义与合理性都不可能仅仅通过概念的定义的方法被阐明。

基于上述理解，麦金太尔对西方道德传统中所经历的三个阶段的合理性进行了叙述。这三个阶段的合理性分别指的是"从荷马到亚里士多德后来通过阿拉伯和犹太作家传给大阿尔伯特和阿奎那的传统；从《圣经》通过奥古斯丁传到阿奎那的传统；以及把苏格兰道德传统从加尔文派亚里士多德主义传承到与休谟相遇的传统"①。

第一个阶段，从荷马到亚里士多德。古希腊人都把他们共同体的形式和结构理解为正义秩序的实例，通过对《荷马史诗》的吟诵，他们理解了这一正义图式，这一正义图式同时规定了每一个人的美德。当人行动的时候，既不追问自己的最终目的是什么，也不追问自己的心理动机是什么，当他问"我将做什么"的时候，至多是在问我要选择什么样的手段来达到已经规定好的我的目的和我的美德，美德与目的、优秀与利益有着天然的统一。

但是优秀善毕竟不同于有效性善，对于优秀善来说正义是一种着眼于思想的教育，对于有效性善来说正义则是一种着眼于行动的约束。当正义图式扩大到城

① [美]阿拉斯戴尔·麦金太尔. 谁之正义？何种合理性？[M]. 万俊人，等，译. 北京：当代中国出版社，1996：428.

邦之外的时候,优秀善与有效性善的对立显现出来了。“在雅典人的思维方式中,城邦内部公民与公民之间关系的正义是一码事,而自己城邦与外部城邦关系的正义则完全是另一码事”①,“在雅典人与其他城邦国家的关系中,有效性的善是至高无上的”②。伯里克利的成功之处在于,“把雅典本身解释成一种英雄形象,而把他的公民身份解释成给他提供一种分享着那种曾经只属于国王的美德的身份”③。于是,他让雅典公民在对外作战的时候认为自己既是成为优秀的人也是为了成为优胜的人,既是为了财富和权力也是为了荣誉和荣耀。可是,这种优秀善与有效性善相统一的想象是靠修辞学维持的,而不是通过合理性说明得到的。一旦当雅典人转向内部事务的时候,这种国王式的想象就消失了,而在根本意义上对有效性善的重视,又解体了荷马式的正义图式。

柏拉图的任务就是一种新的正义图式的重建,而亚里士多德是对柏拉图任务的继续。亚里士多德设想的正义图式是“贵族政治”,即按照人的美德来奖赏。寡头政治是按照财富和出身来分配政治特权,民主政治是按阶层来获取公民资格并享有政治权力。从贵族政治来看,寡头政治与美德是无关的,民主政治中的公民未必拥有美德,因此与美德的关系也不是本质的。在亚里士多德看来,“在公民美德的追求与个体美德的追求之间没有任何不相容性”④,一个人在践行其美德的过程中,将趋向他自己的灵魂在沉思活动中获得完善。亚里士多德的正义是一种基于美德的正义,美德是一种基于实践的美德,实践是一种包含辩证法的三段论的实践。而在这种实践中的合理性便是亚里士多德所主张的合理性。关于这种四要素的实践三段论在上一部分已经做了说明,这里就不再重复了。

第二个阶段,从奥古斯丁到阿奎那。亚里士多德的正义图式和合理性都是在城邦范围内探讨的。“在古代世界里,正义被扩展到城邦之外,这经常是神学的一

---

① [美]阿拉斯戴尔·麦金太尔.谁之正义?何种合理性?[M].万俊人,等,译.北京:当代中国出版社,1996:73.

② [美]阿拉斯戴尔·麦金太尔.谁之正义?何种合理性?[M].万俊人,等,译.北京:当代中国出版社,1996:76.

③ [美]阿拉斯戴尔·麦金太尔.谁之正义?何种合理性?[M].万俊人,等,译.北京:当代中国出版社,1996:67.

④ [美]阿拉斯戴尔·麦金太尔.谁之正义?何种合理性?[M].万俊人,等,译.北京:当代中国出版社,1996:153.

种要求。”①当正义扩展到那些没有城邦公民道德能力的人（如野蛮人、奴隶和女人）时，美德必须被重新定义了。于是，奥古斯丁与亚里士多德相比，有四个方面的不同，一是亚里士多德关心的是城邦，奥古斯丁关心的是公民之城和上帝之城；二是提出了新的美德概念，如谦卑或宽仁；三是亚里士多德没有意志概念，而奥古斯丁的意志是根本性的，并且意志先于理性；四是亚里士多德的正义不超越于人的目的，奥古斯丁是根据《圣经》来理解正义，神圣的创造者、神圣的立法是根本性的。

阿奎那既接受亚里士多德关于实践合理性的看法，也接受奥古斯丁关于人的意志有缺陷的观点。他认为人的意志有一种恶的缺陷，于是终极善只能存在于灵魂与外在物的关系中，但这种关系在任何现实的国度中都是不存在的，因此只有依靠信仰所提供的知识、由希望所带来的那种期许以及由仁爱产生的与他人、与上帝为友的能力，才能给我们展示出一条通往善和至善的生活道路。不过，虽然在世俗生活中我们不能获得终极善，我们的善作为存在，是与所有其他的存在者共享的；我们的善作为动物性的存在，是与一切动物共享的；我们的善作为理性存在，是与一切理性存在者共享的。这种善要求我们过一种道德的生活，要求我们进行一种道德教育，而这种教育在根本的意义上是一种自我教育。于是，阿奎那就在奥古斯丁的框架下吸纳了亚里士多德的实践合理性。

第三个阶段，从赫起逊到休谟。赫起逊时代，哲学取得了文化的霸权，道德哲学教授成为世俗化的神学教授。赫起逊所继承的道德真理，部分来自经院哲学的亚里士多德主义，部分则来自加尔文主义。他一方面反对无神论，另一方面又在人性构成的观点上建构伦理学。当道德成为哲学的产物，道德与人的本质联系被阻断了。尤其是当休谟把哲学看作一种业余爱好的时候，道德与人的本质联系就更加微弱了。

休谟认为，任何推理都不能驱使我们行动。推理能告知我们关于事实的根据，并展示各观念之间的相互关系，但最终的行动是由情感推动的。在柏拉图和亚里士多德看来，理性有其目的，这些内在目的导致人们的行动，但休谟认为并没有直接导致行动的目的，“无论何种理性活动指向的目的，都有而且必须有某

---

① [美]阿拉斯戴尔·麦金太尔. 谁之正义？何种合理性？[M]. 万俊人，等，译. 北京：当代中国出版社，1996：203.

种情感作为其先导"①。于是，合理性与行动的关系、哲学与道德的关系被彻底割断了。

最后，麦金太尔通过对合理性的叙述得出一个结论。合理性无非是一种历史的合理性，是在不断应对问题与困难的过程中产生的合理性。亚里士多德的合理性是对后荷马时代问题的回应，奥古斯丁和阿奎那的合理性是对正义扩展到城邦之外所产生的问题的回应，赫起逊和休谟的合理性是对神学衰落所产生的问题的回应。其合理性的证明不是由任何外在标准所赐予的，而是通过展示其解决自身所面临的问题的能力来展示的。

三、对合理性探究方法的评价

在《三种对立的道德探究观》中，麦金太尔试图对各种探究合理性的方法进行评价。他对比了西方道德哲学历史上的三种不同的探究观：百科全书派探究观、道德谱系学的探究观和托马斯主义的探究观。他认为前两种合理性探究都是非历史的，都有内在不可解决的问题。

百科全书派把道德看作知识，道德真理被理解为这些知识与世界的关系，这种关系没有时间性，也不与历史相关。它预设，所有有理性的个人都能解决他们在标准、准绳和方法问题上的分歧，每一种得到合理辩护的立场均可以与所有其他立场"联姻"，无论人们对理论上的无公度性可能会有怎样的想法，在学术实践中尽可以对这种无公度性忽略不计。在它的理论框架中，概念之间是和谐的、无冲突的、没有层级的，这与美德理论是完全不同的。对于美德探究来说，在实践活动层面上的冲突是真实的，这种冲突需要上升到人生、幸福的层面才能解决或转化；在人生、幸福层面的悲剧也是真实的，这种悲剧需要上升到共同体、传统的层面才能说明、解释，并给出一个方向。但在百科全书派中，美德与目的是相互一致的、无冲突的。它有四个特征：一是把善与正义归为法则，并按照法则行动；二是义务的普遍性，任何时间、地方人们都有一致的看法，即使有分歧也不在于义务本身，而在于义务的应用；三是道德独立于信仰，道德也独立于传统；四是道德教育不是必要的，普通人不需要道德理论家的教育，就可以知道道德是什么。这四个特征决定百科全书派

---

① [美]阿拉斯戴尔·麦金太尔.谁之正义？何种合理性？[M].万俊人，等，译.北京：当代中国出版社，1996：397.

注定失败。这种失败表现在：有法则，但法则是空洞的；有普遍性，但特殊性的分歧是现实的、不可解决的；生活抛弃了道德，道德作为一种文化是衰落的；现实仍然迫切需要道德专业化研究。因为百科全书派是反对冲突的，所以任何一种真实的冲突对于这种合理性都是一击致命的。

道德谱系学是尼采开创的，它从许多不同的多元视景出发，就事论事，取消了事物本身的时间性，从每一个视角出发都可以断言“从这一透视视角出发的真理”①，但不存在任何“自在的真理”。谱系学认为，对任何已经具有某种确定风格的论点，都可以用一种新的风格对之进行重新表述。麦金太尔指出，尼采并没有发展出一种与旧理论相对立的新理论，他所提议的只是要我们抛弃理论而已。谱系学的可理解性需要一种信念与忠诚，但又是不断地在破坏和颠覆那些信念和忠诚。因此谱系学总是反过来指向自身，它的历史只能是一部自己反对自己的、进步的衰竭史。麦金太尔指出，道德谱系学有四个特征，在心理方面，道德哲学看作认同与承诺的部分，谱系学看到的是强力意志；在认识方面，道德哲学看作是知识、教育的部分，谱系学看到的是权力；在历史方面，道德哲学看作是连续性探究的部分，谱系学看到的是断裂；在表述方面，道德哲学提供一种理论，谱系学使用的是格言、警句和寓言。谱系学总站在一种局外人的立场上，不仅对他人来说是这样，对它自己来说也是这样，它不仅消解他人，也消解自身，“你能成为你自己法律的法官和复仇者吗？与自己法律的法官和复仇者独处是很可怕的”②。而且两个方面决定谱系学最不能理解的是人格的同一性问题，一是因为意志排斥了现实，“你能给你自己以你的善恶，并建立你的意志如同法律一样吗？”二是因为独立排斥了生活的连续性，“‘这是我的道路，你的路在何方呢？’我如是回答那些问我这道路的人们，因为道路并不存在”③，不仅向前没有一条既定的道路，向后看也没有一条道路存在。

托马斯·阿奎那对合理性的探究则展现了一种符合道德历史的探究观。在当

① ［美］阿拉斯戴尔·麦金太尔.谁之正义？何种合理性？［M］.万俊人，等，译.北京：当代中国出版社，1996：41.

② 转引自 Alasdair MacIntyre. Dependent Rational Animals: Why Human Beings Need the Virtues［M］. Illinois: Open Court, 1999：163.

③ 转引自 Alasdair MacIntyre, Dependent Rational Animals: Why Human Beings Need the Virtues［M］. Illinois: Open Court, 1999：163－164.

时的社会背景下，阿奎那同时面对的是亚里士多德和奥古斯丁这两个明显不可公度、互不相容的道德立场。他并不是站在中立的立场上对两种道德理论进行评判，而是站在各自的立场上，通过对方的立场来促进各自立场的进步。

比如，亚里士多德与奥古斯丁的理论在四个方面是根本冲突的。一是前者认为世界是永恒的，后者认为世界有上帝创世的开端；二是前者认为不存在独立的、非物质的灵魂，后者认为死者能够复活；三是前者认为理智在其潜能的现实化中发现自身并充实自身，后者认为心灵没有能力获取知识，它需要神的光照；四是前者认为美德是实践教育和理论教育的结果，而且通过美德能够实现生活之善，生活的缺陷与错误会带来美德的进步，后者认为意志是产生错误的原因，任何理智上的错误都是道德上的错误，生活的缺陷和错误证明着道德的失败。阿奎那既沉迷于亚里士多德主义，又沉迷于奥古斯丁主义，那么如何让一方的真理与另一方的真理相一致呢?

亚里士多德主张健康、荣誉、快乐甚至美德，以及那些人类灵魂的特殊品质，都不能成为终极善，阿奎那出于《圣经》和奥古斯丁的缘故发展了亚里士多德的理论：第一，终极善必定处于灵魂与外在的某物的关系；第二，在上帝创造的世界中，没有一个国度希望发现上述终极善。于是，这即是奥古斯丁所要求的，也恰恰是用亚里士多德来反对亚里士多德。这样，阿奎那不是成为一个通过奥古斯丁反对亚里士多德主义者，而是成为一个比亚里士多德更好、更彻底的亚里士多德主义者。亚里士多德主义就被装进奥古斯丁主义之中，亚里士多德主义不仅没有消失，反而在神学框架内得到了延续和发展。

这样一种新的、综合的、探究的合理性探究方法三个特点。一是未完成性，阿奎那的工作在本质上是不完善的，对于阿奎那来说，除了经文和教义具有决定性意义之外，其他任何东西都没有也不可能有决定性意义，需要综合的不仅有亚里士多德主义还有柏拉图主义、新柏拉图主义、早期基督教的、后来学者的贡献等等。二是逆溯性，相对于后来的立场来说，前一种立场总是不完善的、缺乏解释力的，而在能够重新解释前一种立场的时候，获得了一种新的解释力。三是辩证性，“探究”是指向第一原理的“探究”，是一种对于那些根本性的概念的“探究”，但是这丰富的不仅仅是对理论前提或出发点的理解，其实质是丰富了对该理论目标的理解。

尽管这本书的书名是《三种对立的道德探究观》，但遗憾的是麦金太尔没有直接论述过合理探究观的内涵，他只是表明托马斯主义的探究观就是那样一种合理的“探究”观。

四、道德合理性研究的死胡同

在麦金太尔提出美德立场之后，他并没有继续沿着道德哲学方向去探讨德性的问题，反而是继续徘徊在美德传统的探讨中，这种探究固然是有益的，但作为一种方向是没有结果的，因为无论他多么强调历史、多么强调“叙事”，在事实上都无非是一个概念的历史和概念的“叙事”，因而都是一种抽象的历史和抽象的“叙事”。回顾历史固然可以使人明智，但如果认为历史本身能够提供一种方向、一个目标、一个可以具有指导性的合理性，就大错特错了。

道德传统是一种历史性的存在，道德传统本身并没有生命，只有在当下的道德探究中，因为它被传承、被创造才有其生命。道德传统仍有其现实性的影响，但不是决定性的影响，它是一种背景性的存在，而不是一种能动性、主动性的存在，因此，任何一种道德传统的研究都不能直接为现实的道德实践提供方向。正如文学史研究既不是文学，也不是文学研究，道德史的研究也不是道德研究。但是这种显而易见的问题，对于道德传统来说，却并不是明确的，人们总是期望道德传统能够对当下的生活有所指导，有所预言。“温故而知新”就是这样一种观点，过去的生活可以指导未来。但这其中有一个前提，这其中的“故”与“新”仅仅是时间意义上的前后，在内容上不具有本质、实质意义上的区别。有时候，确实存在这样的情况，过去的比现在的可能更丰富、更智慧，人们需要系统性的学习，比如一种古老工艺的传承就属于这种情况。但是，对于现代的道德哲学研究来说，现代社会与前现代社会在政治、经济、文化等各个方面都已经有了实质性的变化，道德传统作为一种体系已经在事实上破碎了，道德作为一些残存的片段仍然有其影响，但作为一个整体却再也不可能发挥系统性的作用了。在这种情况下。对于道德传统的回顾性研究虽然是非常有益的，但这种有益是有限的、次要性的。相对于当下道德哲学问题的探讨来说，相对于当下现实道德问题的解决来说，道德传统的研究都只能处于一种补充性、次要性的地位。如果麦金太尔仅仅局限于对道德传统探讨的话，这种研究思路从总体上来讲是没有出路的，只会是一条死胡同。

那么，麦金太尔从 20 世纪 70 年代开始直到 90 年代止，在长达 20 年的时间里把主要精力仍放在对道德传统的研究上，在事实上就说明此时麦金太尔的美德理论研究陷入了一种无奈或困境。

五、合理性：“辩证”与“探究”在本质上依然相互割裂

麦金太尔已经尽力地丰富了理论合理性的内涵。他不仅仅把合理性看作是合逻辑性，而且进一步把合理性上升到一种历史的合理性或者辩证的合理性。但这样的合理性一旦进入现实道德哲学的讨论，仍然可能会陷于抽象化的泥潭。如果要想成为现实的合理性，它至少必须回应下面三个问题。

一是何种回溯性。一种有意义的回溯，必须是站在更广阔视景下的回溯。如果在视景上与前人没有区别，这种回溯便很难取得重大的突破。柏拉图、亚里士多德对于荷马时代美德的回溯性思考，超出了城邦内部这一视景，是站在整个古希腊的立场上对城邦问题的再思考；阿奎那对于亚里士多德的回溯，超出了古希腊，是站在全人类高度的再思考。那么，如果对现代西方理性主义伦理学做一种回溯性思考，我们又能够有哪些更为开阔的视景呢？我们至少能够拓展“理性人”这一前提，如对于那些由于智力的原因理性不足的人，由于性格的原因会暂时性的、突发性的理性不足的人，道德哲学能否给出说明？如对于那些有足够的理性，但却由于极端的贫困、重大的残疾而在事实上没有实践能力的人，道德哲学能否给出说明？真实的回溯，首先要求对于现实社会生活有着更为深入、具体的理解。

二是何种“叙事”。一种有意义的“叙事”，必须有一个真实而具体的立场。无论是对个人的“叙事”，还是对道德传统的“叙事”，这种理解与解释，不仅要求想象其过程，而且要求想象其立场，想象自己始终认同这种立场。对亚里士多德的“叙事”，必须想象自己已经认同了其“男性公民”的立场；对奥古斯丁的“叙事”，必须想象自己已经认同了其“神学立场”。那么，如果对现实的道德个体做一种“叙事”，我们又可以有什么样的立场认同呢？难道还是浅薄“理性人”吗？这一立场的缺乏恰恰是现代道德哲学最大的问题之一，不过在下一部分我们将看到麦金太尔从一种更丰富理解的动物性人立场出发，很好地解决了这一难题。

三是何种“辩证”。一种有意义的辩证，必须有一个真实而具体的目的。亚里士多德的沉思、阿奎那的至善在我们看来是虚妄的，但在他们本人看来却是非常真

实的。那么对于现代社会生活来说，不认真地考虑各种真实的利益，不仅是虚伪的而且是空洞的，这些真实的利益有金钱为代表的物质丰富、教育为代表的文化生活、公正为代表的政治权利等等。把经济利益等各种利益放在一边，仅在道德与伦理内部讨论善、幸福、目的，归根结底只能是一种概念游戏。

所以，一种现实的辩证合理性，仅在对道德传统的历史探究中是不可能实现的。如果道德哲学研究仅仅还只是研究几位过去和当下的思想家以及他们的著作，那么道德哲学就真的只能停留在自己的象牙塔中了。“辩证”只有与包含现实的、真实的目的的“探究”相结合，才能成为现实的辩证，也才有可能确认辩证合理性或道德合理性。

第六节 《依赖性的理性动物：人类为什么需要德性》：美德伦理学的道德哲学辩护

一、为寻找美德伦理学理论原点所做的努力

在道德哲学研究中，某位从事道德哲学研究的学者可能会否认诚实、勇敢等美德的重要性。在他们的德目表上，内容可以大相径庭，可能包含仁爱而不包含兼爱，包含慷慨而不包含谦卑；排列上可以先后有别，可能更重视仁义而不是勇敢，更重视仁慈而不是正义，但是都会认为美德对于道德、对于伦理具有本质的重要性。不过美德对于道德的重要性，并没有带来美德伦理学对于道德哲学、伦理学的重要性。美德伦理学不仅在道德哲学和伦理学中处于一种边缘化的位置，甚至仅被看作是传统的、独断论的。一言以蔽之，美德伦理学缺乏一种哲学上的辩护。

德目表、箴言录、故事集可以说明美德，却不能说明德性。德性是什么？从何而来？有何意义？这三个问题都是哲学的，但至今道德哲学却还没有一个真正完整意义上的辩护。造成这种状况最直接的原因就是“理性人”假设，它根本上否认了“德性人”的现实。首先，理性是演绎的，德性是认同的，这种认同是非理性的吗？其次，理性是内在的，德性是目的指向的，这种目的是外在的吗？再次，理性是个体的，德性是依靠他人教化的，对教化的理解是以理性为前提的吗？“理性人”假设下，没有背景、没有目的、没有社会关系，德性因此从根本上失去了存在的土壤。

麦金太尔写作这本书的目的，就是要说明人其实首先就是拥有德性的人，而不是假设中的“理性人”。他说：“只有先解释生物学存在者的生命形式，才能充分的作出关于我们道德生活中的善、规则、德性的最终解释。”①对德性人的理解是一种真实的理解，而不是某种理论假设，这要求我们必须认真地审视我们是怎样的生物

① Alasdair MacIntyre. Dependent Rational Animals: Why Human Beings Need the Virtues[M]. Illinois: Open Court, 1999: preface2.

体、生物性存在。这种审视,要求把人与其他动物相比较才能更好地进行,"不比较人与其他高智能动物种类就不能很好地说明这种状态"①。在这种比较中,特别需要注意的是人的脆弱性和身体上的无能性,"不充分地认识到人的脆弱性和[身体的]无能的性质和程度,必然不能注意到德性在人类生活中所起作用的一些重要方面"②。

这本著作主要有三部分内容:一是"我们与某些有智力的动物种类成员的相似性和共同性"③;二是如何成为一个独立的实践理性者,以及在此过程中"对脆弱性和不幸,以及对由此而来的依赖性承认的道德意义"④;三是在什么样的团体、社会关系、共同体中,"与理性的独立相关的德性和承认依赖性的德性可以得到维系和传递"⑤。

首先,麦金太尔叙述了人与高智能动物的相似性与共同性。一是高智能动物与人一样具有参与交互性活动的能力,即认知他者的意图并做出回应的能力。小狗知道"坐下"的含义,并以坐在院子里回应。这不是条件反射,而是准确掌握对方意图后的反应,因为当它急着想和其他小狗玩耍的时候不会坐下,让它坐在泥潭里也是不可能的。二是动物具有判断"目标—手段"的能力。当海豚们不能把鱼群围在一起的时候,会联合起来把鱼群往海边赶。三是动物具有"信念"。当一只小猫第一次碰到蚼鱐(有毒)会把它当作老鼠,如果吃了一些就会病得很重,从此以后它就再也不会碰蚼鱐了。猫儿拥有不确定的信念也是一种信念,改变不确定的信念也是改变信念。四是动物有行动的理由。饥饿的海豚"侦察员"发现鱼群的时候会返回去吸引海豚群体过来捕食,而当它不能把其他海豚吸引过来的时候,就会尽量把鱼群向海豚群体那边赶。哲学家们过于简单化了高智能动物的思考与行动能

---

① Alasdair MacIntyre. Dependent Rational Animals: Why Human Beings Need the Virtues[M]. Illinois: Open Court, 1999: preface2.

② Alasdair MacIntyre. Dependent Rational Animals: Why Human Beings Need the Virtues[M]. Illinois: Open Court, 1999: preface2.

③ Alasdair MacIntyre. Dependent Rational Animals: Why Human Beings Need the Virtues[M]. Illinois: Open Court, 1999:8.

④ Alasdair MacIntyre. Dependent Rational Animals: Why Human Beings Need the Virtues[M]. Illinois: Open Court, 1999:9.

⑤ Alasdair MacIntyre. Dependent Rational Animals: Why Human Beings Need the Virtues[M]. Illinois: Open Court, 1999:9.

力，忽略了高智能动物对于个体利益和群体兴盛的理解，他们往往仅仅因为动物没有语言，就把动物与人在道德上截然分开。麦金太尔想说明，高智能动物具有一种前哲学的、前道德的能力，虽然这种能力不是真正意义上的道德能力，但是像信念、个体利益、群体兴盛、行动等要件，动物并不缺乏。

其次，人如何成为一个独立的实践理性者？成为独立的实践者需要三个转变，一是从有一个行动理由转变到能够评价理由的好坏。在动物性的行动理由基础上，当婴儿越来越多地参与到实践活动中的时候，他认识到了一个不同善的范围，有的行动理由是好的，有的行动理由不够好，还有一些行动理由是坏的。二是从欲望引导的转变到暂时从欲望中撤回，当欲望与善相冲突的时候，他必须学会暂时把欲望放在一边，而对这种善的认识依靠其他独立的实践理性者告诉他。比如，有时候父母会告诉婴儿这样做其实对他不是真的好。三是在前两种转变的基础上，他能够想象一个未来的善，拥有一种关于善的知识，这种未来的善、善的知识可以引导他的行动，而这种想象和知识离不开语言的使用。

在这个过程的后两个转变中，婴儿不仅因肉体上的脆弱性和无能性需要依赖他人的照顾，而且在思考和行动上都需要他人的引导。这里的他人(独立的实践理性者)不仅是有行动能力的人，而且是拥有德性的人。对于婴儿来说，父母既需要有承认依赖性的德性，又需要拥有独立性的德性。前者可以使父母让婴儿感受到是可依赖的，“面对婴儿的破坏，母亲的反应是有弹性的和无报复性的”①，并做出一种无条件的承诺：“不论发生什么，我都会护佑你”②，孩子的需要是第一位的，而不是他们自己的需要是第一位的。后者可以使父母把婴儿看作是独立的人，“那些大人不得不教这孩子的是，他要使大人喜欢他，不是通过使大人高兴的方式，而是以获得好或最好的东西的行动方式去行动，而不论这样做是使大人高兴还是不高兴”③。要做到这两者，恰恰要求父母本身先具备依赖性的德性和独立性的德性，只有这样才能引导婴儿也拥有这两种德性。

---

① Alasdair MacIntyre. Dependent Rational Animals: Why Human Beings Need the Virtues[M]. Illinois: Open Court, 1999:90.

② Alasdair MacIntyre. Dependent Rational Animals: Why Human Beings Need the Virtues[M]. Illinois: Open Court, 1999:90.

③ Alasdair MacIntyre. Dependent Rational Animals: Why Human Beings Need the Virtues[M]. Illinois: Open Court, 1999:84.

确实，在特殊情况下，我们所依赖的他人恰恰缺乏这些必要的德性，比如碰到极少数十分凶恶的父母，婴儿可能被利用或者伤害，比如碰到特别没有理智的父母，婴儿可能被好意有害地误导了。但这些悲剧恰恰更加说明德性的重要性，“海豚没有理由害怕海豚，但人有理由害怕人”①。

最后，对于德性的存在来说，什么样的社会关系是必要的？因为人的脆弱性、无能性，我们长期处在一种给予与接受的关系中，这种关系背后有一种权力结构，“在我们的生活中，我们不得不懂得如何与现实的权力相处，如何反对权力”②。最好的结果是分配的权力服务于给予和接受规则的目的，最坏的结果是给予和接受的规则实质性地从属于权力的目的。父母出于自己的意愿，并依靠自己的权威强迫小孩选择自己所不喜欢的职业就属于后一种情况。在一种合乎德性，同时也合乎理性的给予和接受的权力关系中，权力应该只是一种手段。合理的、有益的关于手段的争论，要求参与者对于目的有着一致的意见，每一方不仅追问“对我来说，做什么最好”，而且追问“对我们来说，做什么是最好的”，这并不是一种利益的交换，而是要求参与者拥有类似于父母那种关爱婴儿的德性。个人的善并不从属于共同体的善，共同体的善也不从属于个人的善，独立的实践理性者必须恰当判断这两种善分别在他的生活中置于什么位置上才是最好的。

麦金太尔特别批评了利益交换的观点，一是批评了市场规则，“假如进入一家肉店，作为一个常客，我发现店家由于心脏病发作而病倒，我仅仅说：‘嗨！我看你今天不卖肉给我了。’并且立即跑到与他竞争的一家肉店去完成我的采购。很明显，我将因此而整个地损害我与他的关系，虽然我没有做违反市场规则的事”③。二是批评了法律关系，“如果我叫来救护车，而当医务技术人员一到我就离开了，也就是说，我对他的状况做出了反应，满足了那些最低限度的需要，从而使我能够驳斥说我不负责的那些准法律性的指控，即使如此，虽不是那么明显地错了，我将仍

① Alasdair MacIntyre. Dependent Rational Animals: Why Human Beings Need the Virtues[M]. Illinois: Open Court, 1999:97.

② Alasdair MacIntyre. Dependent Rational Animals: Why Human Beings Need the Virtues[M]. Illinois: Open Court, 1999:102.

③ Alasdair MacIntyre. Dependent Rational Animals: Why Human Beings Need the Virtues[M]. Illinois: Open Court, 1999:117.

然伤害了我与他的关系，因为我回避了我的更大的责任”①。在这个例子中，“我”不具备的正是那种“承认依赖性的德性”。

二、美德伦理学的元理论

在《依赖性的理性动物：人类为什么需要德性》中，关于德性，麦金太尔有两点重要的说明，一是德性的先天性或原初性，并指出人成长为独立的实践理性者的动物性基础和社会关系基础，体现了特殊美德立场的原初性；二是德性与理性不可分，德性能力的获得伴随着理性能力的成长，体现了独立性的德性和依赖性的德性是同一种德性。

首先，德性在一定意义上具有先天性。一是德性具有动物性的先天性。人在幼年期与海豚、猩猩、狮子等高智能动物一样具有一种前道德能力，这种能力是德性产生的动物性基础。在之前的道德哲学中，美德、道德、德性都被看作是人和动物之间的主要区别，这一点是正确的。但这种区别被过分夸大了，被看作是一种非黑即白的区别，并在人与动物之间画上了一条鲜明的分界线。它忽视了从低智能动物（如蚯蚓、蟹、啄木鸟等）到高智能动物（如海豚等）再到人类，有一种从低到高的连续性，人与其他动物的区别仍然是本质的，但是绝不是毫无关系、完全突然的。从婴儿到独立的实践理性者，正是从动物性的人到社会性的人的转变过程，在这个过程中人与高智能动物一样的那种前道德能力被激发出来，并最终成长为一种真正的道德能力。如果没有这种前道德能力，人就不可能拥有道德能力，人就不可能拥有德性。同样，没有这种前道德能力，也不可能有理性。并且，由于人的动物性、无能性，这种前道德能力会一直持续在人的生命过程中。

二是德性具有社会关系的原初性。孟子也把德性看作一种先天的能力，“恻隐之心，人皆有之……非由外铄我也，我固有之也，弗思耳矣”②。但孟子仅从同情心、怜悯心的角度来看待德性，麦金太尔认为这是对德性的严重误解，这种恻隐之心无非是一种非理性的多愁善感，而这种过分的“多愁善感是道德缺陷的一个标

---

① Alasdair MacIntyre. Dependent Rational Animals: Why Human Beings Need the Virtues[M]. Illinois: Open Court, 1999: 117.

② 《孟子·告子章句(上)》

志”①。“人皆有不忍人之心者，今人乍见孺子将入于井，皆有怵惕恻隐之心”②，这是一种非理性的情感冲动推动着某个人不假思索而去行动。慈爱充满着适当的合理性的判断，是一种德性，而不仅仅是一种情感。应当说，能够扩展到共同体义务之外的慈爱能力本身对于共同体的生活是至关重要的。慈爱考虑到的是非常急切的需要而不考虑是谁。正是这种需要及其程度支配着该做什么，而不是谁的需要。在这种共同体的关系中，我们每一个人需要知道的是，去注意我们的非常急切的需要，无能者的需要，这种关注是与需要成比例的，而不是与亲疏关系成比例的。如果他们不回应这个孩子的非常急切的需要，他们所缺乏的是人性，没有它，我们的社会关系将是有缺陷的。事实上，我们所处的社会关系之所以被称为文明就是因为这些社会关系中包含了这些最为重要的德性理解。对于一个婴儿或者未成年人来说，他生活在这些有着丰富德性内容的社会关系中，在他人（如父母）的道德影响中，特殊的美德立场被带进了婴儿的生活。一种特殊的道德立场与德性是相伴而生的，人并不是先具有了德性能力，再去接受某种美德立场，能力与立场是同时的、不可分的。

其次，德性与理性不可分割。一是德性与理性是同步生长的。动物有行动理由，婴儿也有自己的行动理由，在多种行动理由之间，婴儿会慢慢成长出一种评价能力，这种能力既是德性的，也是理性的；德性的生长，需要婴儿能够暂时从欲望中撤回，这种撤回既是对父母等他人教导的信任，也是对于“什么是自己真正的好”的思考，德性进步的同时理性也在进步；德性需要婴儿对未来的善的想象，这种想象也是一种依赖于语言才能存在的知识，这种知识与婴儿的理性不可分离。二是独立性的德性与承认依赖性的德性是同一种德性。对于婴儿来说，他不仅要有对父母等他人的依赖和信任，而且要有精神上的独立，哪怕是在父母与他人不高兴的时候，也敢于坚持按照真正对自己好的方式行动，而不是一味地取悦他人。对于成熟的、独立的实践理性者来说，个人的善与他人的善、共同体的善没有一种绝对的先后关系，对它们先后位置的排序既需要独立性的德性，也需要承认依赖性的德性。三是独立性的德性与理性不可分离。独立性的德性，一方面要求独立的实践理性

① Alasdair MacIntyre. Dependent Rational Animals：Why Human Beings Need the Virtues[M]. Illinois：Open Court，1999：124.

② 《孟子·公孙丑章句(上)》

从自己真正的善出发，另一方面要求有对于什么是真正的善（包括自己的善、他人的善、共同体的善）的思考，这是一种理性的思考。

尽管对于“理性人”假设的批评从来没有间断过，但是离开“理性人”假设，又没有一个更好的解释可供选择，于是在事实上当代西方主流的道德哲学研究仍然是以“理性人”假设为理论起点的。麦金太尔关于德性与理性关系的思考为打破这种局面提供了非常重要的资源，他在理论原点上的突破为美德伦理学研究的发展打下了一个非常坚实的基础。理论原点不等于理论本身。麦金太尔指出，他这本著作的意义在于“发出一个邀请”，邀请学者在道德哲学研究中“为承认人的动物性、身体的无能和脆弱性事实留下适当的位置”①。“当然，在这些书页里还有大量没有完成的哲学工作……有四个领域需要特别注意：人的同一性（identity）、感觉、事实判断与价值判断的关系、某些类型性格品质的心理实在性（reality）。”②

三、承认依赖性的德性：“辩证叙事探究”方法产生的关键

麦金太尔强调，承认依赖性的德性与独立性德性是同一种德性，即强调德性与理性是并存的。正是有了这两个概念，“辩证叙事探究”才可能围绕目的这一核心内容统一起来，而目的是与人的依赖性密切相关的。没有人的依赖性，目的就是不可理解的、无根的。对人的依赖性持激烈反对态度的哲学家莫过于尼采。

麦金太尔曾经说过，尼采的工作与生活是英雄般的。这可以看作是他对于尼采这一哲学家本人的致敬。尼采以非凡的勇气去生活、去写作，“他轻蔑地指责那些为道德的幻象所囚禁的人说，他们对其他人负责”③。但在哲学理论上，麦金太尔认为对于承认依赖性的德性来说，首先要批评的就是尼采的学说。“尼采在人所能及的范围内，以一系列英雄行动把他自己与承认依赖性的德性所要求的承诺分离开来，孤立了自己……他所提供的理论，没有一条不是站在以承认依赖性的德性

① Alasdair MacIntyre. Dependent Rational Animals: Why Human Beings Need the Virtues[M]. Illinois: Open Court, 1999: preface.

② Alasdair MacIntyre. Dependent Rational Animals: Why Human Beings Need the Virtues[M]. Illinois: Open Court, 1999: preface.

③ Alasdair MacIntyre. Dependent Rational Animals: Why Human Beings Need the Virtues[M]. Illinois: Open Court, 1999: 162.

实践为前提的理论的完全对立面,并且是对这种理论的颠覆。"①

首先,麦金太尔批评尼采对人的动物性及脆弱性的理解。尼采对人类理性与其他高智能动物的实践智慧的关系没有兴趣,取而代之的是对作为掠夺者的动物与家养动物进行对照。出现在尼采著作里的动物是更有攻击性的动物,比如鹰,而不是那些具有前道德能力的、更温和的动物。"不是猛兽的凶残需要一种道德的伪装,而是有着深度平庸、怯懦和无聊的畜群[需要]。"②尼采对于人的脆弱性只有鄙视,怜悯"保护着被剥夺者和遭谴责者的生命;通过多种病态结构,怜悯保持在生命中,它使得生命本身呈现一种阴忧而成问题的面貌"③。在尼采看来,如果人的脆弱性还有些积极意义的话,那也只是在提供"艰苦教育"方面,"可能(我)多年生病,这要求意志有着最极端的强度和自足"④。

其次,麦金太尔批评尼采对社会关系、共同体的理解。当自己需要帮助的时候,尼采会选择坚强如铁,而阿奎那则会选择请求他人提供帮助(正像他自己曾经帮助别人那样)。这两者对人与人关系的理解有本质的不同。如果我总是一味地表现出男子气概,这伤害的还不仅仅是自己的利益,还会伤害、败坏我与他人的关系:一方面我将由于自己所表现的那种精神优越感让他人难堪,我与他人将不会处于一种坦荡荡的、平等的关系中;另一方面我的行为其实是对包含我自己利益在内的共同善的否定,我将不能与他人组成一个关注每一位成员的共同体。作为一个共同体,将因为我个人利益的缺席而失去我的建议,一种由所有成员共享的协商就无从建立。把我的利益与他人的利益放在对抗关系中,早晚会导致把我与他人的关系推进到对抗关系中,即使没有对抗那么严重,至少也会让我成为一个局外人,让我与共同体成为一种局外人与内部人的关系。事实上,尼采也总是在以一种评论员的身份说话,用格言、警句引发人们的想象,而不是以例证参与实际的讨论。

---

① Alasdair MacIntyre. Dependent Rational Animals: Why Human Beings Need the Virtues[M]. Illinois: Open Court, 1999:162.

② Alasdair MacIntyre. Dependent Rational Animals: Why Human Beings Need the Virtues[M]. Illinois: Open Court, 1999:163.

③ Alasdair MacIntyre. Dependent Rational Animals: Why Human Beings Need the Virtues[M]. Illinois: Open Court, 1999:163.

④ Alasdair MacIntyre, Dependent Rational Animals: Why Human Beings Need the Virtues[M]. Illinois: Open Court, 1999:163.

承认依赖性的德性的意义首先在于加深了我们对共同善的理解。共同善不仅仅是共同利益，不仅仅是包含我自己在内的每一个成员的利益、共同利益，而是对这种利益的探求。对于共同利益的认识与追求是一个过程，这个过程本身就是共同善。正是在探求的意义上，没有依赖性的德性就没有对共同善的拥有，也没有真正意义上对于共同善的信奉。而在道德意义上，信奉比拥有更加重要。

依赖性的德性的意义，还在于加深了我们对于共同体关系的理解。对于他人友善的帮助，我确实应该真诚地表达感谢之意，但如果过分地表达感激之情，这无非是隐秘地表达对这种友善的惊讶，表达对当下共同体关系的不信任。依赖性的德性不仅是对那些处于有利地位的人们说的，也是对那些年幼者、年迈者、截瘫患者等等说的，大胆地说出自己的要求就是对追求共同善、构建共同体做出的最好努力。我们经常在电视节目中看到那些真正的慈善家说：“真正需要致谢的不是我曾经帮助过的人，而是我自己，是因为他们才让我如此幸福，才让我感到这个世界这么美好。”

第七节 “辩证叙事探究”方法的产生过程

麦金太尔美德伦理学思想发展的过程，是一个对道德哲学立场不断追问的过程，他在《伦理学简史》中选择了亚里士多德主义立场，在《追寻美德》中明确了他的美德立场，在《谁之正义？何种合理性？》《三种对立的道德探究观》中提出了历史合理性的立场，在《依赖性的理性动物：人类为什么需要德性》中确定了美德伦理学的立场。从亚里士多德主义到美德，到合理性，再到德性，理论化的色彩一次比一次浓烈，概念性一次比一次突出，哲学的特征一次比一次清晰。在这一个过程中，一种哲学方法也在不断地生长、逐渐清晰。在对这个过程叙述之前，需要先做三点说明。

一是麦金太尔本人没有明确地说过他自己有过关于方法论的思考，也没有提出过“辩证叙事探究”方法这个概念，与这个概念最接近的提法是“道德探究观”。不过，作为“辩证叙事探究”方法最为重要的几个特征都是麦金太尔始终坚持的，如“辩证”“叙事”“探究”都是麦金太尔一直在使用的核心概念。

二是概念是哲学，描述也是哲学。麦金太尔的哲学写作，大量的篇幅都用在描述上，这种描述是包含哲学分析的描述，以至于一部分道德哲学家把麦金太尔归入分析哲学家之列。麦金太尔几乎没有提出自己的道德哲学概念——除了“承认依赖性的德性”和“独立性的德性”之外——但这并不意味着麦金太尔不重视概念的重要性。提出自己的概念是创新性的哲学研究，使用并完善现有的概念也是创新性的哲学研究。

三是方法与例证不可分离。在道德哲学研究中，尤其在应用伦理学研究中，有一种流行的两步法，第一步是阐述哲学的方法，第二步是讨论方法在事例中的应用。这一点恰恰是麦金太尔不遗余力地反对的。“辩证叙事探究”，把“叙事”看作是方法本身，而不是方法的附件，把例证看作是建设性、积极性的，而不是重复性、被动性的。“辩证叙事探究”方法产生的过程，正是对描述、“叙事”的了解不断深化的过程。

通过上一章的分析，我们看到了麦金太尔从一个道德哲学史家向道德哲学家转变的历程。在《伦理学简史》中，他如同普通的史学家一样，围绕一个一个问题展开研究。但在70年代，他发现这种研究方式是有缺陷的，因为这种研究方式把各个问题看作是分离的，而没有充分反思一种较大的概念框架。此后，他逐步开始反思道德哲学的立场、合理性和生物学基础，这些内容已经不再是回顾道德哲学的历史，而是反思道德哲学本身。在这种反思中，一种道德哲学方法逐渐显露出来，即“辩证叙事探究”。

换言之，70年代之后麦金太尔不再围绕问题讨论“道德哲学是什么”，而是讨论“道德哲学何以可能”。起初，他认为道德哲学需要回归亚里士多德的美德理论才可能进入对现实生活中道德信念、实践与观念的研究，为此他特别为《追寻美德》标明了一个副标题“一种道德理论研究”（《追寻美德》一书的英文名称是“After Virtue：A Study of Moral Theory”）。随后，他发现“这些结论需要来自对何为合理性的解释的支持”①，这是他第一次明确地表示道德哲学需要一种对于自身的解释。再后来，他发现道德哲学需要一个生物学基础，这已经是很明确地对于道德哲学前提的研究，对道德哲学何以可能的研究。

“道德哲学是什么”与“道德哲学何以可能”是两个完全不同的问题。如果我们把麦金太尔与当代另一位最著名的伦理学家罗尔斯做一个比较，这一点会更加明显。罗尔斯并不讨论道德哲学何以可能的问题，而是直接进入道德哲学（或政治哲学）是什么的问题。“我一直试图做的就是……提供一种对正义的系统解释，这种解释在我看来不仅可以替换，而且或许还优于占支配地位的传统的功利主义解释”②。罗尔斯不讨论“善”观念何以可能的条件，而直接讨论善观念的形式，“根据说明善的观念的不同形式，目的论理论也是不同的。如果善被看作是使人的优越性通过各种不同文明形式得以实现，我们就有了所谓的至善主义。这个概念可以在亚里士多德、尼采等人那里发现。如果善被定义为快乐，我们就有了快乐主义；如果被定义为幸福，我们就有了幸福论，等等。我将把古典的功利原则理解为把善定义为欲望的满足，或者更好一些，是把善定义为理性欲望的

① [美]阿拉斯戴尔·麦金太尔．谁之正义？何种合理性？[M]．万俊人，等，译．北京：当代中国出版社，1996：397，前言．

② [美]约翰·罗尔斯．正义论[M]．何怀宏，等，译．北京：中国社会科学出版社，1988：序言．

满足。”①与罗尔斯不同，麦金太尔（1999 年后）不是直接探讨善观念是什么以及与这种善相应的道德哲学理论，而是讨论善是如何产生的，善的产生、变化及发挥作用需要什么样的条件。更进一步，他不把善仅看作一个既定的观念，而看作一个“探究”的过程，这种探究的进行需要一些条件（即德性），把对这些条件（德性）的追寻看作道德哲学的主题。

对“道德哲学何以可能”探讨的方法，仅仅使用形式逻辑的方法是行不通的。近代以来对独断论的批判、“休谟难题”的诘难，已经宣告形式逻辑的方法不可能对“善”作出说明和解释。因为善已经是前提，如何再用形式逻辑的方法为前提找到一个前提呢？善已经是目的，如何再用形式逻辑的方法为目的设定一个目的呢？对“善何以可能”不能仅仅使用形式逻辑的方法，同样对以“善”为核心概念的道德哲学来说，“道德哲学何以可能”也不可能仅仅依靠形式逻辑来回答。对善这种既是第一原理又是终极原理的“探究”，必须有一种不同于形式逻辑的方法。这种方法，就是麦金太尔自觉不自觉地使用着的“辩证叙事探究”的方法。

让我们再简单回顾一下这种方法的产生过程。最初，在《伦理学简史》中，他坚持着一种道德唯我论。在根本意义上，此时的“叙事”仍然是作为一种旁观者的“叙事”，而不是一种参与者的“叙事”。在他看来，“选择论”立场比“美德伦理”立场更重要，因此那时麦金太尔的“叙事”与“探究”其实还是分裂的。

在《追寻美德》中，他坚持着一种实践理性的观点，那时候的“叙事”在根本意义上，仍然是作为一种概念推演的“叙事”，是对概念本身演变史的回顾，他省略了对这些概念如何被普通百姓所接受，又有何影响的“叙事”，而后者才更为根本和重要。在他看来，美德是一种认识而不是认同，它建立在对实践活动、人生、文化传统的理性认识基础上，理性相对于德性的先在性、优先性仍然是显而易见的。因此，麦金太尔那时更注重“叙事”与理性的关系，他没有看到“叙事”与“辩证”之间的关系是更为内在的，没有看到“叙事”其实是一种非常明显、重要的辩证反思的过程，而非理性计算的过程。

在《谁之正义？何种合理性？》《三种对立的道德探究观》中，他坚持着一种历史合理性的观点，“辩证叙事探究”最重要的内核都显露出来了，不过由于在人的同一

---

① ［美］约翰·罗尔斯. 正义论［M］. 何怀宏，等，译. 北京：中国社会科学出版社，1988：24－25.

性问题上没有突破，这样对人生的回顾“叙事”需要以对目的的明确为前提，可是目的恰恰是因为“叙事”才明确的，这样在目的与“叙事”之间陷入了一种循环论证。因此，麦金太尔在这里更注重传统的历史合理性，但是这种辩证性只有与“探究”紧密结合才能成为真实的辩证合理性，如果离开真实的“探究”，这种辩证的合理性依然会陷入历史的抽象。①

在《依赖性的理性动物：人类为什么需要德性》中，“辩证叙事探究”方法产生了。他指出，人的同一性就是肉体的同一性，我就是我的肉体，“叙事”不再是以目的为前提的，目的是内在于“叙事”之中的，是真正以事实为基础的，目的既是动物性的目的，也是社会性的目的，“叙事”既是按照时间顺序进行的“叙事”，也是按照目的并随着目的的变化而进行的“叙事”，这两个“叙事”真正合为一体了。事实与应当二分的问题，在“叙事”过程中消失了，“辩证”和“探究”在“叙事”中真正实现了内在的统一。

① “麦金太尔企图通过解构罗尔斯达到真正的合理性，却从现实的‘关系抽象’走进了历史的‘关系抽象’。”见：樊浩. 伦理精神的价值生态[M]. 北京：中国社会科学出版社，2001：7.

第四章

“辩证叙事探究”与道德哲学

针对现代西方道德哲学的批判，大多都最终不约而同地聚焦在抽象上。罗尔斯“在价值合理性的确证方面，超越了自我本位的抽象，但却陷入关系本位的抽象”①，包括早期的麦金太尔“重视在特殊的历史传统、文化情境、社会背景中探讨伦理价值的具体性和合理性，即历史的关系合理性。麦金太尔企图通过解构罗尔斯达到真正的合理性，却从现实的‘关系抽象’走进了历史的‘关系抽象’”②。在麦金太尔本人看来，包括最反对抽象的马克思主义哲学在道德哲学领域也陷入了抽象，“马克思主义本身所患的严重且危险的道德贫困症，既是因为它背离了自由主义，同样又是因为它承继了自由主义的个人主义”③。他认为，《共产党宣言》中“代替那存在着阶级和阶级对立的资产阶级旧社会的，将是这样一个联合体，在那里，每个人的自由发展是一切人的自由发展的条件”中的自由依然是以个人作为自由的基本注释。抽象就像一个魔咒束缚着近现代以来的西方道德哲学，尽管西方学者们自身也都在批判“抽象”，却对如何摆脱抽象没有提出切实可行的方法。

“辩证叙事探究”方法的理论意义在于，它为西方道德哲学找到了跳

---

① 樊浩. 伦理精神的价值生态[M]. 北京：中国社会科学出版社，2001：6.

② 樊浩. 伦理精神的价值生态[M]. 北京：中国社会科学出版社，2001：7,

③ [美]阿拉斯戴尔·麦金太尔. 追寻美德[M]. 南京：译林出版社，2003：序言.

出抽象魔咒的可行方法。在第二章，本书指出麦金太尔把造成现代西方道德哲学困境的原因归结为现代道德哲学的概念框架，该框架有三个特征，即抽象人性观、拒斥目的论和普遍合理性。“辩证叙事探究”以“叙事”的方法重新诠释了“同一性”，为摆脱抽象人性观找到了路径；以“探究”的方法重新诠释了目的论，为使道德哲学回归实践与生活找到了路径；以“辩证”的方法重新诠释合理性，为摆脱普遍合理性找到了路径。

“辩证叙事探究”方法的道德哲学意义在于，它为美德伦理学找到了理论支点。一方面，它确认了道德认同或道德承诺的存在。美德伦理学与理性主义伦理学的最大区别在于，它不可能以某种理论假设为原点，它必须以某种道德认同或道德承诺为始点，“辩证”与“探究”都是以围绕原初的道德认同或道德承诺展开的。当把“叙事”纳入道德哲学探究方法，就解决了这一问题，“叙事”无论是个体的道德“叙事”还是道德传统的历史“叙事”，其任务或功能都在于表明有某种道德认同或道德承诺存在。这种最初形态的道德认同或道德承诺是模糊的、未理论化的，其内在的种种矛盾为“辩证”与“探究”提出了课题。另一方面，它确认了德性与理性的一致性。在形式逻辑下，德性与理性是二分的，形式逻辑本身是形式，它的结论也是形式。因此，演绎推理下的道德哲学，其结论最终都将以规则呈现，因为规则本身就是一种形式。但是在辩证逻辑下，德性作为前提，同时也作为结论贯穿了道德哲学的始终。辩证逻辑是辩证理性，在此意义上，德性与理性合为一体了，两者的内在相互包含、相互诠释。

“辩证叙事探究”方法的伦理学意义在于，它为美德伦理学重新作为伦理学研究的主要形态之一打开了大门。道德是道德哲学和伦理学研究的对象。但是在普遍理性主义框架下，由于善渐渐丧失哲学属性而被抽象为善物，共同体渐渐丧失实践内涵而被抽象为社会关系，道德哲学与伦理学被“科学”化、“学科”化，美德作为一种人文品质失去了其道德哲学与伦理学根基，美德伦理学也随之被赶出了道德哲学和伦理学研究的主流领域。“辩证叙事探究”重新恢复了善的哲学属性，强调善就是哲学方法本身而不仅是善物；重新恢复了共同体的实践本质，强调共同体是实践活动体系而不仅仅是社会关系；重新确认了美德的人文品质，强调美德是人的生命形式而不仅是部分人的利他偏好。没有德性作为规范的副本，规范就只能是纯形式,必将在实践中迅速腐败;同样,没有规范作为德性的副本,德性就只能是纯主观的,不能真正成为群体共同的智慧结晶。美德伦理学与规范伦理学都是道德哲学与伦理学的理念形态,两者互为副本,相辅相成。

"辩证叙事探究"方法最大的理论特色在于,把"叙事"提升为一个哲学概念。以往的哲学总是从实践角度来反对抽象,但由于实践本身也易于被抽象化为活动,因此它渐渐地已难以承担这项任务。"叙事"直接植根于具体的事件、人物、环境,把辩证探究落实到哲学家之外的普通人身上,尽管对于普通人(甚至不会使用文字的普通人)来说这种辩证探究会是初步的、粗糙的,甚至有些是错误的,但它至少不会是抽象的。

麦金太尔指出,海豚不需要害怕海豚,人却有理由害怕人。但是,这并不构成人完全不相信人,而转去只相信制度或规范的理由。就像品质不同的个人并不可靠一样,制度与规范也同样并不可靠,现代社会中"集体的不道德"就是最为明显的例证,而且"集体的不道德"正越来越成为社会恶行的主要形态。麦金太尔告诫我们,要意识到权力如何分配以及意识到权力的运用易于腐败,在生活中,我们不得不懂得如何与现实的权力相处,如何反对权力。道德哲学应当同时关注德性和规范,这两者并不是非此即彼的关系。我们现在所处的环境,无论是现代家庭还是现代国家都不能很好地维持一个良好的给予和接受的制度网络,但我们所做的并不是要离开这个网络,而是要通过"辩证叙事探究"的实践来弥补这些共同体形式的不足。

第一节 “辩证叙事探究”方法摆脱现代西方道德哲学概念框架抽象性的三个环节

一、以人的“动物性的同一性”和“叙事自我”摆脱抽象人性观

道德哲学是对人自身的认识。对现代性道德问题的反思离不开对现代性自我的反思，在现代性自我中最重要的症结，就是人的同一性问题。

如前所述，在道德上给人以最大的自由，将道德选择的权力交给个人，使道德从外在的训诫变为内在的要求，是现代性道德的共同特点，也是现代性自我观的共同价值诉求。无论是情感主义的自我观，还是理性主义的自我观，它们都有一个共同的特征，即把自我看作可以与社会角色和社会实践相分离，并且可以不参照特殊情境就能做出道德判断的原子式的个体存在。启蒙道德哲学家认为，只有这样，才能保证“自我”对于道德的优先性地位，即道德是人的道德，道德是人为自己立法；只有在此基础上，才能摆脱世俗训诫以道德的名义对人进行外在的压迫和束缚，使道德内在化。毫无疑问，启蒙思想家对自我的深刻研究对人性的解放与进步产生了巨大的推动作用。但同样不可否认的是，启蒙运动所倡导的“原子式”自我导致了现代性社会特有的道德问题。

一是自我与角色分离。“我”被视为一个先于一切角色的个体，“我”是“我”，“角色”是“角色”，“我”与“角色”是割裂的。它们假设自我担当着某种不与任何特定角色相关联的道德责任或道德命令，即“我”的责任和“角色”的责任不相关，“我”的责任是“我”的责任，“角色”的责任是“角色”的责任，“我”可以不对“角色”责任负责。这造成的后果是，责任的虚化或道德的两难。由于自我与角色之间没有必然的联系，自我完全变成了一个理论上的、抽象的存在，与角色紧密相关的责任对于自我而言往往流于“口号”；由于自我与角色的分离，各种角色就成了僵化的、缺乏能动性的存在，角色责任之间的差异乃至冲突无法借助自我的能动实践来化解，而是以“道德两难”的形式遗留给了抽象、单一性的自我。

二是自我与道德共同体分离。“我”被视为一个独立于社会共同体而存在的个体。“我”并不笃定是某个特殊共同体的成员，“我”可以不受某个共同体道德规范

的约束。什么是道德的，什么是不道德的，完全由“我”的理性或情感决定。脱离角色和共同体的自我从根本上摆脱了个体的伦理属性，由于所谓自我的责任，既不受角色责任的限制也不受伦理责任的限制，而是依靠自我的理性或感性知觉来判断，因此自我可以随意地选择承当自以为恰当的责任。“5·12”大地震中的“范跑跑”就是抛开自己所生活的社会共同体的道德文化背景，基于自己的所谓的理性自以为是地解释自己的责任。在网络调查中，“范跑跑”之所以得到许多人的支持，根本原因之一就是大众对道德多元化的认可。道德多元化掩盖的是道德虚无主义和道德相对主义这一实质。

道德自我，确实具有相对于角色、相对于共同体的独立性，这不仅是一个事实，而且也是进行道德实践推理的前提。现代性自我的问题主要在于两个方面，一是只单向地强调人相对于环境的独立性，而没有适当解释环境对于道德自我在实质上的重要性，没有解释环境以何种方式、在何种程度上影响着自我。二是独立性的自我如何确立自我的同一性。角色是在不断变换的，共同体是可以随时退出的，假设当一个人与原来的环境完全脱离了关系，比如到一个使用另一种语言的国度时，他还是原来的他吗？他是不是开始了一种全新的生活？如果真的是这样的话，那将会是十分恐怖的。

麦金太尔通过对人的生物学基础的“叙事”指出：“我们的身体是(与其他动物有着同一性的)动物性身体，并且是动物身体的延续。在现实生活中，我们确实不仅仅是有，而且就是我们的身体。”①离开我们的身体，自我既不能存在，也不会拥有自我的同一性。把人的同一性看作身体的同一性，有两层含义：一是说我们的同一性是一种动物性的同一性；二是说我们的同一性是承认依赖性的德性的同一性。

首先，人的同一性是动物性的身体同一性。这种同一性是真实的。在谈到人的同一性时，道德哲学家一般都不会关心人的动物性。这主要是因为，他们认为动物没有道德，而人在道德上的同一性问题也与人的动物性无关。动物确实没有道德，但并不能推出人的道德与人的动物性无关。如前所述，动物虽然没有道德，但某些高智能动物却具有一种前道德能力，人在婴儿时代也具有这种前道德能力，正是这种前道德能力才使人有可能拥有道德。从婴儿到独立的实践理性者并不是突

① Alasdair MacIntyre. Dependent Rational Animals: Why Human Beings Need the Virtues[M]. Illinois: Open Court, 1999: 6.

然转变的，同样，人的道德也不是突然降临的。

麦金太尔指出，语言分析哲学家以是否拥有语言在人与其他非人的动物之间画了一条分界线，以至于认为“作为思维存在者的我们的理性是以某种方式与我们的动物性无关的，因此变得忘记了我们的身体和我们的思维为何是动物一个种类的思维”①。语言分析哲学一般认为非人的动物由于没有语言，没有概念，就不能像人一样确定地表达自己的信念，不能通过概念辨别信念的正确与否，并由此推出非人的动物没有信念，没有像人所具有的那些能力。比如戴维森提出，“当把苹果和梨都提供给某人，而他拿了苹果而不是梨，这可能就表明了对他左边而不是右边的东西的偏爱，对红的而不是黄的东西的偏爱。或者是他第一眼看到的是什么，或者看看哪种更贵来做选择”②。戴维森认为对这些语句意思的解释和对欲望和信念的正确归属是分不开的。戴维森进一步指出，由于非人的动物没有语言，不可能有像“苹果和梨”“左边和右边”“红的和黄的”等这些语义学上的概念，因此，我们不能把类似“它相信那是苹果不是梨等诸如此类的”确定性的欲望和信念归之于它们。而“只有拥有语言的人类才能反思我们的信念的正确与错误，并因而反思性地考虑任何特定的信念，看看它们正确与否”③。

这一点正是麦金太尔要批驳的，在他看来，某些非人的动物没有语义学上的概念，只是不能像人一样表达某些确定性的信念，可这并不能否定它们也有信念，因为不确定性的信念也是信念。就像在前面提到的小猫吃鼩鼱的过程，因为小猫没有语言，我们不能说小猫能像人一样说这个是“鼩鼱”不是“老鼠”，也不能说小猫相信所有的鼩鼱对它而言是不能吃的，或它相信至少部分鼩鼱是不能吃的，但这并不等于它不能区分鼩鼱和老鼠。但是，这些都不是最重要的，重要的是那些事实，小猫可以区分鼩鼱和老鼠这种活的客体④。而且对于正确与错误的一种基本认识体现在小猫的信念追随着它在活动中对客体的感觉变化的轨迹，这并不涉及语言。

① Alasdair MacIntyre. Dependent Rational Animals：Why Human Beings Need the Virtues[M]. Illinois：Open Court，1999：5.

② Alasdair MacIntyre. Dependent Rational Animals：Why Human Beings Need the Virtues[M]. Illinois：Open Court，1999：33.

③ Alasdair MacIntyre. Dependent Rational Animals：Why Human Beings Need the Virtues[M]. Illinois：Open Court，1999：33.

④ 参见 Alasdair MacIntyre，Dependent Rational Animals：Why Human Beings Need the Virtues[M]. Illinois：Open Court，1999：38.

而且，即使在人学会使用语言后，人的许多信念仍然和动物的信念一样，离不开感性实践。比如，有时，“描述人的某些信念如同描述非人动物的信念一样难，但我们确实在行动中通过与身体相适应的无反思的和前反思的方式表现了这种信念”①，这种信念是来自感觉的，和非人动物的信念一样是一种不确定的信念。而且，人的那种确定性信念的产生、修正或增强，从根本上说仍然依赖于那些与非人动物一样的认识、区别和感性注意的实践。因此，“成年人的活动和信念最好被理解为我们与某些其他种类，包括海豚在内的有智力的动物共有的信念和活动方式的发展，而且在某种程度上仍将继续依赖于这种共有的信念”②。

现象学哲学家也否认了动物拥有信念的能力。海德格尔认为动物是“世界的贫乏(poor in world)”，即一种动物“只能有行动但却不可能把某种事物理解为某种事物，这不是否认动物能看甚至有某种感觉，而是指在一种基本的意义上，动物没有感觉”③。也就是说，非人的动物不能把与它们相关的某物“作为一个存在者”来理解。比如，“躺在岩石上的蜥蜴可能对岩石有某种意识，但它不会把岩石看作是一块岩石”④，“蜜蜂为光引导飞行，但它并没有把影响它的光当作光来意识”⑤。由此，海德格尔得出结论：非人的动物由于缺乏这个“作为结构”(as-structure)，就没有逻各斯，没有话语⑥。对海德格尔而言，非人动物和人之间的区分，有或没有语言也是至关重要的。而麦金太尔认为，就像海德格尔所说的，“动物不能把世界

① Alasdair MacIntyre. Dependent Rational Animals: Why Human Beings Need the Virtues[M]. Illinois: Open Court, 1999:40.

② Alasdair MacIntyre. Dependent Rational Animals: Why Human Beings Need the Virtues[M]. Illinois: Open Court, 1999:41.

③ Heidegger: The Fundamental Concepts of Metaphysics: World, Finitude, Solitude. Trans by W. McNeill and N. Walker. Bloominggton and Indianapolis: Indiana University Press, 1995, p. 259. 转引自: Alasdair MacIntyre. Dependent Rational Animals: Why Human Beings Need the Virtues[M]. Illinois: Open Court, 1999:44.

④ 转引自：Alasdair MacIntyre. Dependent Rational Animals: Why Human Beings Need the Virtues [M]. Illinois: Open Court, 1999:44.

⑤ 转引自：Alasdair MacIntyre. Dependent Rational Animals: Why Human Beings Need the Virtues [M]. Illinois: Open Court, 1999:44.

⑥ 转引自：Alasdair MacIntyre. Dependent Rational Animals: Why Human Beings Need the Virtues [M]. Illinois: Open Court, 1999:44.

作为一个整体来把握，不能从当下的环境中撤出”①，但这并不能断定非人的动物缺乏“作为结构”，即不能把其他的客体“看作什么”去理解。对于海德格尔的论证，麦金太尔指出了其论证过程中一个很大的漏洞，即海德格尔只是选择了某些种类的动物作为研究事例，但其结论则是关于动物本身的。海德格尔没有注意到非人的动物之间有很大的差别。某些动物如飞蛾、蜥蜴等，可能没有“作为结构”；但对于另一些动物来说，我们则不能妄下结论，比如黑猩猩、大猩猩、海豚、狗、猫等，“它们富有特色地进行着那种为海德格尔所忽略的活动：对它们的环境做出反应，主动探索环境；将它们的感觉注意集中于它们所遭遇的客体，并从不同的角度考察他们，进行识别分类，有时把那些客体作为玩具，有时又作为食物；它们能注意到那些不在，并期待它们回来”②。在对这些行动的描述中，我们不得不把“作为结构”归于它们。显然在活动中，“它们将客体进行分类，有时在这种场合对客体的回应是把它作为某种存在者，而在另一种场合则是作为有这种或那种性质的东西，有时在同一个场合是作为多种性质的存在者来对待”③。

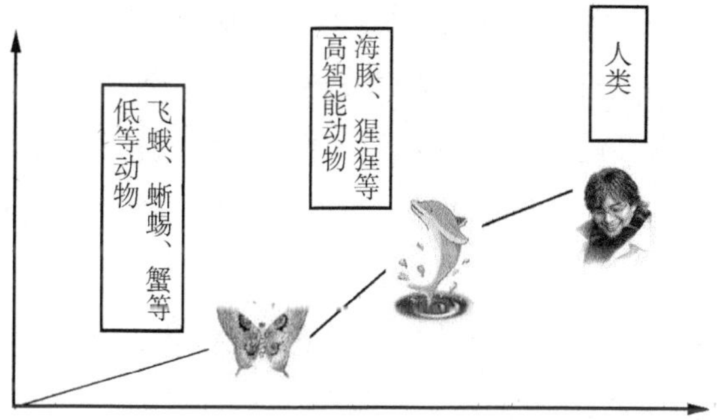

图4-1

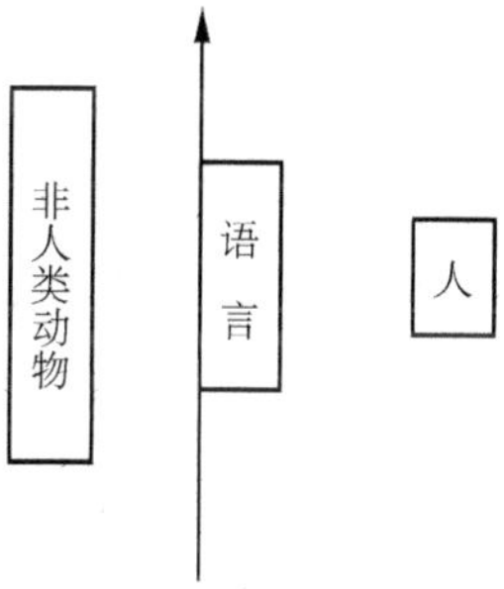

图4-2

某些有智力的非人动物正是通过这些前语言的能力调适自己的行为以适应这个世界，也就是说，这些前语言能力的运用为某些有智力的非人动物提供了行动理由。同样，人没有获得语言之前也是通过这些能力形成自己的行动理由的。鉴于

① Alasdair MacIntyre. Dependent Rational Animals：Why Human Beings Need the Virtues[M]. Illinois：Open Court，1999：47.

② Alasdair MacIntyre，Dependent Rational Animals：Why Human Beings Need the Virtues[M]. Illinois：Open Court，1999：46.

③ Alasdair MacIntyre，Dependent Rational Animals：Why Human Beings Need the Virtues[M]. Illinois：Open Court，1999：46.

人使用语言的理性能力和人与某些有智力的非人动物共有的某些前语言的能力之间的那样一种延续性的关系，麦金太尔认为我们应当以一个幅度来认识人和非人动物之间的关系：在图 4－2 中，人和动物之间的联系被割断了，人使用语言的能力从何而来，也就变得难以理解。而在图 4－1 中，以一个幅度来认识人和非人动物的关系，人与非人动物只是处在那个幅度的不同点上，人和非人动物之间具有一定的相似性和延续性，人处在较高一些的点上，这一点不仅以拥有语言为标志，而且以一种把语言用于一定种类的反思活动的能力为标志。但人使用语言的能力只是对非人动物的某些能力的超越，这种超越是以共有的那些前语言的能力为基础的。也就是说，这种超越并不能使人脱离和其他有智力的动物种类之间的那种"亲缘关系(kinship)"，因为，"人和某些非人的有智力的动物一样，通过同一种感性力量的同一种实践提供、指导和修正着自己的信念"。"而且我们面对这个世界的整个身体的最初举止和方式，都源于一种动物性的举止和方式，后来当我们有了语言，成为语言使用者，我们在父母和他人的指导下，重构了这些举止和方式，复杂化了和以新的方式修正了我们的信念，并且重新指导了我们的活动，但我们从来都没有使自己独立于我们的动物本性和遗传。……在某种程度上，我们变得能够反思我们的全部行为举止，能够引导我们的动物性的利益(goods)。所以其后果就是，修正和重新引导我们自己，我们的信念、情感、态度和行为。因此，头等重要的是，我们由此变成了被重新引导的和重塑的动物，而不是别的什么。我们具有文化意义的第二性的、形成语言使用的性质仅仅是我们的最初动物性的部分(仅仅是部分)转变。我们仍然是有着动物同一性的动物性的自我。"①

其次，以"叙事性自我"摆脱抽象人性观。由于抽象人性观对人性和自我的描述过于简单，理性主义伦理学总是从欲望、偏好、情感、行为等来看待人，因此抽象人性观中的自我一旦落实在现实中，都会把人性聚焦在个体的角色统一性或人生统一性上。但角色统一性或人性统一性是人生或实践的结果、目标，是未来形成的而当下实存的，我们不能把这些结果当作道德探究的前提来使用。作为道德哲学前提的只能是基于人的身体的动物性的同一性，以及基于"叙事"的现存的人物的同一性，即"叙事性自我"的同一性。

---

① Alasdair MacIntyre. Dependent Rational Animals: Why Human Beings Need the Virtues[M]. Illinois: Open Court, 1999:49.

“叙事性自我”概念有两层意思：一是自我的存在不是既定的，而是一个过程，而且这个过程是特定历史过程的一部分；自我也不是片段式的，而是连续的，这种连续性是通过自我自身所致力于达到的某种意义或目的实现的，并且这种意义或目的是和特定的道德文化传统结合在一起的。二是“我”不仅对自己来说是可解释的，而且对他人来说也是可解释的。这意味着，自我不是原子式的个体存在，而是作为特殊群体的成员而存在的。在现实中，“我是谁”以及“我应该做什么”决不是单凭人的偏好和情感就可决定的，也不是由某种先验的规律支配的，而是在实践活动中通过与他人的相互解释获得的。

“叙事性自我”与现代性自我是根本不同的。“叙事性自我”是现实的、具体的、真实的，而现代性自我是抽象的、虚幻的。这是因为，第一，他们二者的获得方法不一样。“叙事性自我”不是通过理论的逻辑论证获得的，而是在对自我社会实践生活的“叙事”中体现出来的；而现代性自我则脱离实践背景通过抽象的自由理性或片段式的感性知觉对自己进行界定。“叙事性自我”的人格同一性既以人的动物性为基础，又以“我”所参与的实践，以及实践中“我”的目的为基础。这种目的，既是“我”自己“探究”的结果，也是“我”所生活于其中的特定社会道德文化传统赋予“我”的。因此，“叙事性自我”不是某种先在于一切的独立存在，自我与其所承担的各种社会角色是内在同一的。在这里，角色的责任就是“我”的责任，“我”必须对“我”所履行的角色负责。而自我又不完全等同于角色，而是各种角色所共同实现的那个目的。而现代性自我则脱离社会角色和生活的特定共同体道德背景，追求一种理论上的或心理上的人格同一性。这种人格同一性在现实面前不堪一击。第二，二者的实践要求和实践后果不同。“叙事性自我”以善为目的，善规定了各种实践的“叙事”秩序，各种善决定了特定角色对自我的重要性。自我所承担的角色不同，能够实现的善也不同，因此，自我承担何种角色绝不是无所谓的。“叙事性自我”在源头上杜绝了道德相对主义。而现代性自我则拒斥一切目的，追求道德的“多元化”。各种具体职业实践的道德价值追求被看作是异质的，不可比较的。自我面对的众多不可比较的价值要求，要么陷入道德两难，要么随意选择。

二、以工艺的生活探究和道德探究回归目的论

道德生活是一种“探究”的生活。“道德生活与道德探究是一部历史的两个不

同方面。"①可是,在现代西方道德哲学领域中,关于善、德性等的理论却并不是道德生活的延伸和继续,而是某种旨在追求逻辑上自洽的概念论证。普通人的道德探究几乎根本无法从现代道德哲学研究中获益。现代道德哲学研究的失败"不仅是寻找一种普遍化的、'非人格的'、道德论证的客观公度性标准或相容性尺度的失败,而且是对人类道德生活本身理解的失败;不仅是建构伦理学体系和寻求道德的合理性证明的种种尝试的失败,甚至也是整个西方现代伦理生活实践理解的失败"②。于是,对于哲学家来说,道德哲学不能在人的道德生活中获得资源。对于普通人来说,道德生活也不能从道德哲学家的研究中获得任何启示。道德哲学研究与道德生活的分离,充分说明了现代道德哲学研究的失败。

麦金太尔说,"我认为那种把哲学看作根本上是一种半技术型、准科学性、自律性的、只能为职业专家行使的探究观念业已休矣"③,"如果一个人起先没有获得至少是某些他要探究的德性,并因此没有认识到这些德性是什么,而且至少是在某种最低限度,没有认识到到底是什么使这些特殊的习惯成为德性,那么他就不能学会如何趋向于这些结论"④。只有一个拥有德性的人才能够开始道德哲学上的"探究"。因为如果一个人没有最基本的德性和道德承诺,他也就无法真正成为一个共同体的成员;也因为他缺乏对权威最基本的信任,他就不能学会从那些特殊之中看到趋向于完美的目的。

这种道德探究是一种工艺性的探究。麦金太尔秉承亚里士多德的思想,认为哲学也是一门工艺,只不过是一门最高的工艺,因为它关心的不是这门或那门工艺的真理,而是关心如何获得作为所有真理之本源的真理,所以"哲学成了诸工艺中的王中王"⑤,"智慧在工艺等级的意义上被解释"⑥。这完全不同于作为一门学科的现代道德哲学,它自得于自身的理论合理性(准确地说,仅是合逻辑性)和实践合

---

① [美]阿拉斯戴尔·麦金太尔.三种对立的道德探究观[M].北京:中国社会科学出版社,1999:129.

② [美]阿拉斯戴尔·麦金太尔.谁之正义?何种合理性?[M].万俊人,等,译.北京:当代中国出版社,1996:10.

③ [美]阿拉斯戴尔·麦金太尔.谁之正义?何种合理性?[M].万俊人,等,译.北京:当代中国出版社,1996:2.

④ [美]阿拉斯戴尔·麦金太尔.三种对立的道德探究观[M].北京:中国社会科学出版社,1999:62.

⑤ [美]阿拉斯戴尔·麦金太尔.三种对立的道德探究观[M].北京:中国社会科学出版社,1999:67.

⑥ [美]阿拉斯戴尔·麦金太尔.三种对立的道德探究观[M].北京:中国社会科学出版社,1999:67.

理性(准确地说,仅是某种有效性)。麦金太尔曾这样严厉地批评现代道德哲学,“在职业实践领域,事实上无结果的智力讨论不过是导致了问题的实践解决,哲学修辞和专业修辞可以掩盖这种解决的武断性”①。

而在“辩证叙事探究”中,独立的实践理性者必须参与到道德生活与道德实践中来,这种“探究”才能开始,说一个人知道什么是德性,却从来没有付诸行动是不可想象的。“照亚里士多德和柏拉图看来,在智性和道德品性方面受过必要教育的,并从而领悟了何为自身之真实善的人,一定会为实现那种善而行动。”②这种“探究”,需要某种道德权威的指导。这并不是说,道德权威知晓一切,而是说道德权威引导着人们更好地实现自己“探究”的目的和善。“在一种工艺内,师傅的权威既不只是也不同于迄今最好标准的例证,更为重要的是,师傅知道如何更进一步,特别是如何指导别人更进一步,知道能够从过去所提供的传统中学到什么,并将其运用于趋向足够完美的工作目的。”③道德生活与道德探究,在德性与智慧的引导下实现了统一。

在这种工艺的生活与“探究”中,目的并不是外加的。因为道德探究的目的就内在于个体的生活中。人在生活中有其目的,这些目的是道德探究的始点,这些目的可能是善的,也可能是恶的,也可能是非善非恶的,道德探究就围绕这些目的展开,道德探究不需要在生活之外寻找其他的目的作为其“探究”的对象。这些目的并不是不可变化的,道德探究就是要通过对这些目的的辩证分析,来寻找并实现真正符合善与道德的目的。

三、以辩证理性提升普遍合理性

人类社会可以看作是一个给予—接受网络。麦金太尔说:“当我读到阿奎那所写的一篇祈祷文时,我第一次为此感到震惊,他要求上帝同意,让他可以快乐地与那些需要他所有东西的人分享他的东西,同时谦卑地从那些有他所需东西的人那

① [美]阿拉斯戴尔·麦金太尔. 三种对立的道德探究观[M]. 北京:中国社会科学出版社,1999:234.

② [美]阿拉斯戴尔·麦金太尔. 三种对立的道德探究观[M]. 北京:中国社会科学出版社,1999:155.

③ [美]阿拉斯戴尔·麦金太尔. 三种对立的道德探究观[M]. 北京:中国社会科学出版社,1999:65.

里要求他所需要的。”[①]这与亚里士多德恢宏大度的精神形成了鲜明的对比，他认为，在不幸和失意时那些具有男性气质的男人不同于女人，他们不愿意使其他人因他们的忧伤而悲痛，他们不想通过分享他们的损失而把不幸加在他人头上。并且亚里士多德认为：恢宏大度的男人是德性的典范，他不喜欢承认他需要他人的帮助和他人的安慰。他愧于接受他人的好处，因为一个伟人的标志在于给予[他人]恩惠，一个下层人的标志就在于接受它。恢宏大度的人对于他接受了什么是健忘的，但记得他给了[别人]什么，他对别人想起前者感到不快，而听到别人记起后者则感到高兴。[②]

从亚里士多德的观点来看，有德性的人是自足的超人，他所要做的只是给予。这种思路把德性引向了利他主义的迷途。功利主义伦理学在反对这种美德伦理学观点的同时，走向了另一个极端，即把趋利避害看作人的本性，把伦理学引向利己主义或者个人主义的方向。现代理性主义伦理学在功利主义的基础上，把这两种方向加以中和，形成了现在这种互利互惠的“人人为我，我为人人”的方向，转而研究社会的公平与公正。无论是利他主义，还是利己主义，在人的自足性上其实是一致的。它们都把那些完全依赖社会的情形看作是他人的，而不是自己的；或者看作部分人的状态，而不是所有人都曾经、正在或将来要经历的状态；或者看作非正常状态，而不是常态。事实上，每个人在他的幼儿时期以及都会进入的老年时期，对于他人是完全依赖的，在利益上是没有贡献的，每一人都曾经或者即将成为一个完全的接受者。利他、利己、互利互惠都只是每个人在成年等阶段的特征，而不是人生的全部。

阿奎那提示我们，我们每个人时时刻刻都是一个接受者，只是偶尔才成为一个给予者。当我们处于完全的接受者状态时，我们希望是无条件地被给予，不是因为我们有用才被给予，而只是因为我们有需要，就应该被给予。这种给予—接受的关系是非对称性的，在“我”需要帮助的时候，“我”接受了 A 给予的帮助；当 A 需要帮助的时候，A 接受的是 B 给予的帮助；而当“我”能够提供帮助的时候，可能给予的是 C。“我”与 A、B、C 构成了一个复杂的、无条件的给予—接受网络。如果没有这

---

① Alasdair MacIntyre. Dependent Rational Animals：Why Human Beings Need the Virtues[M]. Illinois：Open Court，1999：preface.

② 参见 Alasdair MacIntyre. Dependent Rational Animals：Why Human Beings Need the Virtues[M]. Illinois：Open Court，1999：7.

样一个复杂的、无条件的给予—接受网络存在，如果不能够把这样一个给予—接受网络变成一个制度化的体系，那么，我们都不可能过上好的生活。

按照普遍理性的互利互惠的思路，我们似乎也可以想象并构建出一个复杂的给予—接受网络，即一种“我为人人，人人为我”的理想的社会模型。但事实上，这种想象存在着两大无法突破的难题。一是制度化难题。无论多么完善的制度，都难以避免搭便车效应，要想杜绝搭便车现象，群体所要付出的代价将会是惊人的，也是不现实的。同时，越是在复杂的、巨大的社会网络中就越难防止搭便车现象，搭便车现象也越容易对制度造成致命性的破坏。这意味着给予—接受的理性思维难以彻底地普遍化、客观化。二是无条件难题。在给予—接受网络中，经常要求给予是无条件的，接受也是无回报的。互利互惠经常会在某一个时点突然断档，这时需要在原有的给予—接受网络基础上构建一个更为复杂的、新的给予—接受网络，如扶老人事件后，为了避免无人搀扶老人的悲剧，社会上建立了搀扶老人风险基金(类似的还有见义勇为基金)。但是就这个事件本身而言，这些情形往往是突然出现的，时间的紧迫性根本来不及由理性重新构建一个新的、更为复杂的给予—接受网络，具体事件在普遍理性模式下演变成悲剧就是必然的了。

辩证理性不同于普遍合理性，在普遍合理性遭遇冲突并有可能演化成悲剧的地方，辩证理性看到的是矛盾，看到的是如何通过对第一原理的反思转化矛盾、超越矛盾，如何通过对目的的回顾转化矛盾、超越矛盾。从普遍合理性的角度，悲剧是不可避免也是不可解决的；但是从辩证理性的角度，悲剧是可以被跨越的。

以古希腊的著名悲剧《菲罗克特特斯》为例，我们可以更清楚地看到辩证理性的不同之处。希腊人在进军攻打特洛伊城的途中，把受伤的菲罗克特特斯抛弃在了荒岛上，不过他因为有一把神弓而活了下来。9年过去了，希腊人依然攻城未果。他们获悉只有用菲罗克特特斯的神弓才能攻下特洛伊城，这时奥德修带着年轻而无经验的纽泊托勒姆斯来向菲罗克特特斯寻求帮助。纽泊托勒姆斯面对着一个悲剧性的选择，要么让希腊人失败，要么欺骗可怜的菲罗克特特斯。对于前一个选择来说，他也希望能够赢得战争的胜利(共同体的利益)，自己也得到好处(个人利益)，而且他是奉了合法权威的将军们的命令(道德规范)。对于后一个选择来说，他又希望自己洁身自善(美德)，不要伤害菲罗克特特斯(他人利益)。于是，在这里两种善产生了严重的冲突，无论他怎么做，都不可避免地是恶的(或者对于城邦，或者对于菲罗克特特斯)。最后，他被劝服，还是骗走了神弓，因为希腊的善(共同体的利益)被认为是压倒一切的。

辩证理性可以帮助我们重新审视这个世界。首先,只有出现一种更高的善,才可以对这两种选择做出说明,才能解决这种冲突。在上面这出悲剧中,希腊人的善就是那种所谓的共同体的善,即压倒一切的善,在这个意义上纽泊托勒姆斯尽管非常痛苦,而且仍然会感到内心的责备,但他的选择仍然是一个正确的选择。其次,如果没有一种更高善被提出,这种冲突就是不可解决的。因为希腊人的战争只不过是追求希腊人的利益,但从这点来看,纽泊托勒姆斯的选择就是错误的。最后,辩证理性是开放的,面对纽泊托勒姆斯的悲剧,这种评价将来还有再次开启的可能,比如当希腊人获胜之后,想法挽回了菲罗克特特斯的损失,那么将会重新证明纽泊托勒姆斯的选择是正确的。

与普遍合理性不同,辩证理性不是从事件本身寻找理论依据,而是在事件之外更广阔的背景下寻找理论依据;辩证理性不是得出一个确定的不可更改的结论,而是一个开放的、可以进一步争论和讨论的结论。普遍合理性不可解决的制度化难题和不能无条件给予的难题,都可以德性作为补充而得以暂时的解决,并通过以目的为基础的开放性“探究”得以最终的解决。

第二节 “辩证叙事探究”在方法上为美德伦理学正名

“辩证叙事探究”的理论就是在方法上为美德伦理学正名。美德伦理学在理论上一直存在着两大难题,一是认同与非理性难题,如果认同是非理性的,而德性又必须建立在认同的基础上,那么如何解释美德伦理学不是非理性的;二是德性与理性难题,如果德性不是理性,而德性又必须先于理性,那么如何解释美德伦理学是一种严格的道德哲学理论。

正是因为这两大难题一直没有得到真正的解决,才使得美德伦理学总被认为是传统的或过时的,仅具有道德哲学史的意义;被认为是前现代的或非理性的,仅具有道德教育或应用伦理学的意义。道德哲学以“德”为名,美德伦理学本应是当之无愧的核心理论,现在却被极度地边缘化。在理论层面上(而非操作层面上)研究美德伦理学的学者,甚至都会被认为是误入歧途的。“辩证叙事探究”方法对这两大难题的回应,将会为美德伦理学构建一个道德哲学基础。

一、“辩证叙事探究”为道德认同正名

道德认同经常被认为具有严重的非理性成分,由此美德伦理学也被认为具有严重的非理性成分,这完全是误解。事实上,理性主义道德哲学从所谓的人性出发,才真正是以非理性的内容为基础的。

美德伦理学被认为是非理性的,在根本上要起源于迟迟没有被真正解决的休谟难题。

在反驳休谟难题之前,首先需要重视的是休谟难题的正确之处。正是休谟敏锐把握到的部分,才让休谟成为伟大的哲学家。休谟强调了善良动机独立于道德之外的重要性,他说:“人性中如果没有独立于道德感的某种产生善良行为的动机,任何行为都不能是善良的或在道德上是善的。”①他还进一步指出,有些没有善良动机的人,也会按照道德的规则或者道德的义务行动,但只不过是为了掩盖自己的

① [英]休谟.人性论[M].关文运,译.北京:商务印书馆,1980:519.

不道德。“当任何善良的动机或原则是人性中共有的时候，一个感到心中缺乏那个动机的人会因此而憎恨自己，并且虽然没有那种动机，而也可以由于义务去做那种行为，以便通过实践获得那个道德原则，或者至少尽力掩饰自己正缺乏那个原则。”①某一个人可以用自己的行为欺骗大家，但如果大家都没有那种善良的动机，道德就真的不可能存在了。“自然的爱不是一种义务，那么，我们对孩子的爱的关怀便不能是一种义务，而且我们对于子孙的关怀也就不可能被看作是一种义务了。因此，在这种情形下，每个人都假设了一个别于义务感的行为动机。”②麦金太尔说：“不从偏好来行动在道德上总是不适当的，休谟不像康德，他非常清楚这一点。”③休谟启示我们，“辩证叙事探究”从对目的的讨论开始，但“探究”本身不能提供那个“最”原初的目的。道德哲学从某种目的开始，但是道德哲学自身并不能提供“最”原初的目的。

如果说，仅就道德动机部分，休谟是正确的，但他从这一点而继续推论从“是”推不出“应当”则是错误的。休谟这里的“是”指的是现象，如果这里的现象指的是自然现象，那么从这些现象确实推不出“应当”。仅仅一句“太阳照热了石头”，这里又能推出什么“应当”呢？如果这里指的现象是与人有关的现象，就完全不同了，它完全可以推出“应当”。“我”看到太阳照热了石头，“我”应当尽量不被它烫伤，因为“我”有一个“石头会烫伤我”的信念。正是信念，使得“应当”与“是”之间有了客观而确定的联系。

那么信念是什么呢？首先，信念不是感觉，信念也不是情感，亦即信念并非不理性，信念是与人们的生活实践、生命方式紧密相连的。其次，信念可以是理性的，也可以是前理性的。在上一章，我们已经指出了高智能动物有信念，作为动物的人，尤其是还没有学会语言、没有理性思考能力的婴儿也一样有信念。海豚狩猎中的一系列行为，告诉我们不得不把感觉、注意、认知、识别和重复识别的能力，做出判断的能力，指导它们的活动达到它们所特有的信念的能力归于它们，同样，我们也不得不把拥有信念的能力归于人类、归于婴儿。动物没有语言，不会提出“应该做什么”的问题，但海豚确实具有选择“应当怎样行动”的能力，“活动—信念—活

① [英]休谟. 人性论[M]. 关文运，译. 北京：商务印书馆，1980：519.

② [英]休谟. 人性论[M]. 关文运，译. 北京：商务印书馆，1980：518.

③ Alasdair MacIntyre. Dependent Rational Animals：Why Human Beings Need the Virtues[M]. Illinois：Open Court，1999：122.

动—增强信念或修正信念—行动理由—活动……”它有依靠信念获得行动理由并且付诸行动的能力，同样，人类、婴儿也有这种能力。高智能动物不仅有信念而且可以传递信念。海豚有非常流畅的“社会性交互活动(social interaction)”，一只海豚传递信息可以改变另一只海豚的行动；同样，人类、婴儿也有这种能力。

道德认同是信念的一种，是信念在道德领域中的表现。对于婴儿来说，他的道德生活是从一个无法用语言表达的“应当”开始的。“我们有一种对他人的思想和行为的初步的和更为基本的解释性知识，这并没有也不需要推理论证。这是哪种知识？它是一种实践知识(practical knowledge)，一种怎样解释的知识(interpretative knowledge)，它产生于那些复杂的社会交互活动(interaction)，在这种活动中，我们回应他人，他人回应我们的回应，由此他人和我们产生了一种承认，对那些正得到相互回应的思想和感情的承认。”①

休谟难题的起因，是他犯了一个自然科学的错误。他没有看到我们的生命，我们的生活天然地赐予了我们某种道德认同，这种道德认同让“是”与“应当”建立成本质的、内在的联系。

而“辩证叙事探究”方法的重要性在于，道德认同可以是一个内容不确定的东西，确定的信念是信念，不确定的信念也是信念；确定的目的是目的，不确定的目的也是目的；确定的道德认同是道德认同，不确定的道德认同也是道德认同。“辩证叙事探究”就是要通过“叙事”，找到、发现或者阐明这个确定的或者不确定的信念、目的、道德认同，并从这个确定的或者不确定的信念、目的、道德认同出发进行辩证探究，让它们变得明确和确定。

“辩证叙事探究”的存在，使我们没有必要担心从一种(后来被证明是)错误的道德认同出发就一定会得出一种错误的道德哲学。反而，“辩证叙事探究”使我们相信，如果不从哪怕是(后来被证明是)错误的道德认同出发，我们就不可能有道德，也不可能有道德哲学，这是我们唯一的出发点。

康德按照休谟的启示，完全走到了美德伦理学的反面，“我坦率地承认，就是休谟的提示在多年以前首先打破了我独断论的迷梦，并且在我对思辨哲学的研究上

---

① Alasdair MacIntyre. Dependent Rational Animals: Why Human Beings Need the Virtues[M]. Illinois: Open Court, 1999: 13.

给我指出来一个完全不同的方向。”①他把道德认同完全看作是独断论的，这只能说明康德实质上不懂辩证法，他陷入了形式逻辑的纯形式中而无法自拔。

二、“辩证叙事探究”为德性正名

“辩证叙事探究”既需要一种理性能力，也需要一种德性能力为前提。前者并不难理解，人作为一个独立的实践推理者，需要一种独立判断和独立推理的能力。独立的实践推理指的是人使用语言进行的理性推理，“指的是在不同类型的文化和经济中的人的理性能力的运用，也是多种不同的实践背景下的理性能力的运用”②。但我们需要强调的是，这种理性不只是指形式逻辑的理性，还指辩证的理性。对于实践来说，对于道德哲学来说，理性与德性同等重要。人的实践推理需要的“不仅是使用语言的能力，而且还要求把语言投入到具体运用的能力，而具体运用的能力还需要别的能力才能获得”③，这种能力就是德性能力。德性与理性从来都是不可分的。一方面，从发生学意义上，人的理性能力是我们身体的理性能力，离开我们动物性的身体就不存在这种能力，而动物性的我们并不是一出生便具有理性能力。理性能力是与德性能力相伴而生的，从婴儿向独立的实践推理者过渡的过程，理性与德性是同时成长的，没有人的德性就不会有人的理性。在人的动物性层面上，在理性与德性发生学的意义上，我们甚至可以说德性是先于理性而存在的。

另一方面，从逻辑上看，理性与德性不可分割。一个理性的实践推理者必须是一个独立的实践推理者，独立就是一种德性，而独立性德性与依赖性德性是同一种德性。一个理性的实践推理者如果没有独立性的德性和承认依赖性的德性，就不可能独立地思考，也不能现实地实践。麦金太尔在这里所说的依赖性是基于人的动物性的脆弱性和无能性之上的依赖性。人的动物性的脆弱性和无能性决定了人要成为独立的实践推理者，要在一定程度上克服脆弱性和无能性，就必须依赖他人；并且，人可以通过理性能力认识到自己的依赖性，这是人的依赖性与非人动物

---

① [德]康德．未来形而上学导论[M]．庞景仁，译．北京：商务印书馆，1978：9.

② Alasdair MacIntyre. Dependent Rational Animals：Why Human Beings Need the Virtues[M]. Illinois：Open Court，1999：76 - 77.

③ Alasdair MacIntyre. Dependent Rational Animals：Why Human Beings Need the Virtues[M]. Illinois：Open Court，1999：71.

的依赖性不同的地方。德性对于每一次实践推理来说，都是必不可少的前提。

首先，如果我们不设身处地地为他人着想，我们就不能存在。这并不是说，一个心地非常邪恶的人一定活不下去，而是说如果所有的人都是那样的话，我们就活不下去。即使我们从非常脆弱的婴儿时代走出来，我们每一个人都还会进入一个非常脆弱的老年时代，而且还有在此过程中经常出现的疾病、受伤等情况。当我们处于那样的状况时，我们迫切需要他人的帮助，需要他人不是为了他自己的善而帮助我们，而是需要他人仅仅是为了我们的善，希望他人能够心无旁骛地帮助我们，我们希望“能够接受而且也可以合理地期待接受周全的关爱”①。即“只有当他人把我们的善看成是他自己的善，并且只有这样，我们才能获得我们的善”。人的这种依赖性本性决定了我们必须处在一种非算计性的给予和接受的关系中，因为我们不能预期要给予哪些人、给予多少，并且这种给予在某种意义上必须是无条件的，因为给予什么、给予多少都取决于他人的需要。在此过程中，只有承认依赖性，人才会获得真正的共同善的意识，非算计性的给予和接受的关系才能得到维系。在具有这种共同善信念的共同体中，每个人才能有效地诉诸应得和有效地诉诸需要，个人的善或利益才能得到真正的实现。麦金太尔的这种观点和利他主义也有本质区别。他认为“人作为婴儿、儿童甚至作为少年，常常会体验到自私与利他性冲动和欲望的尖锐冲突。但教育的任务在于转变和整合这些冲突和欲望成为一种导向共同善和我们个人善的倾向，使我们成为既不是只考虑自己而不考虑他人，也不是只考虑他人而不考虑自己的人；既不是利己主义，也不是利他主义，而是那种其情感和偏好导向我们的善和其他人的善的人。这意味着，自我牺牲如同自私一样，都是不适当的道德发展的一种标志”②。

其次，个体实践推理中需要自知(self-knowledge)，自知是在各种各样的实践活动中，通过和他人的相互回应获得的。这种相互回应需要一种承认我们对他人依赖的本性和程度的品质。起初，我们主要通过参与各种活动与父母和其他对其负有教育义务的人相互回应。当我们已经成长为独立的实践推理者时，仍然将依赖于他人帮助自己意识到在实践推理中可能会犯的错误，这些他人通常指的是朋

① Alasdair MacIntyre. Dependent Rational Animals: Why Human Beings Need the Virtues[M]. Illinois: Open Court, 1999:114

② Alasdair MacIntyre. Dependent Rational Animals: Why Human Beings Need the Virtues[M]. Illinois: Open Court, 1999:160.

友和具体实践背景中的同事，当然也包括家庭成员在内。因此，麦金太尔指出，"我被说成是真正知道我是谁和我是什么，只是因为有那些据说是真正知道我是谁和我是什么的他人"①，"获得适当的自知总是一种共有性的成就"②，"真正的和扩展性的自知成为可能仅仅是那些有时能够对我们的判断提供极需要修正的社会关系的后果"③。对依赖性的承认是独立性的关键，只有具有承认依赖性的德性，我们才能正确地认识他人在我们生活实践中的位置和作用，以及我们在他人生活实践中的位置和作用。承认依赖性德性是独立性德性的必需的对应物（the necessary counterpart），不具有承认依赖性的德性，就不可能获得独立性德性。麦金太尔所说的"独立"并不是孤立，而是指实践推理者"能够评价和愿意评价他们提出的行动理由，并因此能够为他所赞成的自己的和他人的实践结果做出说明"④。

人们总是倾向于把德性与理性分割开来。但是从"辩证叙事探究"看来，"辩证"本身就是理性的，而"叙事""探究""辩证"都是离不开德性的，在"辩证叙事探究"中，德性与理性天然是一体的，难以区分。理智、智慧本身就是一种德性、一种美德，不论在中国的"智、仁、勇""三达德"中，还是在西方"正义、智慧、勇敢、节制"的"四主德"中，它们都把智慧看作最为重要的美德，在这两种文化中，智慧都不仅仅是理性，而且就是德性与美德本身。

---

① Alasdair MacIntyre. Dependent Rational Animals: Why Human Beings Need the Virtues[M]. Illinois: Open Court, 1999:95.

② Alasdair MacIntyre. Dependent Rational Animals: Why Human Beings Need the Virtues[M]. Illinois: Open Court, 1999:95.

③ Alasdair MacIntyre. Dependent Rational Animals: Why Human Beings Need the Virtues[M]. Illinois: Open Court, 1999:95.

④ Alasdair MacIntyre. Dependent Rational Animals: Why Human Beings Need the Virtues[M]. Illinois: Open Court, 1999:105.

第三节 “辩证叙事探究”与当代美德伦理学的复兴

在传统社会向现代社会转型的过程中，古典美德伦理失去了其赖以存在的社会机制。同时，在现代普遍理性主义伦理学的批判下，古典美德伦理学的理论根基也遭到了根本性的打击。当前，美德伦理学研究主要以一种哲学史的研究形态而存在，美德伦理学在伦理学研究中不再像传统社会那样处于主导位置。

但是这样的现状，对于伦理学研究本身来说是难以为继的，伦理学作为一门关于道德的学科不可能脱离对德性的研究而存在。离开德性研究，伦理学作为一门学科的特质也就不复存在了。一个明显的例证就是，当代伦理学研究学者，往往都是在从事政治哲学研究。政治哲学与伦理学有很大的相关性，但是政治哲学毕竟不是伦理学，当伦理学学者都转向政治哲学研究的时候，伦理学作为一门学科的发展前景就堪忧了。

“辩证叙事探究”方法，为当代美德伦理学在方法上实现了理论突破。在回应批判的层面上，“辩证叙事探究”有力地回应了现代伦理学针对美德伦理学提出的两大难题；在创新发展的层面上，“辩证叙事探究”对美德伦理学的三大概念做出了新阐释，为当代美德伦理学的研究发展打开了一扇新大门。

一、善是一种与“辩证叙事探究”相契合的属性

善是道德哲学和伦理学的核心概念。与现代理性主义伦理学把善看作善物不同，“辩证叙事探究”把善看作一种属性，使善回归它的哲学品性。

首先，对善的追求内在需要“辩证叙事探究”。让我们来看一下四种好（或一种好与三种善）。

一是手段—利益（目标）的好，不管这种利益是什么，手段是有效的。“拥有某种技术，被提供某种机会，在某个特定时间的特定地方，就它能够使某人有某种进

一步的好"[①],我们把拥有那些技术或某种机会称为好。"这些东西是好的仅是就它作为达到某种本身是利益(好)的东西的工具或手段而言。"[②]我们把这种好称为"手段的好"。荷马英雄为了取得战利品,在战争中所拥有的武力和勇敢是这种善,"当我们称某人是一个好窃贼时,我们是称赞他的技术"[③],仅在手段的意义上这二者并没有实质的区别,它并不反思利益或目的本身,为了偷盗在开锁技术上的优秀与为了帮助钥匙弄丢了的人而开锁在技术上的优秀是同一种优秀,但这只能被称为好,而不能称为善。这种评价无关乎人的存在,人是一种依赖性的动物,而这种评价在实质意义上是没有把依赖性纳入考量范围的。

二是"真实的善(genuine goods)"。"即使我们断定,拥有这些技术可能是好的,也并不意味着我们应断言,窃贼把这些技术就像他偷窃时那样投入使用也是好的。"[④]当我们通常称某人为一个"好牧羊人"或是一个"好厨师"等时,不仅仅是说这个人拥有良好的技术,而且是说"某人在某种社会性固定的实践中很好地承担了某种角色或履行了某种功能"[⑤],在自己承担的那种特定实践中达到了优秀或卓越,实现了特定的利益。这种利益不仅关注实践活动对于实践主体的影响,也关注对于其他实践主体的影响,作为某家庭的母亲或作为足球运动员,并且优秀地实现了这种或那种实践利益,我们才能称其实现了这种或那种特定的善。同样,当我们愤怒地说"窃钩者诛,窃国者诸侯"的时候,并不仅仅是说前者的技巧不如后者的技巧好,因为被发现而失去了自己的利益,而是说两者都没有实现它所承诺的功能,并败坏了那个实践群体中人与人之间的关系。

三是人生的善。各种"真实的善"就其自身而言就值得追求,但"对于每一个个体而言,有一个这样的问题:这种或那种特殊实践的利益(goods)在他或她的

---

① Alasdair MacIntyre. Dependent Rational Animals: Why Human Beings Need the Virtues[M]. Illinois: Open Court, 1999:66.

② Alasdair MacIntyre. Dependent Rational Animals: Why Human Beings Need the Virtues[M]. Illinois: Open Court, 1999:66.

③ Alasdair MacIntyre. Dependent Rational Animals: Why Human Beings Need the Virtues[M]. Illinois: Open Court, 1999:66.

④ Alasdair MacIntyre. Dependent Rational Animals: Why Human Beings Need the Virtues[M]. Illinois: Open Court, 1999:66.

⑤ Alasdair MacIntyre. Dependent Rational Animals: Why Human Beings Need the Virtues[M]. Illinois: Open Court, 1999:66.

生活中如何安排？这种实践利益对于他的一生来说，是否是善的(好的)(good)？麦金太尔指出，这几乎是每个人在生活中都会遇到的问题。他列举了画家高更的情况：对于作为画家的高更来说，最好是去塔希提，但对于作为一个人或作为一个父亲的高更而言，去塔希提就不是最好的。这时，高更就面临着如何在生命中安排绘画的善、作为父亲的善和高更这个特定个人的善的问题，是做一位“好父亲”呢？还是做一名“好画家”？在这种特定情况下怎样做才能符合高更这个特定个体的善？

四是共同体的善。对于每一个社会而言，也有一个这样的问题：这种或那种特殊实践中的利益(goods)在社会的共同生活中将有这样或那样的位置，这是否对社会而言是善的(好的)(good)？①

第一种“好”与后三种“善”的最大区别在于：对第一种“好”的评价是确定的、可以被证明的，对于手段来说是否实现利益或目的是唯一的评价标准，只要有关于利益或目的的实现的事实存在，“好”就是确定无疑的；但是，对于“善”来说，评价在理论意义上永远是开放的。第一，“探究”范围的不固定要求“探究”必须反复进行。比如，一个好厨师是善的，后来发现他其实是一个间谍，这时分析的范围从他的实践活动扩大到了共同体，他就不再是善的了。第二，信息的开放性要求“探究”必须反复进行。对于手段—利益(目的)的好来说，信息也同样是开放的，但远没有对善的理解来说那么复杂，比如对那个间谍的了解又深了一步，他被发现其实还是自己人，因为当被国家安排到打入敌人内部后被安排的第一个任务却是搜寻自己国家的情报，他只好先假装努力地开展工作。第三，对实践活动善的评价，要依靠人过完这一生的时候才能很好地评价，而对人生的善的评价要在更漫长的共同体历史中才能更好地评价，因为这种时间上的无休止性，“探究”也将是无休止的。

因此，对于善来说，“辩证叙事探究”是内在的，它始终伴随着对于善的理解。

其次，“辩证叙事探究”对善的理解相比于规则主义对善的理解更全面、深刻。善不仅是一个目标，还是一个过程、一种能力、一种品质、一种“探究”。第一，善是对一件事的评价，即对一个实践活动的评价，不仅是对活动结果的评价，也是对这

---

① Alasdair MacIntyre. Dependent Rational Animals：Why Human Beings Need the Virtues[M]. Illinois：Open Court，1999：66.

个活动过程的评价。与规则主义关注过程中的规则、程序不同,"辩证叙事探究"关注实践活动的功能与实践活动中人与人的关系。第二,善是对一个人的评价,不仅是对这个人的贡献的评价,也是对这个人的人生的评价。与规则主义关注人的理性不同,"辩证叙事探究"关注人的品质和人的幸福。第三,善是对一种共同体的评价,不仅是对社会生活中各种利益分配的评价,也是对这种共同体本身的评价,与规则主义关注共同体的各种规范不同,"辩证叙事探究"关注共同体中各种善的安排,关注各种善的"探究"和追求。

两种理解方式之间有根本的不同。"辩证叙事探究"更加重视善的能动性、探究性方面,而规则主义则不关注善的能动性方面,总是把善理解为善事物。以罗尔斯为例,正义就是"所有社会价值——自由和机会、收入和财富、自尊的基础——都要平等地分配,除非对其中的一种价值或所有价值的一种不平等分配合乎每一个人的利益"①。无论是他的善的弱理论,还是他的善的强理论,对他来说,善都是一种利益。作为利益的善,最重要的是善的被选择和被分配。

"辩证叙事探究"与功利主义、自由主义、契约主义等关于个人利益和他人利益的关系的观点也有着本质的区别。后者一般认为善就是欲望的满足,对自己最好的也就是自己欲望实现的最大化。当某人对自己的善进行判断时,"发现不与他人合作,或不考虑到他人获得个人利益的企图,冲突将使得自己除了获得最短暂的利益外,不可能再获得任何东西,这样,在自己与他人的合作关系中发现一种'共同善',这种'共同善'是个人善或利益的工具,它是以自己的欲望来界定的"②。每一个有理性的人参与这种合作的前提是合作必须包括对个人的偏好最大化的限定性条款,并且他们认为这种受限定性条款限制的最大化将比不受限制的最大化提供给他们自己更多的利益。也就是说,这种限定性规则确保了公平的和安全的交易,通过这种交易,每一个参与者能最好地使其利益最大化。是否参与这种合作,是理性人自由选择的结果,他根据自己的利益选择是否参与合作,参与哪些合作。比如,罗尔斯的"正义即公正"的定义:一群人只是为了谋求比单干能获得最大利益才组成一个社会;因此,他们实际上所能分得的利益份额是否公正,决定了这个社会

① [美]约翰·罗尔斯. 正义论[M]. 何怀宏,等,译. 北京:中国社会科学出版社,1988:62.

② Alasdair MacIntyre. Dependent Rational Animals: Why Human Beings Need the Virtues[M]. Illinois: Open Court, 1999:113.

是否正义①。

但是，从“辩证叙事探究”的角度看，一方面善本身就是一种方法、一种品质、一种能力，并不仅仅是一种可以像物品一样被用来称量的东西，拥有善不仅仅意味着拥有那些利益，还意味评价和改变，意味着对恶的批判和抵制，意味着向往和创造，意味着对美好的追求与探索。获得善对于人来说，不仅是获得利益，而且是获得幸福，对于共同体来说，是获得至善。

另一方面，也是非常重要的一方面，即使从利益和有效性的角度看，善也不是毫无生气的。比如小额度贷款项目就是很好的例子，通过向贫困的人们提供无担保贷款，他们依靠这些资金重新融入了市场经济并偿还了贷款，他们不仅从贫困中摆脱出来改善了自己的生活，而且也为社会创造出更多的财富。这个例子说明，向他人行善这不仅仅是一种利益的分配，而且无论从被帮助者的利益来看，还是从帮助者的利益来看，都可能是一种利益的增加。更重要的是，这个项目还丰富了共同体的善，即个人幸福的实现，也是共同体善的实现。“辩证叙事探究”关注的是道德实践主体全面的善，这种善比仅从利益来看的善更丰富，更有活力和创造性。

二、共同体是一种良好容纳“辩证叙事探究”的体系

在麦金太尔看来，良好的共同体就是一种给予—接受网络的制度化体系，在上一节我们已经分析过，离开辩证理性就不可能建立一个制度化的、对陌生人无条件提供帮助的给予—接受网络体系。从哲学层面上解读共同体，它就是一个良好容纳“辩证叙事探究”的体系。

首先，利益共享的共同体不是道德的共同体。人的动物性决定人只有生活在一种非算计性的给予和接受的关系中，才能在一定程度上克服生命中那些不可预期的脆弱性和无能性。要维系这种关系，要求我们无条件地承诺关心他人极端重要的需要，如果没有这种承诺，道德实践理性者就从根本上否定了那种依赖性的关系，否定了依赖性的德性，“辩证叙事探究”也无从开始。“我们每个人需要知道的是，去注意非常急切的需要、无能者的需要，这种关注是与需要成比例的，而不是与

① 赵敦华，江立成.罗尔斯的正义说[J].求索，1994(2)：66.

关系成比例的。"①这样，那种非算计性的给予和接受的关系才能得到维系。麦金太尔指出，维系那种人的兴盛所需要的非算计性的给予和接受的关系需要的是德性，也是理性。有些哲学家，把怜悯、同情的情感看作维系这种关系的基础，这其实是对依赖性事实的否认。

对于共同体的认识，对比下面两类社会关系非常必要。一类是关注他人的需要并做出承诺的社会关系；另一类是以利益为基础的社会关系，即"那些被计划好了的和被证明为合理的对各方都有利益的关系，这些关系是一种交易关系，受到理性选择理论的戒律的支配"②。这两种社会关系有着本质的区别。第一，在前一种关系中，要求把这种承诺扩展到合作性交易的社会关系之外，要求我们像对待合作伙伴一样对待那些陌生人，不仅包括某一共同体内部的陌生人，也包括共同体之外的陌生人，"把一种共同体成员彼此之间的长期关系扩展到了对过路的陌生人的好客关系，这些关系中包括了那些他们需要这样一个共同体的成员去面对的人"③。而在合作性交易的社会关系中，依赖性无非是一种相互利用，"未出生的人、偶然残疾和心智有缺陷的人，处在相互性的道德之外……遵守道德约束的气质只有在可期望的利益范围里才可得到合理的辩护"④。共同体主义理解的社会关系仅局限于共同体内部，从"辩证叙事探究"的角度来看，这是一种充满了道德缺陷的共同体，这构成了反对共同体主义的第一个理由。这也是麦金金太尔否认自己是共同体主义者的主要原因。

第二，在关注他人的需要并做出承诺的社会关系中，个人的善或个人利益并不从属于共同体的善或共同体的利益，共同体的善或利益也不从属于个人的善或利益，也不能把共同体利益理解为个人利益的总和。因为虽然"共同利益是个人利益的实质性构成要素，但每一个特定个体的善多于一种共同善，并且，当然有与整个

① Alasdair MacIntyre. Dependent Rational Animals: Why Human Beings Need the Virtues[M]. Illinois: Open Court, 1999:123.

② Alasdair MacIntyre. Dependent Rational Animals: Why Human Beings Need the Virtues[M]. Illinois: Open Court, 1999:114.

③ Alasdair MacIntyre. Dependent Rational Animals: Why Human Beings Need the Virtues[M]. Illinois: Open Court, 1999:126.

④ David Gauthier: Morals by Agreement[M]. Oxford: Clarendon Press, 1986:268. 转引自 Alasdair MacIntyre. Dependent Rational Animals: Why Human Beings Need the Virtues[M]. Illinois: Open Court, 1999:115.

共同体的善不同的共同善：家庭和其他团体的善、多样性实践的利益。每个人作为独立的实践推理者不得不回答的是，每一种善应当在他或她的生活中置于什么位置才算最好”①。个体对各种善的认识和判断必须在不同共同体的实践过程中获得，通过实践活动，逐步认识到哪种善对于自己作为人类物种成员是最好的，哪种善对于自己整体的生活是好的。共同体主义强调集体权利的优先性，这种共同善既不是事实，也不具有辩证性，这构成了反对共同体主义的第二个理由。

麦金太尔总被误认为是一个共同体主义者或社群主义者，他曾特意撰文《我不是一个共同体主义者》，他指出，“我认为那种试图以一种系统的共同体主义的方法重建现代性社会的观点将总是无效的或灾难性的”②。

其次，现代国家不是使得“辩证叙事探究”足以持续进行的那种共同体。在麦金太尔看来，现代民族国家为一系列的经济和社会利益妥协所控制，对不同利益的重视随着讨价还价力量的变化而变化。承认依赖性的德性和独立的德性对其实践而言，要求一种非常不同的对共同善的共同追求，对于如何为那些需要依赖别人的人负责、如何分配责任，以及在负起这些责任时如何以适当的标准来判断成功和失败，将不得不有一个通过共享商议呈现出来的共同精神。而在现代国家，公共利益仍然被关注，但仅是在最低限度上，出于社会稳定和秩序安全的考虑，这根本没有反映人们广泛商议并广泛共享的共同精神。

麦金太尔指出，在民族国家与核心家庭的居间领域，有一些社会关系需要给予关注，这些关系既具体体现了对实践推理者的承认，又体现了对人的依赖性事实的承认。如有 150 年以上历史的某些新英格兰(美国东北部)的捕鱼共同体、多尼戈尔的合作农场、威尔士矿工共同体、危地马拉和墨西哥的玛雅古城，以及某些更为久远的城邦国家就是那种“辩证叙事探究”可以得到良好运行的共同体。对于威尔士矿工来说，他们的生活方式不仅体现着一种采煤矿区的工作伦理，而且体现着对合唱团唱歌的爱好，体现着对橄榄球的爱好，以及体现着行业工会首先是针对煤矿主，然后是针对国家的斗争的德性。

良好的共同体是一个给予和接受的网络能被制度化的共同体，它有三个特点。

---

① Alasdair MacIntyre. Dependent Rational Animals: Why Human Beings Need the Virtues[M]. Illinois: Open Court, 1999: 109.

② Alasdair MacIntyre. I'm Not a Communitarian, But... [J]. The Responsive Community, 1991 (summer): 91 - 92.

一是它有通过共有商议修正错误的能力。即使在共同体的最好状态，共有商议的合理性的实践也总是不完善的，而给我们深刻影响的不是它犯了多少错误和它的实践有多少限制，而是去修正这些错误和超越这些限制的能力。共同体中的实践关系的运用总有一个历史，并且这个历史的方向是重要的。二是不让竞争性的利益成为压倒性的利益。每个人和每个团体为共同善贡献都需要资源，这其中都会产生竞争性的利益。因此，重要的是，共同体应当尽其可能地限制这种利益的出现，至少在家庭、工作场合、学校、教区等共同体中，这种竞争性的利益不成为压倒性的利益。麦金太尔有一个乌托邦的希望，他希望共同体不促进经济增长，也不是一个消费型的社会。三是它有一个显著标志，即重视儿童的需要和残疾人的需要。在某种意义上，这是一个注意力的分配和其他资源分配的问题。儿童的需要仅从他们自己的家庭几乎不可能得到适当解决，只有当他们接受的关怀不是因为预期他们会回报社会时，孩子们才能被充分地关怀。这三个方面的实现，都需要人们进行"辩证叙事探究"。

三、美德是善于运用"辩证叙事探究"的品质

美德是一种能力，是善于进行"辩证叙事探究"的能力，这种能力是在道德生活与道德探究的过程中获得的，这种能力经过长期的智慧积累和实践锻炼而成为一个人的品质。

首先，美德的直接对象是人。麦金太尔指出，"一个人除非了解美德实践在构成全心追求人类终极目的的生活中扮演什么角色，否则他便无法理解这种美德实践"①。美德实践可以看作是美德的外在呈现，这种呈现仅就其本身而言往往是难以理解的，比如我们经常把雷锋式的人物笑称为"傻子"，把那种利他的行为看作是"憨厚"，以此来表明这种行为就其本身而言往往没有一个直接的利益链条或逻辑链条作为支撑。但是如果把这种美德实践放在人生层面上，从"人"的角度而非行为的角度来看，这种实践就是大智慧的。现代理性主义伦理学，仅从行为的角度对人进行道德考量，不仅把美德排除在了道德哲学之外，对规范的理解也变得非常浅薄，仅从消极的角度来理解规范。麦金太尔指出，"规则作为自然法的消极戒律，仅

---

① [美]麦金太尔. 三种对立的道德探究观[M]. 万俊人，等，译. 北京：中国社会科学出版社，1999：140.

仅起着对某种类型的生活划定边界的作用”①。但是，在真正的道德探究与道德实践中，规范从来都不仅仅是阻止，规范更重要的是教育。比如，公务员不可以收受贿赂，这不仅仅是禁止，而且是一种从政为公、不谋己私的教育，这种教育离不开对“人”、人的目的的理解和思考。道德规范如果仅仅停留在行为层面上，就无法与法律规则从根本上区别开来。道德探究是对“人”本身的“探究”，美德就是在这种“探究”中呈现出来的一种能力和品质。

其次，美德是一种“辩证叙事探究”的能力。这种能力，不仅仅是在具体环境中判断一个行为的好坏，还要判断这个行为在人的整个一生中的意义。比如，节制是一种美德，它不仅仅是说要知道如何避免极端地自我放纵和沉溺情欲，还要知道如何避免一种冷漠和麻木的清教徒主义，如何在这两者之间找到一种平衡，需要有一种“辩证叙事探究”的能力。富兰克林说：“要节俭，除非有利于他人或你自己；亦即，不要浪费任何东西。”“要静默，除非有益于他人或你自己。切忌闲谈。”“极少性生活，除非为了健康或生育……”当富兰克林访问巴黎时，他被巴黎的建筑惊呆了：“大理石、瓷器与镀金饰物被浪费却毫无功用。”②显然在道德实践的意义上，富兰克林成功地完成了那种节制情感的道德教育，他身体力行地遵循着节制的美德。但是他肯定是错了，他的错误在什么地方呢？他的错误在于，他对于目的的狭隘的功利主义思想。他把人的目的做了一种非常单一的理解，他看不到人除了功用这一目的之外，还有其他的目的，人的目的本身就是复杂而多样的，在这多重目的之间，需要在特定的场景下做特定的“辩证叙事探究”。因此，相对于富兰克林的“极少性生活，除非为了健康或生育”，D. H. 劳伦斯回答道：“永远不利用性生活。”③在家庭生活的层面上，劳伦斯的理解符合人作为一种生命存在的意义。“辩证叙事探究”是一种辩证智慧，我们经常说道德是一种智慧，但是在理性主义伦理学的层面上，道德被简化为形式逻辑推理，已经很难看到这种智慧之光了。

最后，美德是一种善于进行“辩证叙事探究”的品质。美德不仅仅是能力，其最终的形态是品质，一个拥有“辩证叙事探究”能力的人，并不就一定是一个拥有美德的人。只部分地使用“辩证叙事探究”的人，也可以被看作是拥有“辩证叙事探究”

---

① ［美］麦金太尔．三种对立的道德探究观［M］．万俊人，等，译．北京：中国社会科学出版社，1999：140.

② ［美］麦金太尔．追寻美德［M］．宋继杰，译．南京：译林出版社，2003：235.

③ ［美］麦金太尔．追寻美德［M］．宋继杰，译．南京：译林出版社，2003：251.

能力的人，但只有善于运用这种能力的人才可以被称为拥有美德的人。比如节制是一种美德，是“关乎吃、喝、性以及其他身体活动和状态的快乐和痛苦的德性”①。做到这一点需要特殊的实践，节制对一个正在训练中的运动员所要求的与对处于康复期的体力需要恢复的人所要求的是截然不同的。一个具有节制德性的人将为适度而感到快乐，并且将发现过度是令人不愉快的甚至是痛苦的。这时，“那个特定的行为者将不再是践行适度而不顾属于过度的快乐欲望了，而是因为欲望本身已经转变”②，对这个特定的行为者来说，现在和以前对什么是愉快的和有用性的东西的认识不再相同了，节制本身现在已经被视为令人愉悦的和有用的了，节制作为一种品质，成为了这个人的美德。而对那些没有经过这种有所克制的实践的人，没有节制美德的人来说，节制是令其感到痛苦的。节制美德为人带来的是愉快而不是痛苦的情感。亚里士多德指出任何道德教育都是一种情感教育，不进入情感层面的道德教育都是失败的。一个人仅仅在理性的层面认识到美德的重要性，并不是真的懂得美德的重要性。只有在理性上认识到，并同时在实践上感觉到美德的重要性，才是真正地拥有美德。从“辩证叙事探究”的层面上来看，一个拥有节制美德的人与那些还没有真正拥有节制美德的人的最大区别在于，前者把“辩证叙事探究”的成果固定下来，这种成果成为新的“辩证叙事探究”的起点，这个人从而成为一个可以更好地进行“辩证叙事探究”的人。即一个拥有节制美德的人已经把身体的“好”作为了所有“辩证叙事探究”的一个起点，而没有节制美德的人，每一次都要先从欲望的“好”出发，先做一次“辩证叙事探究”得到一个身体的“好”的结论，然后再从这个结论出发再进行“辩证叙事探究”。后者比前者多了一个需要“辩证叙事探究”的环节，如果恰好这个环节没有很好地完成，就可能导致之后的道德探究与道德实践“差之毫厘，失之千里”。一个善于运用“辩证叙事探究”的人，与一个还不善于运用“辩证叙事探究”的人，也许只差了这么一点点，但这一点点修养的功夫就会带来人生的巨大差距。

---

① Alasdair MacIntyre. Dependent Rational Animals: Why Human Beings Need the Virtues[M]. Illinois: Open Court, 1999:87.

② Alasdair MacIntyre. Dependent Rational Animals: Why Human Beings Need the Virtues[M]. Illinois: Open Court, 1999:88.

结　语

全书共四个章节，第一章与第二章分别从道德理论与道德生活层面剖析了当代道德哲学的问题所在，试图指出如果我们不从根本上抛弃现代道德哲学抽象化、理性化、祛目的化的路径，我们可能真的会像麦金太尔所说的那样，“已经失败并且还将继续失败”；第三章叙述了麦金太尔为探索一条新出路所走过的心路历程；第四章把麦金太尔的贡献归结为“辩证叙事探究”方法的创建，从而彻底摆脱了“抽象、祛目的论、普遍合理性”三大魔咒，并指出这种方法为美德伦理学奠定了坚实的学理根基，阐释了“辩证叙事探究”与美德伦理学三大基本概念“善、共同体、美德”之间的内在关系。正如麦金太尔反复强调的那样，他所做的工作只是发出了一个转变立场的邀请，这些关于美德伦理学的研究都是初步的，还有大量细节的问题没有解决，他只希望通过自己的研究能让更多的学者看到进行美德伦理学研究的必要和希望。本书更是一个非常粗略而匆匆的探索，要真正完成这样一个大的课题已非作者作为一个年轻学子之学力所逮。

作为结尾，也作为对开篇时那个关于“你是要为中国道德哲学研究立法吧”的惊讶的回应，结语部分想就“辩证叙事探究”为何称之为一种方法做进一步的表述。

方法是一种特征。方法可以理解为是一种工具，但更是一个条件、一种特征。对于一种实践探索来说，有效的未必是科学的，比如一种奇特的药方对于治疗某种疾病有非常好的疗效，但如果不对这种药方的成分和作用机制给出分析，那么这种探索就不能被称为科学的。为什么？因为这种探索没有采用科学的方法！同样，在道德领域，没有人否认美德对于道德生活的重要性，无论是对于一个人来说，还是对于一个民族、整个人类来说都是这样，当前那些关于“道德沦丧”的慨叹无一不是指向人们的美德或德性。但是只有当美德经过道德哲学理论上的确证，即以道德哲学方法探索出来，才能在道德哲学层面上被确证，才能被称为道德哲学意义上的美德。美国哲学家斯蒂芬·达沃尔就提出要把美德伦理学区分为非道德的美德伦理学与道德的美德伦理学，他认为亚里士多德的美德伦理学就属于非道德的美德伦理学,因为这种美德伦理学没有给出一个它为什么是道德的理论解释,"美德伦理学家有时将美德的概念不是仅仅作为恰当的(或道德上正确的)行动的指南而提出来的,而是对什么使得一个行动成为恰当的(或道德上正确的)行动的解释而提出来的"①。我们不能同意斯蒂芬·达沃尔教授的观点,但他的批评提示我们必须要做一项工作,那就是一定要在学理上给予美德一个解释(并非证明),这种解释最核心也是最便捷的方式,就是要表明美德也可以以一种道德哲学的方法来解释和"探究"。

关于这一点,麦金太尔写完《追寻美德》一书后就意识到了,所以才紧接着就开始着手写作《谁之正义?何种合理性?》和《三种对立的道德探究观》,他试图为美德在合理性层面上给予一种道德哲学的说明,而不仅仅是一种历史追述的说明。但在这两本书中麦金太尔是不成功的,他还没有跳出"理性"的窠臼,他仍然把道德哲学仅仅理解为是理性的代名词,还没能提出德性就是道德哲学的本质。直到《依赖性的理性动物——人类为什么需要德性?》才把德性与理性并列起来,一起作为道德哲学的本质要求。

如果"辩证叙事探究"就是一种道德哲学的方法,那么以这种方法探索出来的美德伦理学就可以被称为道德哲学的,美德伦理学就不再是传统道德哲学的遗孀,而是现代道德哲学的骄子。

如何才能被称为道德哲学的呢?一本关于美德的小说,其中包含了种种关于美德的"叙事"(故事),但是我们显然不能直接称这件文学作品是道德哲学的研究著作,因为它的方法主要是"叙事",这种"叙事"展示出了一种情节上的脉络,即每一个场景的来由,却未必表明这个来由一定是理性的或理智的,它往往只是呈现出了多种可能性中的一种,这种可能既未必是必然的,也未必是正确的,经常是不可遏制的怒火和不能阻挡的激情在那关键的时刻改变了故事的方向。作为一种道德哲学的,一定要呈现出某种理性或必然性,只有那些把偶然的、运气的因素去掉仍然还会发生的才是道德哲学的。道德哲学的必须是理性的。

"辩证叙事探究"作为一种方法就是理性的,但这种理性不仅仅是形式逻辑的普遍理性,更是比形式逻辑的理性更为根本的辩证理性。形式逻辑是一切理性的必要条件,"辩证叙事探究"也必须符合形式逻辑的要求。但辩证理性不是作为形

① 邵显侠.美德伦理学导论(J).江海学刊,2006(5).

式逻辑的结果，而是追索形式逻辑的前提，它为形式逻辑提供拥有实际内容的大前提。一个标准的道德行为推理是这样的：A 是善，B 是实现 A 的条件，为了善要做 B。形式逻辑保证了这个推理链条的严密性，但是关于“A 是善”这个大前提，它是没有发言权的，而这个大前提需要通过辩证理性来发现。辩证理性有一种发现、探索、确认第一原理的功能，第一原理（大前提）不是推理出来的，而是发现并追认的。什么是真的善，是在多次“探究”之后才以多种形式出现的，是在回顾“叙事”之后才对主体呈现的，是在辩证思考之后才被确认的。正是在辩证理性的意义上，“辩证叙事探究”是真正合乎理性、合乎逻辑的。“辩证叙事探究”符合作为一种道德哲学方法的必要条件，即合“理性”。

“辩证叙事探究”的合“理性”（合辩证理性），为美德伦理学打开了一扇合“理性”的大门，打开了一扇进入道德哲学殿堂的大门。这就是“辩证叙事探究”作为一种方法最为重要的理论意义。

参考文献

一、麦金太尔本人的主要著作及论文

（一）英文部分

1. 著作

[1] Alasdair MacIntyre. The Tasks of Philosophy[M]. New York: Cambridge University Press, 2006.

[2] Alasdair MacIntyre. Ethics and Politics[M]. New York: Cambridge University Press, 2006.

[3] Alasdair MacIntyre. Dependent Rational Animals: Why Human Beings Need the Virtues[M]. Illinois: Open Court, 1999.

[4] Alasdair MacIntyre. The MacIntyre Reader[M]. Cambridge: Polity Press, 1998.

[5] Alasdair MacIntyre. Three Rival Versions Moral Enquiry: Encyciopaedia, Genealogy, and Tradition[M]. London: Gerald Duckworth. London, 1990.

[6] Alasdair MacIntyre. The Unconscious: A Conceptual Analysis[M]. Rev. ed. New York: Routledge, 2004.

[7] Alasdair MacIntyre. Marxism and Christianty[M]. London: Gerald Duckworth, 1983.

[8] Alasdair MacIntyre. Against the Self-images of the Age[M]. London: Gerald Duckworth, 1971.

2. 论文

[1] Alasdair MacIntyre. I'm Not a Communitarian, But…[J]. The Responsive

Community, 1991(summer): 91 - 92.

[2] Alasdair MacIntyre. How Moral Agents Became Ghosts: Or, Why the History of Ethics Divided from that of the Philosophy of Mind[J]. Synthese, 1982(53):295 - 312.

[3] Alasdair MacIntyre. Rights, Practices and Marxism: Reply to Six Critics [J]. Analyse & Kritik, 1985(7):234 - 248.

[4] Alasdair MacIntyre. Moral Relativism, Truth and Justification[J]. Ethics, 1994(105):183 - 185.

[5] Alasdair MacIntyre. The Theses on Feuerbach a Road Not Taken[M]//C C Goula, R S Cohen. Artifacts, Representations and Social Practice. Dordrecht: Kluwer, 1994: 277 - 290.

[6] Alasdair MacIntyre. Is Patriotism a Virtue? [M]//Richard J Arneson. Liberalism: Volume III. Aldershot: Elgar, 1992: 246 - 263.

[7] Alasdair MacIntyre. Social Structures and their Threats to Moral Agency [J]. Philosophy, 1999(74):311 - 329.

[8] Alasdair MacIntyre. What can Moral Philosophers Learn from the Study of the Brain? [J]. Philosophy and Phenomenological Research, 1998, 58(4): 865 - 869.

[9] Alasdair MacIntyre. Virtues in Foot and Geach[J]. Philosophical Quarterly, 2002, 52(209):621 - 631.

(二) 汉译部分

1. 著作

[1] [美]麦金太尔. 德性之后[M]. 龚群,等,译. 北京:中国社会科学出版社,1999.

[2] [美]麦金太尔. 追寻美德[M]. 宋继杰,译. 南京:译林出版社,2003.

[3] [美]麦金太尔. 谁之正义? 何种合理性? [M]. 万俊人,等,译. 北京:当代中国出版社,1996.

[4] [美]麦金太尔. 三种对立的道德探究观[M]. 万俊人,等,译. 北京:中国社会

科学出版社,1999.
[5] [美]麦金太尔. 伦理学简史[M]. 龚群,译. 北京:商务印书馆,2003.

2. 论文

[1] [美]麦金太尔. 不可公度性、真理和儒家及亚里士多德主义者关于德性的对话[J]. 彭国翔,译. 孔子研究,1998(4).

二、其他参考文献

(一) 英文部分

[1] Christopher Stephen Lutz. Tradition in the Ethics of Alasdair MacIntyre [M]. Lexington: Lexington Books, 2004.

[2] Mark C Murphy: Alasdair Macintyre[M]. New York: Cambridge University Press, 2003.

[3] Lisa Bellantoni. Moral Progress: A Process Critique of MacIntyre[D]. New York: State University of New York Albany, 2000

(二) 汉译部分

[1] [德]阿克塞尔·霍耐特. 为承认而斗争[M]. 胡继华,译. 上海:上海人民出版社,2005.

[2] [美]艾米娅·利布里奇,里弗卡·图沃·玛沙奇,塔玛·奇尔波. 叙事研究:阅读、分析和诠释[M]. 王红艳,译. 重庆:重庆大学出版社,2008.

[3] [英]安东尼·吉登斯. 现代性的后果[M]. 田禾,译. 南京:译林出版社,2000.

[4] [英]安东尼·吉登斯. 现代性与自我认同[M]. 赵旭东,等,译. 北京:生活·读书·新知三联书店,1998.

[5] [古罗马]奥古斯丁. 上帝之城(上卷)[M]. 王晓朝,译. 北京:人民出版社,2006.

[6] [古罗马]奥古斯丁. 上帝之城(下卷)[M]. 王晓朝,译. 北京:人民出版社,2006.

[7] [古希腊]柏拉图. 柏拉图全集第一卷[M]. 王晓朝,译. 北京:人民出版

社，2002.

[8] [美]彼得·F斯特劳森. 个体：论描述的形而上学[M]. 江怡，译. 北京：中国人民大学出版社，2004.

[9] [英]伯纳德·威廉斯. 道德运气[M]. 徐向东，译. 上海：译文出版社，2007.

[10] [英]查尔斯·泰勒. 现代性之隐忧[M]. 程炼，译. 北京：中央编译出版社，2001.

[11] [美]丹尼尔·贝尔. 社群主义及其批评者[M]. 李琨，译. 北京：生活·读书·新知三联书店，2002.

[12] [英]德里克·帕菲特. 理与人[M]. 黄颂杰，译. 上海：上海译文出版社，2005.

[13] [德]费希特. 伦理学体系[M]. 梁志学，等，译. 北京：中国社会科学出版社，1995.

[14] [法]福柯. 词与物[M]. 莫伟民，译. 上海：上海三联书店，2001.

[15] [法]福柯. 规训与惩罚[M]. 刘北成，杨远婴，译. 北京：生活·读书·新知三联出版社，2003.

[16] [法]福柯. 知识考古学[M]. 谢强，等，译. 北京：生活·读书·新知三联出版社，2003.

[17] [美]格里芬. 后现代科学[M]. 马季方，译. 北京：中央编译出版社，2004.

[18] [美]汉娜·阿伦特. 人的条件[M]. 竺乾威，译. 北京：中央编译出版社，1999.

[19] [德]黑格尔. 法哲学原理[M]. 范扬，张企泰，译. 北京：商务印书馆，1961.

[20] [德]黑格尔. 精神现象学(上)[M]. 贺麟，王玖兴，译. 北京：商务印书馆，1979.

[21] [德]黑格尔. 精神现象学(下)[M]. 贺麟，王玖兴，译. 北京：商务印书馆，1979.

[22] [德]黑格尔. 精神哲学[M]. 杨祖陶，译. 北京：人民出版社，2006.

[23] [德]康德. 纯粹理性批判[M]. 邓晓芒，译. 北京：人民出版社，2004.

[24] [德]康德. 实践理性批判[M]. 邓晓芒，译. 北京：人民出版社，2003.

[25] [德]康德. 未来形而上学导论[M]. 庞景仁,译. 北京:商务印书馆,1978.
[26] [德]康德. 历史理性批判文集[M]. 何兆武,译. 北京:商务印书馆,1990.
[27] [美]理查德·罗蒂. 偶然、反讽与团结[M]. 徐文瑞,译. 北京:商务印书馆,2003.
[28] [法]列维·斯特劳斯. 忧郁的热带[M]. 王志明,译. 北京:生活·读书·新知三联书店,2005.
[29] 马克思,恩格斯. 马克思恩格斯选集:第1卷[M]. 北京:人民出版社,1995.
[30] 马克思,恩格斯. 马克思恩格斯选集:第4卷[M]. 北京:人民出版社,1995.
[31] [德]尼采. 论道德的谱系[M]. 周红,译. 北京:三联书店,1992.
[32] [德]尼采. 权力意志[M]. 张念东,凌素心,译. 北京:商务印书馆,1996.
[33] [美]普特南. 理性、真理与历史[M]. 童世骏,等,译. 上海:上海译文出版社,2005.
[34] [英]齐格蒙特·鲍曼. 个体化社会[M]. 范祥涛,译. 上海:上海三联书店,2002.
[35] [英]齐格蒙特·鲍曼. 后现代伦理学[M]. 张成岗,译. 南京:江苏人民出版社,2003.
[36] [英]齐格蒙特·鲍曼. 生活在碎片之中——论后现代道德[M]. 郁建兴,等,译. 上海:学林出版社,2002.
[37] [英]齐格蒙特·鲍曼. 现代性与大屠杀[M]. 杨渝东,等,译. 南京:译林出版社,2002.
[38] [法]让弗朗索瓦·利奥塔. 后现代道德[M]. 莫伟民,等,译. 上海:学林出版社,2000.
[39] [美]塞缪尔·亨廷顿. 文明的冲突与世界秩序的重建[M]. 周琪,等,译. 北京:新华出版社,2010.
[40] [英]苏珊·哈克. 证据与探索——走向认识论的重构[M]. 陈波,等,译. 北京:中国人民大学出版社,2004.
[41] [美]托马斯·库恩. 科学革命的结构[M]. 金吾伦,等,译. 北京:北京大学出版社,2003.

[42] [德]西美尔. 现代人与宗教[M]. 曹卫东,等,译. 北京:中国人民大学出版社,2005.

[43] [英]西季威克. 伦理学方法[M]. 廖申白,译. 北京:中国社会科学出版社,1997.

[44] [英]休谟. 人性论[M]. 关文运,译. 北京:商务印书馆,1997.

[45] [古希腊]亚里士多德 . 政治学[M]. 颜一,秦典华,译. 北京:中国人民大学出版社,2003.

[46] [古希腊]亚里士多德. 尼各马克伦理学[M]. 廖申白,译. 北京:商务印书馆,2003.

[47] [英]以赛亚·伯林. 启蒙的时代:十八世纪哲学家[M]. 孙尚扬,等,译. 南京:译林出版社,2005.

[48] [美]约翰·罗尔斯. 道德哲学史讲义[M]. 张国清,译. 上海:上海三联书店,2003.

[49] [美]约翰·罗尔斯. 正义论[M]. 何怀宏,等,译. 北京:中国社会科学出版社,1988.

[50] [美]约翰·罗尔斯. 政治自由主义[M]. 万俊人,译. 南京:译林出版社,2000.

[51] [美]约翰·麦可道威尔. 心灵与世界[M]. 刘叶涛,译. 北京:中国人民大学出版社,2006.

(三) 中文著作部分

[1] 陈嘉明. 现代性与后现代性十五讲[M]. 北京:北京大学出版社,2006.

[2] 邓晓芒. 康德哲学讲演录[M]. 桂林:广西师范大学出版社,2005.

[3] 邓晓芒. 哲学史方法论十四讲[M]. 重庆:重庆大学出版社,2008.

[4] 樊浩. 道德形而上学体系的精神哲学基础[M]. 北京:中国社会科学出版社,2006.

[5] 樊浩. 伦理精神的价值生态[M]. 北京:中国社会科学出版社,2001.

[6] 高国希. 走出伦理困境——麦金太尔道德哲学与马克思主义伦理学研究[M]. 上海:上海社会科学院出版社,1996.

[7] 刘素民. 托马斯·阿奎那自然法思想研究[M]. 北京:人民出版社,2007.

[8] 秦越存. 追寻美德之路——麦金太尔对现代西方伦理危机的反思[M]. 北京:中央编译出版社,2008

[9] 王海明. 伦理学方法[M]. 北京:商务印书馆,2003.

[10] 张汝伦. 德国哲学十论[M]. 上海:复旦大学出版社,2004.

[11] 赵敦华. 基督教哲学 1500 年[M]. 北京:人民出版社,2005.

(四) 中文论文部分

[1] 党永强. 德性的困境及其超越——对麦金太尔德性观的思考[J]. 南京大学学报,2000(1).

[2] 邓晓芒. 黑格尔辩证法为形式逻辑的奠基[J]. 云南大学学报(社会科学报),2010(2).

[3] 邓晓芒. 康德自由概念的三个层次[J]. 复旦学报(社会科学版),2004(2).

[4] 樊浩. “实践理性”与“伦理精神”[J]. 哲学研究,2005(4).

[5] 樊浩. 从本体伦理世界观到生态伦理世界观[J]. 哲学动态,2005(5).

[6] 樊浩. 道德哲学体系中的个体、集体与实体[J]. 道德与文明,2006(3).

[7] 高国希. 当代西方道德——挑战与出路[J]. 学术月刊,2003(9).

[8] 高国希. 当代西方的德性伦理学运动[J]. 哲学动态,2004(5).

[9] 龚群. 当代西方伦理学的发展趋势[J]. 教学与研究,2003(9).

[10] 龚群. 德性思想的新维度——评麦金太尔的《依赖性的理性动物——人类为什么需要德性》[J]. 哲学动态,2003(7).

[11] 龚群. 重新审视事实与价值的区分[J]. 湖北大学学报(哲学社会科学版),2004(1).

[12] 龚群. 麦金太尔的德性伦理观[J]. 伦理学研究,2008(4).

[13] 何怀宏. 现代伦理学:在康德与卢梭之间[J]. 道德与文明,2005(1).

[14] 寇东亮. 德性优先于权利——对社群主义伦理的一种解读[J]. 河南社会科学,2005(1).

[15] 毛怡红. 当代西方伦理学基础的重建及其扩展[J]. 中国社会科学,1995(3).

[16] 秦越存.麦金太尔美德概念的建构及其启示[J].道德与文明,2007(2).
[17] 秦越存.麦金太尔美德思想的新进展[J].哲学动态,2007(2).
[18] 邵显侠.美德伦理学导论[J].江海学刊,2006(5).
[19] 田海平.道德哲学的伦理思维进路[J].哲学研究,2005(11).
[20] 田海平.走向“伦理思维”的道德哲学[J].江苏行政学院学报,2006(6).
[21] 佟铁材.道德的个体性与道德的社会性——麦金太尔对情感主义的批判[J].道德与文明,2010(6).
[22] 万俊人.人为什么要有道德[J].现代哲学,2003(1).
[23] 万俊人.现代社会道德合理性基础论证[J].北京大学学报(哲学社会科学版),1996(2).
[24] 万俊人.现代性的伦理话语[J].社会科学战线,2002(1).
[25] 万俊人.道德类型学及其文化比较视境——兼及现代伦理问题与罗尔斯和麦金太尔对话[J].北京大学学报,1995(6).
[26] 万俊人.关于美德伦理学研究的几个理论问题[J].道德与文明,2008(3).
[27] 万俊人.美德伦理的现代意义——以麦金太尔的美德理论为中心[J].社会科学在线,2008(5).
[28] 王海明.论自由主义[J].人文杂志,2006(4).
[29] 王振林.西方道德哲学的寻根理路[J].人文杂志,2002(3).
[30] 肖士英.现代德性准则立足点与结构的反思——麦金太尔现代德性准则观批判与重构[J].陕西师范大学学报,2001(1)
[31] 谢礼圣.麦金太尔的道德合理性思想研究[D].东南大学博士论文,2006.
[32] 杨豹.当代西方美德伦理的思想特色[J].道德与文明,2009(3).
[33] 杨国荣.道德系统中的德性[J].中国社会科学,2000(3).
[34] 杨泽波.麦金太尔解决休谟伦理难题的贡献与困惑[J].现代哲学,2002(2).
[35] 姚大志.道德证明与现代性[J].吉林大学社会科学学报,2002(1).
[36] 姚大志.亚里士多德还是尼采?——麦金太尔对现代道德哲学的批判[J].学习与探索,2003(3).
[37] 应奇.启蒙筹划的失败与市民社会的超越——麦金太尔道德社群主义述要

[J]. 浙江大学学报,1999(1).
[38] 俞吾金. 从“道德评价优先”到“历史评价优先” [J]. 中国社会科学,2003(2).
[39] 俞吾金. 当代哲学关于人的问题的新思考[J]. 人文杂志,2002(1)
[40] 詹世友. 对道德德性的哲学分析[J]. 人文杂志,2001(2).
[41] 张俊峰. 道德衰败的反思与德性的重构——麦金太尔反自由主义思想剖析[J]. 学术论坛,2004(4).
[42] 张汝伦. 中西伦理对话的可能性与条件[J]. 复旦学报,2000(4).
[43] 张世英. “后现代主义”对“现代性”的批判与超越[J]. 理论参考,2007(10).
[44] 张世英. 崇尚有限与超越无限[J]. 社会科学战线,2003(5).
[45] 张世英. 哲学的身份[J]. 北京大学学报(哲学社会科学版),2006(4).
[46] 赵敦华. 道德哲学的应用伦理学转向[J]. 江海学刊,2002(4).
[47] 赵敦华. 全球伦理与宗教对话[J]. 天津社会科学,2001(3).
[48] 赵敦华. 谈谈道德起源问题[J]. 云南社会科学(社会科学版),2006(3).

后记

本书的选题源于笔者长期对麦金太尔著作的研读和对现实问题的一些思考。

记得小时候，母亲总是要我让着比我小五岁的妹妹，此时我就会和母亲讲道理，母亲总会说这么一句话，“家里有时候不能讲道理”。那时，我也不知道为什么有时候不能讲道理，只是从母亲任劳任怨照顾一家老小，帮助邻居、亲朋好友的行为中，模糊地觉得有时候不能讲“道理”，有时候要多为他人着想。长大了，习惯成自然，总觉得自己对他人有责任。

可是，现今现代化的城市，生活节奏在不断加快，人口流动性的频繁，竞争的日益激烈，使得大部分人们已经很少有时间、有精力关心他人了。记得看过一期关于道德的访谈类的节目，讲了一个真实的、发生在我们身边的事：一个人站在楼顶想要跳楼自杀，但还在犹豫，围观的人却大声喊：“跳呀，跳呀……”结果，那个人跳了。当时看到那个场景彻底颠覆了我对人的认识。人是什么？人与人之间是什么关系？人类的文明到底进步在哪里？带着这样的困惑，我报考了伦理学专业的硕士。

由于专业底子薄，硕士第一学期我一直处于一种懵懂状态，伦理学到底是一门什么样的学科？到底怎么研究？能不能帮助我解惑？这些问题一直困扰着我。我的导师徐嘉老师鼓励我多读书。我先后读了一些伦理学领域的经典著作，大多数著作读得都很辛苦。总觉得一直徘徊在伦理学的门外，抓不到学科的灵魂。后来我总结当时这种情况主要有两个原因：一是自己的学术底子薄，没有大的视野，当时读书时往往纠结于一个概念、一个观点，没有把概念和观点放在历史中去理解；二是当时看的几本经典著作都有一个共同特点——书中是没有历史的，同样的概念，在不同的作者笔下，有不同的理解，有时甚至是相互矛盾的，但每个作者却都认为自己的理解具有普遍性。一个没有历史视野的读者读着没有历史感的书，就像画饼充饥，心中自然着急焦虑。偶尔在南京市图书馆借到麦金太尔教授的《伦理学简史》，这是麦金太尔早期的一部著作。在这部著作中，麦金太尔把伦理学中的很多概念放在历史中去考察，让你知道每一个概念在人类历史长河中产生、演变或者消失的历程。你会真切地感受到道德、善、正义和人生活的关系。这些概念是有生命的！原来伦理学是这么鲜活的学科！于是我找了当时国内所有麦金太尔的著作，包括当时还没有中文译本的《依赖性的理性动物：人类为什么需要德性》一书，开始研读。麦金太尔在历史中探究道德的方法使得其在表达、论证某一哲学观点时，渗入了历史的多个维度。因此，读麦金太尔的书不仅需要一定的逻辑思维能力，还要有宏大的历史视野和精确的历史知识。因此，研读过程是一个非常辛苦，同时也是一个收获很大的过程。正是在研读过程中，在徐嘉老师的指导下，我确定了自己的硕士论文题目："依赖性"对道德哲学研究的启示。这篇论文主要以《依赖性的理性动物：人类为什么需要德性》这本著作为资源，以"依赖性"为支点探讨了当时学界关于美德伦理的理论合理性和实践合理性悖论。这种探讨受切入点和学术功底的限制，其实只罗列了一些观点，很多观点并没有深入下去。

硕士论文写得意犹未尽，我继续报考博士，有幸跟随樊和平教授继续伦理学研究。在读博期间和麦金太尔教授本人取得了联系，麦金太尔教授不仅通过电子邮件详细解答了我的很多困惑，还邮寄给我两本他在 2006 年新出版的著作。正是通过研读这两本著作，我了解到他的思想在上个世纪七十年代中发生过一次重要的转向。在这次转向中，最重要的是研究立场的转变。而这种研究立场同时也要求其转变研究方法。之前，他的研究大多数围绕问题进行的。七十年代后，他逐渐认识到正是现代西方道德哲学的自由主义的概念框架导致了那些问题的产生。如果不打破那种框架，或从那种框架中跳出来，道德哲学研究中存在的问题不可能得到解决。这个发现促使我重新研读《伦理学简史》《追寻美德》《谁之正义？何种合理性？》《三种对立的道德探究观》和《依赖性的理性动物：人类为什么需要德性》。这次研读使得很多问题豁然开朗。比如为什么麦金太尔强调历史，但并不持道德相对主义的观点；强调共同体的重要性，但并不持社群主义的观点等等。而更重要的是，通过这次研读，我逐渐认识到，麦金太尔伦理思想的核心并不是告诉我们对于道德的形成来说，历史有多重要，共同体有多重要，而是在叙述一种道德探究方法，即笔者所概括的"辩证叙事探究"。历史、共同体等只是道德探究过程中很重要的因素。在《伦理学简史》中，麦金太尔在不自觉地使用这种方法。在《追寻美德》的系列著作中，根据对西方道德文化传统的叙事，自觉地向读者呈现了一种这种方法的范本，即托马斯·阿奎那的道德探究观。在《依赖性的理性动物：人类为什么需要德性》中，以人的动物性的同一性为基础，通过对个体生命形式的叙事，对这种方法进行哲学的论证。这种方法对于当代道德哲学研究走出困境可能会有一定的启发意义。这个重大发现促使我毫不犹豫地确定了博士论文的研究课题。

当时国内外研究麦金太尔伦理思想的成果很多，但鲜有关注其方法的。因此，对我来说，如何把这种方法凝练成一种观点，使用哪个概念，然后再进行一种哲学的论证是一个非常艰辛的过程。开题报告写了无数版本，论文推翻重写了五次。写作过程中，我所面对的不仅是身体的劳累，还有思想上无数次的自我怀疑、否定和回归，如果没有诸多师长、朋友和亲人们的支持和鼓励，我很可能将无法完成这一工作。特别是我的导师樊和平教授总是给我鼓励和肯定，给我以信心。没有樊老师的宽容和鼓励，我没有勇气选择、继续和完成这一研究课题。

这部著作就是在博士毕业论文的基础上修订而成的。毕业之后的几年里，我一直在不断完善自己的思考。在一次学术会议上，有幸结识了东南大学出版社的编辑陈淑老师，那时我们就计划将博士论文出版。今年终于在单位学科建设经费的资助下，在院领导的关心和建议下，将此书出版。书中的一些论证还有待完善，就像麦金太尔教授所说的，只是发出一个邀请，期望这种方法能得到学界同仁的关注、对话和批判。

胡 娟

2016 年 8 月